U0734617

价值重构
读懂工业互联网发展逻辑

刘成军◎著

人民邮电出版社
北　京

图书在版编目（CIP）数据

价值重构：读懂工业互联网发展逻辑 / 刘成军著
. -- 北京：人民邮电出版社，2022.4
ISBN 978-7-115-58452-6

Ⅰ．①价… Ⅱ．①刘… Ⅲ．①互联网络－应用－工业
发展－研究－中国 Ⅳ．①F424-39

中国版本图书馆CIP数据核字(2021)第263372号

内 容 提 要

  本书主要围绕工业互联网的本质和发展逻辑展开，挖掘工业互联网的六大底层逻辑，通过与行业专家的独家深度访谈，聆听思想者和实践者的真知灼见，透视最真实的工业互联网产业图景，帮助读者厘清工业互联网的发展逻辑，了解工业互联网的发展趋势，构建独特的工业互联网认知框架和知识体系，跨越认知鸿沟。

  本书主要面向工业互联网、数字化转型及智能制造领域的从业者，包括工业企业、工业互联网服务商（平台、网络、安全）、数字化解决方案服务商、高校相关专业师生、工业互联网协会/联盟等。

◆ 著　　　　　　刘成军
  责任编辑　李　强
  责任印制　马振武

◆ 人民邮电出版社出版发行　　北京市丰台区成寿寺路 11 号
  邮编　100164　电子邮件　315@ptpress.com.cn
  网址　https://www.ptpress.com.cn
  北京天宇星印刷厂印刷

◆ 开本：720×960　1/16
  印张：15.5　　　　　　　　　　　2022 年 4 月第 1 版
  字数：243 千字　　　　　　　2025 年 3 月北京第 7 次印刷

定价：79.00 元

读者服务热线：(010)81055493　印装质量热线：(010)81055316
反盗版热线：(010)81055315

序一

制造业是实体经济的主体,是技术创新和应用的主战场,建设现代化经济体系,必须把发展经济的着力点放在实体经济上。当前,以互联网、人工智能为代表的新一代信息技术迅猛发展,要紧抓数字化趋势,破解当前制造业面临的突出矛盾,积极推动工业互联网和企业数字化转型,实现制造业数字化、网络化、智能化发展,助推实体经济高质量发展。

工业互联网是新一代信息技术与制造业深度融合的新型基础设施和产业生态,实现工业经济全要素、全产业链、全价值链的全面连接,不断改变传统制造模式、生产组织方式和产业形态,重塑工业生产制造和服务体系。工业互联网体系非常庞大,包括了网络体系、平台体系、安全体系。近年来,随着我国工业互联网创新发展战略深入推进,从中央到地方也掀起了工业互联网建设及推广热潮。

从工业互联网体系架构来看,我是主要研究网络方向的。大家知道,在互联网上半场,中国在消费领域做得不错,但是在下半场,我们能不能做得更好,这是一个全新的开始。从技术上看,互联网上半场面向消费型业务,是"尽力而为"的技术体制;互联网下半场的工业互联网阶段,是面向实体经济融合创新应用,"尽力而为"的传统网络架构已经难以支撑生产型互联网的需求,亟须差异性、确定性服务能力和新的网络架构,实现对设备、协议、路由编址等的灵活编程与按需服务定制,以满足实体经济对网络不同服务质量的需求。未来网络技术将会深度服务于千行百业,要满足智能、安全、柔性、可定制四大要素,在需求上个性化将让每个行业、企业、用户甚至是每个应用都拥有定制化网络;而提供的按需化也将让运营商从传统的卖带宽转变为提供定制化的网络服务能力;最终在全网利用率上也将从目前的50%提升至90%,降低用户的使用成本。

　　以互联网、AI 为代表的信息技术只是个工具，它只有与实体经济融合，解决企业的实际问题才能发挥价值。从这个角度看，我国工业领域的网络建设还处于非常初级的阶段，迫切需要在两个方面着力推进：一是"知"，需要有更多机构和专家持续向工业企业传递工业互联网的价值，在认知、知识、思维等方面进行升级；二是"行"，即在工业应用端，技术人员要深入一线，以业务为驱动，与企业紧密结合，利用工业互联网实现企业内部纵向集成、企业间横向整合。

　　本书作者刘成军以专业媒体人和产业研究者的视角，以《价值重构：读懂工业互联网发展逻辑》为题著书立说，从当今世界正经历"百年未有之大变局"的国际局势和"两个强国"的国家战略的立意高度，深刻剖析了我国坚持推动工业互联网，发展数字经济的必然逻辑。同时围绕工业互联网本质和发展逻辑进行深度思考，并总结了初步的思考体系，超越了现象层面的泛泛而谈，实现了对工业互联网发展逻辑的精准把握。值得称道的是，作者遍访国内顶尖智库和产业大咖，比如与中国信通院院长余晓晖的访谈，全面深刻总结了我国推动工业互联网的历程与成就，对于加快构建我国特色的工业互联网技术创新路径就有很好的借鉴意义，极大地丰富了本书的内容。本书为工业互联网产业生态的从业者打开了一扇窗，是一本有思想、有深度、有态度的专业书籍，值得业界人士精读细读。

中国工程院院士　刘韵洁

序二

信息技术、数字技术的发展从来没有像今天这样，深刻地影响着人们的生产、生活。

从 1969 年 10 月"阿帕网"〔ARPAnet，是美国国防高级研究计划署（DARPA，Defense Advanced Research Projects Agency）命名的网络〕完成第一次计算机间的信息通信实验算起，互联网已经走过了 50 多年的发展历程。

互联网是一种能够在线提供商务、金融和社交等服务的应用平台，为开展线上交易活动提供了重要载体。它改变了用户、产品或服务提供者之间的交互方式，提高了用户获得产品和服务的效率，催生了线上经济时代新的商业模式和服务模式。

自信息技术产生以来，世界经历过三代信息技术的代际变迁，互联网是信息技术跃迁的代表。新一代信息技术不仅仅是芯片技术、网络技术、数据挖掘、人工智能、虚拟现实等单一信息技术的纵向升级，更主要的价值是信息技术与产业的融合，从而推动以信息服务平台为特征的整体代际变迁。

如今，5G、物联网、云计算、人工智能、虚拟现实等技术的纵深发展，以及技术集群与产业加速融合，互相促进，正催生工业互联网的崛起。

工业互联网通过对"人、机、料、法、环"的全面连接，引发产业价值链、产品系统构造、生产方式、制造资源组织方式、服务模式的重大变革，不仅需要单项技术或装备的突破与应用，更需要建立跨行业、跨领域的工业互联网平台架构与技术标准体系。这对工业企业的技术创新体系提出了重要挑战。

当前，工业互联网在实际落地过程中，主要面临 3 个问题，一是"下不去"，IT 与 OT 融合深度不足；二是"上不来"，数据资源难以有效汇聚流转；三是"难循环"，难以实现商业闭环。我国在工业互联网应用上发展较快，但在高端和基础工业软件、跨行业标准体系以及数据感知、互联通信等基础技术支撑方面，仍存在突出短板。

不断增强工业互联网的原始创新能力，这需要理论学术界、产业界、政府以及媒体力量的推动。刘成军是产业研究者和专业媒体的代表，他从工业互联网的价值目标、发展逻辑、方法论及应用案例等多个层面深入挖掘，构建起富有特色的认知框架和逻辑体系。他始终秉持"让价值落地，让改变发生"的理念，在工业互联网资讯分享、知识传播，以及塑造产业生态等方面，与业界广泛互动，发挥了独特的作用。

此时，正值我国工业互联网从概念、实践探索期迈向快速扩展期，通过系统梳理、著书立说的方式，有助于形成产业共识，凝聚力量，促进行动，真正让价值落地。期待本书为广大产业界从业人员带来启发。

中国工程院院士　杨善林

序三

与 5G、人工智能、大数据、区块链等单一技术不同，工业互联网可以被看作是一种技术框架体系，整合物联网、大数据、云计算、5G、人工智能等多种技术，应用于工业生产运营环境，推动现实世界与数字世界的融合，促进工业知识与数字技术的融合，以数据的流通为基础，以数据分析计算为手段，以实现智能化运营、创造新模式和新价值为最终目的，是目前工业企业数字转型化过程中不可多得的一种技术范式和框架体系。工业互联网作为一种新的技术体系，具有高度的复杂性，涉及的技术多样，应用范围广泛，不仅面向企业内部的工业生产运营环境，在国内，更是延伸到了企业外的生态链、产业链和价值链，使得从概念到应用，众说纷纭，导致不少行业从业者在实践中无所适从，难于落地，更难见于成效。

刘成军的这部《价值重构：读懂工业互联网发展逻辑》从历史背景和未来格局宏观地阐述了工业互联网的起因以及在当前数字化转型过程中的地位、作用和发展趋势，总结出其"价值重构"的核心作用，同时从技术与架构的实现，到解决方案的落地和价值实现，抽象提炼出六大工业互联网发展逻辑，强调以价值驱动、业务优先为目的，以融合发展、多重闭环为手段，以生态演化、长远发展为过程。书中融入多位专家和践行者的见解和实践经验，并收纳了工业互联网在一些重要行业和场景的应用案例。

利用工业互联网这一套技术范式和框架体系支持数字化转型，不是单靠一些短期项目的落地就能一蹴而成，就像之前的信息化发展一样，是一个长期过程。要想基于工业互联网推进数字化转型行之有效，企业就需要对工业互联网的本质概念和核心作用有清晰的认知，并建立具有持久性的战略愿景，可执行的策略规划，能够持之以久地实现。这本书系统性地梳理了工业互联网的本质内涵，明确提出实现逻辑和方式，并给出丰富的实践应用案例。对业界从业者利用工业互联网推进数字化转型的实践来说，这是一本适当其时和不可多得的指南。

工业互联网联盟（IIC）技术工作组、架构工作组与数字孪生
互操作组联席主席，优也首席技术官　林诗万

精彩点评

《价值重构：读懂工业互联网发展逻辑》基于对当下工业互联网各种观念的系统梳理，提出自己的认知体系，帮助人们穿越"新概念迷雾"，探讨数字化转型的本质，洞察产业变革的趋势。作者的观察是多维的、立体的、前瞻的，本书值得细读。

——安筱鹏　中国信息化百人会执委

工业互联网是工业转型的核心竞争力。本书系统地介绍了工业互联网发展的六大思维模型，并与数字化转型的逻辑很好地结合，不仅提炼了思考模型和方法论，还有不同行业和场景的应用案例可以借鉴。本书展示了作者富有的洞察力、前瞻性，与关心企业社会发展的情怀，是一本值得精读的图书。

——李杰　世界经济论坛（WEF）未来生产委员会委员

数字经济发展的黄金时期来临，工业互联网在数字经济发展中越来越重要。首先，工业互联网是实现万物互联、发展数字经济的基础，根据 IDC 预测，到 2025 年，全球连接的 IoT 设备将超过 420 亿个；其次，工业互联网是互联网的下半场，未来商机巨大；最后，工业互联网也是企业连接客户实现产业创新升级的源泉。本书首次提出了工业互联网的本质是价值重构，并详细分析了工业互联网的发展逻辑，给出了基于工业互联网的数字化转型方法论，最后通过 5 个案例分析了垂直行业的典型应用场景，非常值得业内外人士阅读。

——武连峰　IDC 中国副总裁兼首席分析师

刘成军先生在书中提出了一个词"战略选择项"，并指出只有站在"百年未有之大变局"和实现"两个强国"目标的历史背景下，才能深刻理解国家发展工业互联网其实是一种战略选择。同样，对于企业和个人，积极主动拥抱工业互联网、投身工业互联网的大潮，也是一个战略选择。

难能可贵的是，本书既指出了工业互联网的重大意义，也从工业革命视角、范式迁移视角、基础设施视角、通用目的技术视角，深刻揭示了"数据"的价值，阐明了"数字化"和工业互联网的关系，论证了工业互联网发展的底层逻辑。对产业界而言，这本书既能在逻辑上给人启发，也能在实践中给人具体的指导。

——沈国辉　蘑菇物联创始人 /CEO

随着工业互联网发展的逐步深入，企业拥抱数智化转型逐渐迈入深水区。未来，如何加速工业知识与人工智能的深度融合，并实现产业规模化赋能，将是工业数字化与智能化转型的关键。《价值重构：读懂工业互联网发展逻辑》一书拨开"价值迷雾"，剖析工业互联网的底层逻辑，思考深刻，值得精读。

——崔鹏　朋禾智能创始人 /CEO

工业互联网、数字孪生等新一代的数字化技术能优化多层次的数据驱动闭环，与本书中提炼出的闭环逻辑、融合逻辑非常契合，具有很强的指导意义，也更坚定了优也持续推动实现"提升工业资源效率，为中国节能减碳增效 1%GDP"的愿景，不忘初心，知行合一，协作共赢。

——傅源　优也董事长 / 联合创始人

前言

新十年：在长期价值逻辑中潜行

时代在发生巨变！一方面，以 5G、人工智能为代表的新一代信息技术迅猛发展，第四次工业革命孕育而生，加速了全球价值链体系的重构，全球范围内不同国家的产业、企业的价值创造过程和价值分配结构重新组合。另一方面，发达国家"再工业化"和高科技战略催生全球工业格局发生新一轮深刻调整。在全球格局调整、产业边界模糊、企业价值重构的新形势下，可以确定的是，传统工业时代的钥匙难以打开数字时代的大门，需要我们坚定不移贯彻新发展理念，加快构建新发展格局，才能推动高质量发展。

工业互联网作为新一代信息技术与制造业深度融合的产物，可实现工业经济全要素、全产业链、全价值链的全面连接，促进物理世界（现实世界）与数字世界（虚拟世界）的融合，从而成为推动经济高质量发展的重要引擎。2017 年，工业互联网上升为国家战略，成为推动"制造强国"和"网络强国"的一个"战略选择项"，《工业互联网创新发展三年行动计划（2021—2023 年）》正式发布，工业互联网连续 4 年写入政府工作报告，与数字经济一起纳入国家"十四五"规划纲要。只有站在"百年未有之大变局"和实现"两个强国"目标的时代背景下，我们才能深刻理解我国大力发展工业互联网，长期推动制造业转型升级和高质量发展的坚定决心和必要性。

当前，工业互联网浪潮席卷工业界、科技界、产业资本等，"数据＋智能"重构企业价值创造体系，企业战略、生产模式、客户关系及商业模式随之调整，新应用、新模式、新业态层出不穷。众声喧哗之下，很多人对工业互联网的认知普遍处于"盲人摸象"的尴尬境地。工业互联网正处于从概念到落地、从认知到行动、从价值宣扬到价值创造的关口，业界急需厘清思路，廓清认识，洞悉底层逻辑，跨越认知鸿沟。

基于以上思考，笔者萌生了一个想法，通过一本书来系统阐释工业互联网产生的时代背景、认知框架和价值重构逻辑，这就是写作本书的初心。工业互联网研习社作为聚焦工业互联网、工业数字化转型领域的产业服务机构，利用新媒体优势广泛获取信息，通过长期的产业研究、深度的行业观察和前沿的案例分析，打通数据—信息—知识—认知的通路，助力从业者把握工业互联网的本质！

本书有两大核心关键词，即"价值重构"与"发展逻辑"，贯穿于6章。第1章从工业革命、范式迁移、基础设施、通用目的技术等视角，宏观分析当今世界正经历"百年未有之大变局"的全球格局，这是推动工业互联网创新发展的时代背景。第2章在"制造强国"和"网络强国"的总体框架下，深刻理解工业互联网作为一个"战略选择项"的必然性，从上到下持续深入推动工业互联网发展的战略决心。第3章通过与行业专家的独家深度访谈，聆听思想者和实践者的真知灼见，透视最真实的工业互联网产业图景。第4章抽象出工业互联网的六大发展逻辑——业务逻辑、闭环逻辑、融合逻辑、价值逻辑、生态逻辑及长期主义逻辑，打通从技术到方案再到场景落地的赋能体系和商业闭环。第5章指出工业互联网的数字化转型两个方向正在"合流"，工业互联网平台逐渐成为企业数字化转型的载体。第6章介绍垂直行业和典型场景应用案例，呈现最前沿的落地实践探索。

工业互联网是一条长长的赛道，需要秉持长期主义理念。工业互联网不仅仅在于"知"，更在于"行"，做"难而正确的事情"，在长期价值逻辑中穿行，才能拥有穿越经济周期的力量。希望"我辈"的努力与奋进，让中国制造更有力量，让中国制造因"我"而不同！

本书内容力求贴近产业，却又能跳出产业本身，衷心希望为工业互联网领域的从业者打开一扇窗，让他们看见更大的世界。本书在编写过程中得到了众多业界专家的指导，在此向余晓晖、彭俊松、李杰、张锡平、丛力群、金江等致谢。笔者才疏学浅，编写内容如有不当之处，恳请广大读者批评指正。

刘成军（工业互联网研习社）

2021年8月于上海

目录

CONTENTS

第 1 章

当今世界正经历"百年未有之大变局"

1.1 引言

当今世界，风云变幻。近年来，全球制造业呈现三大特征：一是全球生产力增长逐渐放缓甚至趋于停滞，经济增长内生动力不足，经济学家称之为"生产力陷阱"（Productivity Slump）；二是发达国家重新认识制造业在维护国家经济韧性方面的价值，试图强势回归；三是发展中国家高污染、高耗能的问题日益严重，制造业成本面临不断上涨的压力，外部竞争日益激烈。

与此同时，新一轮科技革命和产业变革正孕育兴起，第五代移动通信技术（5th Generation Mobile Communication Technology，5G）、大数据（Big Data）、物联网（Internet of Things，IoT）、人工智能（Artificial Intelligence，AI）、区块链（Blockchain）等新一代信息技术蓬勃发展，并进一步与实体经济、传统产业深度融合，不断催生新模式、新业态、新产业，释放生产力潜能。

在此背景下，世界主要经济体积极创新工业发展战略，纷纷制定应对之策，谋求出路。新冠肺炎疫情的出现，在一定程度上加剧了全球动荡和不确定性，国际形势错综复杂，世界经济陷入低迷期，全球产业链和供应链面临重塑，各国产业基础处于深度调整期。

2008 年以来，美国出台一系列战略规划，积极推动制造业回流，确保美国在各项尖端技术领域的领先地位，先后推出"先进制造业伙伴关系"计划（AMP）、《复兴美国制造业创新法案（RAMI）》、"国家制造业创新网络计划（NNMI）"等战略和计划。2018 年《美国先进制造业领导力战略》提出支持智能和数字制造系统、先进工业机器人、人工智能基础设施、制造业的网络安全、连续制造（Continuous Manufacturing，CM）、增材制造（Additive Manufacturing，AM）等 15 个重点方向。

2011 年，作为《高技术战略 2020》十大未来项目的一部分，德国首次提出"工业 4.0"概念。2013 年，"工业 4.0"上升为其国家战略，以充分挖掘信息网络技术促进工业发展的潜力，抢抓新工业革命的先机。2016 年 3 月，德国联邦经济和能源部发布《数字化战略 2025》，为德国工业 4.0 的体系化建设和持续推进提供有力的政策保障；2019 年 2 月，德国联邦经济和能源部公布《德国工业战略 2030》计划草案，进一步明确了德国工业 4.0 未来的发展方向。

为应对新一轮科技革命和产业变革，中国制定并发布相关政策文件，推动中国制造业高质量发展。2021 年 1 月，工业互联网专项工作组发布《工业互联网创新发展行动计划（2021—2023 年）》，延续 2017 年以来国家大力推动工业互联网发展的热潮。

2016 年以来，欧盟委员会先后启动了"数字化欧洲工业行动计划（2016—2020）（Digitising European Industry，DEI）"、《塑造欧洲的数字未来》《欧洲数据战略》，为数字工业革命创造框架条件。2021 年 1 月，欧盟委员会发布《工业 5.0——迈向可持续，以人为本和弹性的欧洲产业》，提出欧洲工业发展的未来愿景，与 2020 年 9 月发布的《工业 5.0 的使能技术》形成呼应与联动。

早在 2011 年，英国政府就确定了制造业的五大竞争策略，即占据全球高端产业价值链、加快技术转化生产力的速度、增加对无形资产的投资、帮助企业加强对人力技能的投资、占领低碳经济发展先机等；英国政府科技办公室于 2013 年 10 月推出《英国工业 2050 战略》。

2015 年，日本政府发布的《新机器人战略》提出，建设具有高价值产品附加值的生产系统；2016 年，日本内阁府在《第五期科学技术基本计划（2016—2020）》中首次提出"社会 5.0"（Society 5.0），即利用人工智能、物联网和机器人等技术进行社会变革；2017 年，日本提出"互联工业（Connected Industry）"的概念；2021 年 9 月，日本设立"数字厅"，致力于完善数字社会环境。

另外，俄罗斯、法国、韩国、印度、越南等国家也纷纷行动，推动本国制造业发展。

新形势下，国家之间的竞争博弈已成为全球价值链重构的主要推动力量。面对国内外环境的新变化，我们要落实新发展理念、推动高质量发展、构建新发展格局。

2021 年是国家"十四五"规划的开局之年。我们必须站在全球变局的高度，在世界政治、经济格局的新形势下，准确理解和把握"百年未有之大变局"，从而树立正确的格局观和大历史观。

本章将从工业革命、范式迁移、基础设施、通用目的技术 4 个不同的视角，探求"百年未有之大变局"下的科技革命与工业变革、基础设施与产业变迁、生产力与生产关系的重构。

1.2　工业革命视角

历史上每一次工业革命（Industrial Revolution）都创造了巨大的生产力，使社会面貌发生了翻天覆地的变化，同时也是一场深刻的社会关系变革。

对"改变世界的第一次工业革命"的评价，马克思、恩格斯在《共产党宣言》中写道："资产阶级在它的不到一百年的阶级统治中所创造的生产力，比过去一切时代创造的全部生产力还要多，还要大。"

关于当下所处的工业发展阶段，诸多学者与机构纷纷立言。关于第三次工业革命的论述，其中比较有代表性的有两种。一种来自美国著名未来学者杰里米·里夫金（Jeremy Rifkin），其代表性著作《第三次工业革命——新经济模式如何改变世界》于 2012 年 6 月被正式引入中国出版。他认为，所谓第三次工业革命就是能源互联网与再生性能源融合导致人类生产生活、社会经济的重大变革。另一种是以时任《经济学人》编辑的保罗·麦基里（Paul Markillie）为代表。2012 年 4 月，《经济学人》杂志发表《第三次工业革命——制造业与创新》专题报道，详细描述了目前正在发生的由技术引领的制造业的深刻变化——数字化革命。

在德国、日本的专家眼里，第四次工业革命呼啸而至。2014 年 7 月，德国工业 4.0 专家乌尔里希·森德勒主编的《工业 4.0 ——即将来袭的第四次工业革命》一书描绘了制造业的未来愿景，人类将迎来以 CPS（Cyber-Physical Systems，国内常翻译为信息物理系统或赛博物理系统）为基础，以生产高度数字化、网络化、机器自组织为标志的第四次工业革命。"工业 4.0"概念在欧洲乃至全球工业领域都引起了极大的关注。

2015 年 10 月，日本学者藤原洋的著作《精益制造 030：第四次工业革命》

出版，在本书中他所主张的第四次工业革命，是用信息技术支撑可持续发展的产业革命。他所强调的日本版"工业 4.0"概念的内容不仅是制造业，更是世界所有民族、所有国家、所有产业共通的"第四次工业革命"。

2016 年 10 月，世界经济论坛创始人兼执行主席、德国经济学家克劳斯·施瓦布（Klaus Schwab）的著作《第四次工业革命——转型的力量》正式出版，他指出第四次工业革命不再是某一个产品或服务等特定领域的革新，而是整个系统的创新，这场革命将对经济、商业、政府，包括个人带来巨大的影响。

世界经济论坛（又称达沃斯论坛）是第四次工业革命的重要倡导者，2019 年 1 月，其与麦肯锡公司共同撰写的报告《第四次工业革命——制造业技术创新之光》，呈现了"灯塔工厂"对于第四次工业革命的引领意义。

在国内，"第三次工业革命"论断的影响力十分有限，知道的人并不是很多。而第四次工业革命的说法，在国内产业界和学术界更有影响力，并随着德国"工业 4.0"的传播而广为人知，如图 1-1 所示。

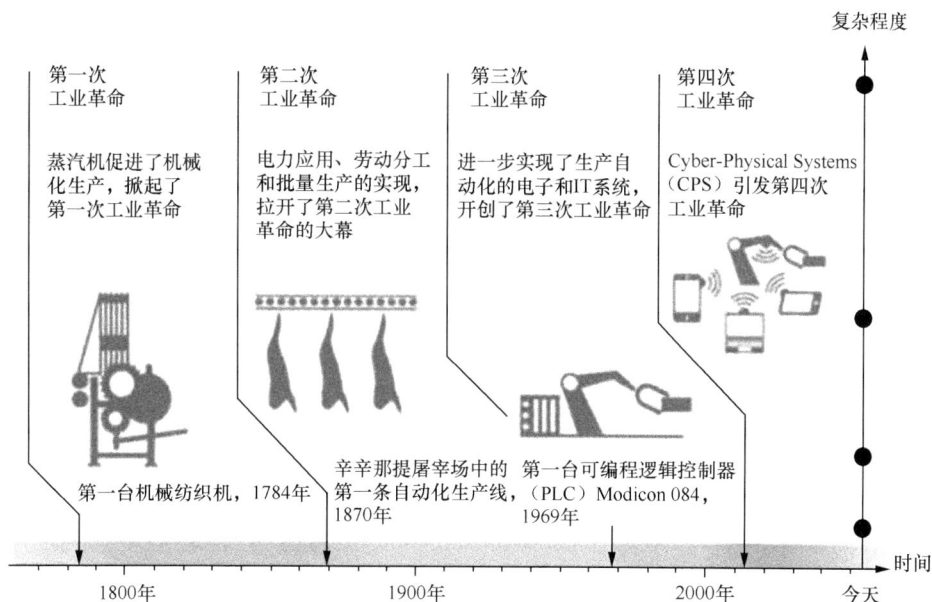

图 1-1 从工业 1.0 到工业 4.0

第一次工业革命。1784 年，瓦特的改良蒸汽机开始作为纺织机械的动力，并很快推广开来，引起了第一次工业革命的高潮，开创了以机器代替手工劳动的时代。

第二次工业革命。电力技术的革命带动了化工、能源、机器制造、交通运输等行业的全面发展。因此，第二次工业革命是以电力的广泛应用为主要标志的。

第三次工业革命。1968 年，美国莫迪康公司诞生了第一台可编程逻辑控制器（PLC），并于次年推出了"084"型号 PLC，开启了第三次工业革命。因此第三次工业革命是以微电子技术的发展和普遍应用为主要标志的。

第四次工业革命。它是以 Cyber-Physical Systems（CPS）为核心的生产高度数字化、网络化、智能化为主要标志的。

2019 年 4 月，德国联邦经济和能源部发布《2019 年进展报告：德国 2030 年工业 4.0 愿景》，从自主性、互通性、可持续性 3 个方面描述了全球数字生态应具备的要素，强调工业 4.0 将重塑全球网络化价值创造体系，并改变价值创造方式，如图 1-2 所示。

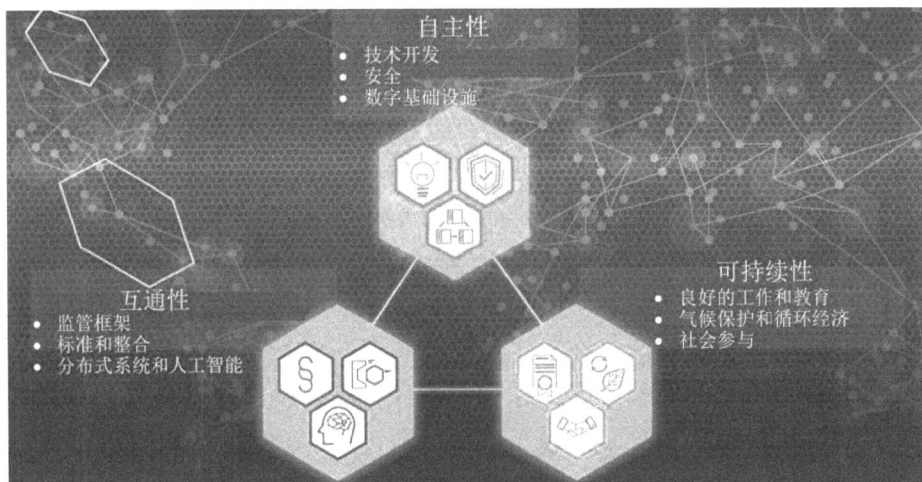

图 1-2 全球数字化生态要素
（来源：《2019 年进展报告：德国 2030 年工业 4.0 愿景》）

对于第四次工业革命的讨论，在国内是另外一番景象。互联网在国内渗透性强、应用广泛、极具爆发性，消费互联网（又分为 PC 端、移动端两个阶段）高速发展，在电子商务、社交、游戏、媒体、娱乐、教育等诸多方面获得了巨大成功，它深刻改变了人们的生活习惯和行为方式。2020 年全球市值十大公司中，中国有两家互联网巨头（阿里巴巴和腾讯）榜上有名。因此，很多人更乐意从互联网和信息技术的角度，从面向终端客户（To C）向面向企业（To B）迁移来看待和把握"下半场"的机会。

随着消费互联网红利的消失，产业互联网作为互联网的下半场已然开启，且过渡到了与实体经济深度融合的新阶段，其主要特征是，互联网将向农业、工业、能源、交通、城市及社会治理等社会各领域纵深发展，构建以万物互联为基础的产业互联网，而面向工业制造业、以工业物联为基础的工业互联网成为其中的重中之重。

国内众多机构开始将工业互联网与第四次工业革命进行关联——"工业互联网是第四次工业革命的关键支撑""工业互联网是第四次工业革命的重要基石"……但它们目前普遍缺乏对第四次工业革命的特征及进程的深入研究。

当前，对第四次工业革命的认知，多是个人或机构的见解。事实上，国际社会尚未就第四次工业革命的议题、存在的机遇和挑战达成一致认识。笔者认为，时代大潮奔腾不息，第四次工业革命（又称新工业革命）是关于人类经济社会发展的全方位、深层次的变革，目前正处于探索期。

1.3　范式迁移视角

范式（Paradigm）的概念和理论是由美国著名科学哲学家托马斯·库恩（Thomas Kuhn）提出的，并在其著作《科学革命的结构》（*The Structure of Scientific Revolutions*）一书中进行了系统的阐述。它指的是一个共同体成员所共享的信仰、价值、技术等的集合，指常规科学所赖以运作的理论基础和实践规范，是从事某一科学领域的研究者群体所共同遵从的世界观和行为方式。"革命就是范式的转换，范式就是一个时代的价值观、世界观、思维原则和方法论。"

库恩指出："按既定的用法，范式就是一种公认的模型或模式。"也就是说，范式是一套理论体系，范式的突破导致科学革命，从而使科学获得一个全新的面貌。在库恩看来，"科学革命"的实质就是"范式转换"。例如从蒸汽机到计算机的技术创新，可以引起产业结构（范式）的变化。

范式转换，用时下最时髦的词汇解释，就是认知模式的改变与升级。当一个旧范式被一个新范式替代的时候，一场库恩所认为的"科学革命"也就发生了。库恩认为科学革命更重要的意义在于它完成了视角的转换，并把这种视角的转换叫作"范式转移"（Paradigm Shift）。

1. 数字技术带来的范式转移

以前，人们用传统胶片相机留存美景，需要把胶卷洗印出来才能看到图像。而如今的数码相机、智能手机可以在拍照之余轻松回看美景，并进行剪辑和发布，大大降低了成本。2021 年 5 月，相机行业头部厂商索尼宣布旗下所有单反相机停产，这就是范式转移的威力。

2. 互联网带来的范式转移

人们常以"是否一出生就接触互联网"为分界点，区分"互联网原住民"和"互联网移民"两个群体，这两者最大的区别是看待互联网的视角是不同的，因此也带来了不同的思维方式和行为习惯，前者更容易接受和认可互联网原生的产品和服务，这是互联网技术发展引发的两代人的鸿沟。

3. 人工智能带来的决策范式转移

一般而言，人们的决策模式主要有两种，一种是理性决策，另一种是感性决策。无论是参与购物等经济性活动，还是参加娱乐性活动，人们需要判断时会在理性和感性间来回切换。

诺贝尔经济学奖获得者丹尼尔·卡尼曼（Daniel Kahneman）提出：理性是指利用已有的知识体系去判断和决策，而不是凭感觉。理性决策建立在有知识、无偏见、合乎逻辑 3 个要素的基础上，理解了事物运行的底层规律和本质，才能提升决策的效率和准确性。但实际上，人们往往缺乏常识，知识迭代上跟不上信息大爆炸，并且不自觉地选择特殊偏好，因此很难依据正确的信息和逻辑推理决策。

而人们的另一种决策模式——感性决策大多依赖于情感。人的情感是不可捉摸的，它是随机的。比如过去某个决定给我们留下了惊喜的印象，下次决策时大脑就更愿意参照上次的决定，反之亦然。

大数据、人工智能来了，人们如何决策呢？关于数据科学，图灵奖得主吉姆·格雷（Jim Gray）提出了第四范式（the Fourth Paradigm），即在理论推演、实验观测、计算仿真之后的数据驱动（大数据分析）的科学研究范式。它的基本思想是，把数据看成现实世界的事物、现象和行为在数字空间的映射，认为数据自然蕴含了现实世界的运行规律，而揭示现实世界的规律就要依赖于海量数据的获取、存储和计算，然后通过海量数据＋大数据分析模型，进行全新的决策和价值创造。

在范式转移视角下，经济结构和发展模式正迈向新阶段。数字技术在经济社会发展中扮演了越来越重要的角色，极大地提高了人类认识世界、改造世界的能力。也就是说，数字技术开始从提升劳动生产率的辅助角色，向引领经济发展的核心引擎转变，进而催生一种新的经济范式——数字经济。

中国科学院院士、北京大学信息技术高等研究院智能软件技术与应用研究中心首席科学家梅宏指出：数字经济是指以数字化知识和信息为关键生产要素、以现代信息网络为重要载体、以信息通信技术的有效运用作为效率提升和经济结构优化的重要推动力的一系列经济活动，是以新一代信息技术和产业为依托，继农业经济、工业经济之后的新经济形态。

中国信息化百人会认为，数字经济和实体经济的融合发展，正在带动制造范式的迁移，人类认识和改造世界的方法正从传统的理论推理、实验验证向模拟择优和大数据分析转变，如图 1-3 所示。

方法名称	理论推理法	实验验证法	模拟择优法	大数据分析法
典型案例	牛顿定律、爱因斯坦相对论	爱迪生发明灯泡	波音777研发周期缩短（基于模型的企业MBE）	GE风电设备提高2%发电量
发展时间	19世纪末发展到极致	16世纪文艺复兴开始萌芽，20世纪伴随着工业化进入鼎盛时期	20世纪80年代	21世纪初
关键要素	观察+抽象+数学	假设+实验+归纳	样本数据+机理模型	海量数据+大数据分析模型
主要特点	依赖于少数天才科学家，严密的逻辑体系	依赖于设备材料的高投入，实验过程协作多、周期长、验证结果直观	依赖于高质量机理模型的支撑，机理模型和实验验证的协同，投入少、周期短	依赖于海量数据的获取，以及计算、存储资源的低成本和高效利用，数据驱动的价值创造

图 1-3　人类社会认识世界的四种方法
（来源：中国信息化百人会 《数字经济：迈向从量变到质变的历史性拐点》，2018 年）

（1）理论推理法。以牛顿定律为代表的理论推理法是人类认识世界最根本的方法，其在 19 世纪末发展到极致，以"观察＋抽象＋数字"为关键要素，依赖于少数科学家严密的逻辑关系，是实验验证和模拟择优的基础。

（2）实验验证法。以爱迪生发明灯泡为代表的实验验证法，于 16 世纪文艺复兴开始萌芽，20 世纪伴随着工业化进入鼎盛时期，以"假设＋实验＋归纳"为关键要素，依赖于设备材料的高投入，实验过程协作多、周期长，验证结果直观。

（3）模拟择优法。面对快速变化的市场和竞争环境，传统的"试错法"已难以满足竞争的需要，因而生产了依托基于模型的产品定义（MBD）、全数字化样机、虚拟仿真技术等一系列择优的新技术、新理念，其可推动产品研发、验证、制造、服务业务在赛博空间（数字空间）快速迭代。以波音 777 研发为代表的模拟择优法兴起于 20 世纪 80 年代，以"样本数据＋机理模型"为关键要素，依赖于高质量机理模型的支撑，投入少、周期短。

（4）大数据分析法。大数据技术的应用，进一步拓展了人们认识世界的视野，通过大数据分析技术人们可对不可见世界和未知世界进行预测，进一步丰富了人们对客观世界的认识。以通用电气（GE）通过平台优化风电设备性能为代表的大数据分析法兴起于 21 世纪初，以"海量数据＋大数据分析模型"为关键要素，依赖于海量数据的获取，以及计算、存储的低成本和高效利用，是一种基于数据驱动的价值创造范式。

1.4　基础设施视角

从历史上来看，历次产业革命都伴随着新技术基础设施的兴起。2020 年 1 月 4 日，第五届新经济智库大会上，英国著名演化经济学家卡萝塔·佩蕾丝（Carlota Perez）表示，过去的 250 年里，世界经历了五次产业技术革命。在其著作《技术革命与金融资本》（*Technological Revolutionsand Financial Capital*，2002 年）一书中试图解释这些周期循环背后的真正原因。她提出一套"技术—经济"的范式，从基础设施的视角，把工业革命划分成五次产业与技术革命。纵向来看，历次产业革命都离不开新型基础设施的支撑和引领，如图 1-4 所示。

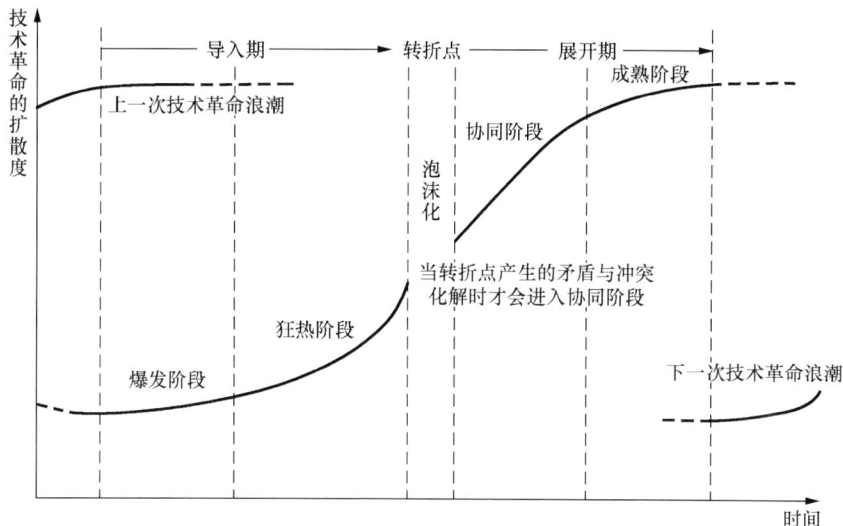

图 1-4　历次技术浪潮中心国家所经历的四个阶段及一个转折点
（来源：《技术革命与金融资本》，2002 年）

在书中，佩蕾丝对产业技术革命周期进行了分析。

第一次产业技术革命。以 1771 年英国阿克莱特在克隆福德设立工厂为标志。当时的基础设施是运河与水道、收费公路、水力（经过重大改良的水力涡轮）。

第二次产业技术革命。以 1829 年的蒸汽动力机车火箭号在英国试验成功为标志，当时的基础设施包括铁路（蒸汽动力）、普遍的邮政服务、电报（主要在一国铁路沿线）、大型港口和航行世界的轮船、城市煤气等。

第三次产业技术革命。始于 1875 年的卡内基酸性转炉钢厂在匹兹堡开工，人们进入钢铁、电力、重工业时代，当时的基础设施包括钢制的高速蒸汽轮船在世界范围内的航运、世界范围的铁路、大型桥梁与隧道、世界范围的电报、电话（一国范围）、电力网络（照明与工业）的出现等。

第四次产业技术革命。以 1908 年福特产出 T 型车为标志，当时的基础设施包括由公路、港口、高速公路和机场组成的交通网络，石油管道网络，普遍的电力供应，世界范围内的远程通信等。

第五次产业技术革命。以 1971 年英特尔微处理器发明为标志，人们迈向信息和远程通信时代，当时的基础设施包括数字远程通信、互联网服务、多种能源、高速物流运输系统等。

当新的技术体系出现商业潜力时，我们就进入了技术革命生命周期中的爆发阶段（Irruption）。在这一阶段，新体系的经济逻辑开始显现，并且会形成一种全新的"技术—经济范式"（Techno-Economic Paradigm，TEP）。佩蕾丝总结为"经济、制度和技术 3 个维度将共同驱动一场技术革命浪潮"，如图 1-5 所示。

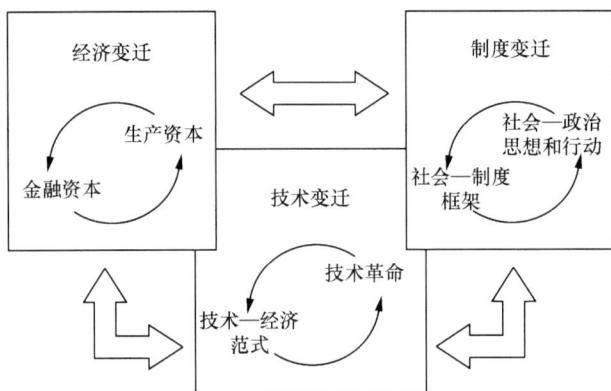

图 1-5 资本主义体系的动力学：处于持续相互作用之中的三个变迁的领域
（来源：《技术革命与金融资本》，2002 年）

中国信息化百人会执委安筱鹏认为：每次产业技术革命历时约 45 ～ 60 年，从基础设施的角度可以分为两个阶段，即前 30 年的安装期（Installation）和后 30 年的拓展期（Deployment），新型基础设施的安装期往往是新旧两种制度的对抗期，这一时期新的产业技术兴起，新型基础设施逐步普及，传统利益格局、产业体系、制度文化被迫重构。截至目前，第五次产业技术革命已经过去了 50 多年，未来 20 ～ 30 年将是新一轮基础设施的安装期，我们正处于新一轮产业革命的关键阶段，如图 1-6 所示。

这种认知与我国当前正在大力推进的新型基础设施建设（简称"新基建"）是相吻合的。"新基建"是与传统基础设施建设（俗称"铁公基"）相对应的，后者主要指铁路、公路、机场、港口、水利设施等物理基础设施建设项目，它在我国经济发展和产业腾飞过程中发挥了重要的基础作用。而"新基建"则主要指以

5G、人工智能、工业互联网、云计算为代表的新型技术基础设施，它本质上是数字化的基础设施。

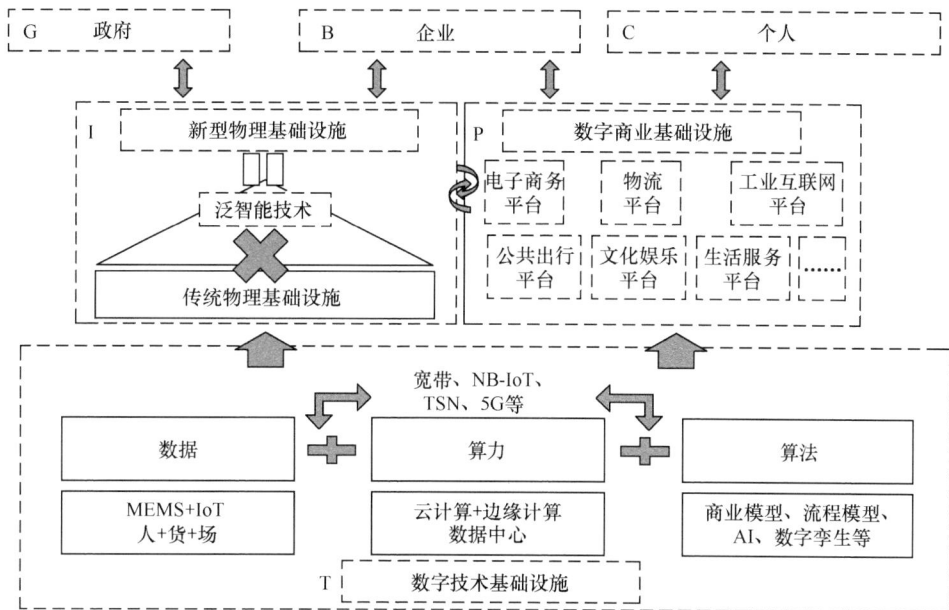

图 1-6　数字基础设施架构体系

（来源：《安筱鹏 | 数字基建：通向数字孪生世界的"铁公基"》，2020 年）

　　我国对于基础设施的需求与供给已然发生了重大转向。2020 年 4 月 20 日，国家发展和改革委员会在例行召开的新闻发布会上，首次明确了"新基建"的范畴，包括信息基础设施、融合基础设施、创新基础设施 3 个方面，如图 1-7 所示。

　　一是信息基础设施，主要是指基于新一代信息技术演化生成的基础设施，比如，以 5G、物联网、工业互联网、卫星互联网为代表的通信网络基础设施，以人工智能、云计算、区块链等为代表的新技术基础设施，以数据中心、智能计算中心为代表的算力基础设施等。

　　二是融合基础设施，主要是指深度应用互联网、大数据、人工智能等技术，支撑传统基础设施转型升级，进而形成的融合基础设施，比如，智能交通基础设施、智慧能源基础设施等。

三是创新基础设施，主要是指支撑科学研究、技术开发、产品研制的具有公益属性的基础设施，比如，重大科技基础设施、科教基础设施、产业技术创新基础设施等。

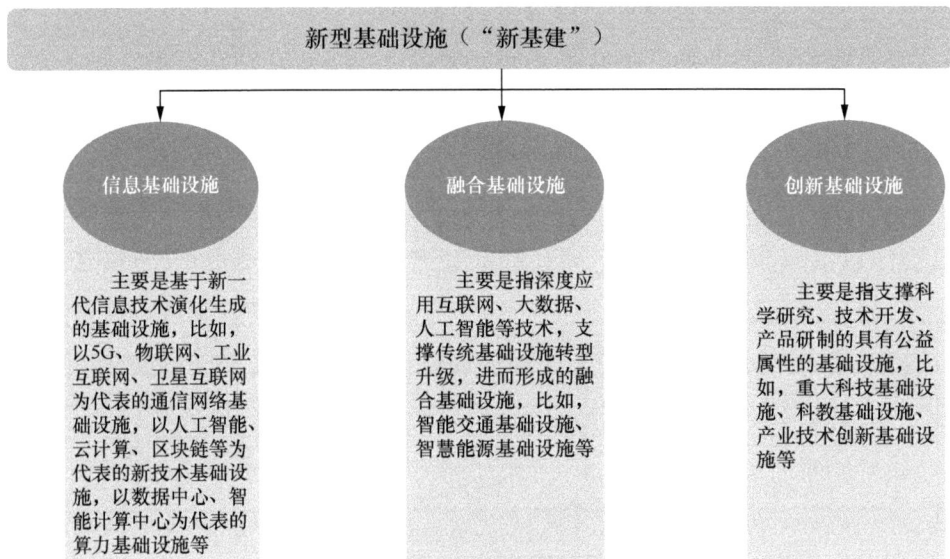

图 1-7　新型基础设施范畴

全国各地已然行动起来，据工业互联网研习社不完全统计，截至 2021 年 1 月，包括北京、上海、天津、重庆、海南、山西、陕西、云南、四川、辽宁、广东、福建、广西、安徽、河北、河南、湖北、湖南、浙江、江苏、吉林、山东等全国近 30 个省市出台了加快新型基础设施建设的政策措施。随着各省市"十四五"规划的出台，未来 5 年，全国将加快 5G、大型数据中心、新能源汽车充电桩等新型基础设施建设，必将推动新技术落地、新模式兴起和新产业崛起。

"新基建"的重要性还体现在国家层面的规划上，在《中华人民共和国国民经济和社会发展第十四个五年规划和 2035 年远景目标纲要》的第十一章提到要"加快建设新型基础设施""围绕强化数字转型、智能升级、融合创新支撑，布局建设信息基础设施、融合基础设施、创新基础设施等新型基础设施。建设高速泛在、天地一体、集成互联、安全高效的信息基础设施，增强数据感知、传输、存储和运算能力。加快 5G 网络规模化部署，用户普及率提高到 56%，推广升级千兆光纤网络。前瞻布局 6G 网络技术储备。扩容骨干网互联节点，新设一批国际通信出入口，全面推进互联网协议第六版（IPv6）商用部署。实施中西部地区中小城市基础网络完善工程。推动物联网全面发展，打造支持固移融合、宽窄结合的物联接入能力。加快构建全国一体化大数据中心体系，强化算力统筹智能调度，建设若干国家枢纽节点和大数据中心集群，建设 E 级和 10E 级超级计算中心。积极稳妥发展工业互联网和车联网。打造全球覆盖、高效运行的通信、导航、遥感空间基础设施体系，建设商业航天发射场。加快交通、能源、市政等传统基础设施数字化改造，加强泛在感知、终端联网、智能调度体系建设。发挥市场主导作用，打通多元化投资渠道，构建新型基础设施标准体系"。

不仅中国重视新型基础设施建设，自 2008 年全球爆发金融危机以来，美国先后实施了《联邦大数据研发战略计划》《增强联邦政府网络与关键型基础设施网络安全》等战略计划，旨在通过加大新型基础设施建设来摆脱经济危机，提升产业竞争力，推动经济复苏。2018 年 2 月，美国政府出台《美国重建基础设施立法纲要》，提出设立 200 亿美元的创新转型项目计划，发展自动驾驶技术和车辆、新轨道运输技术、无人机、模块化基础设施技术等。在 2019—2021 财年美国工业发展领域研发优先项目中，人工智能、量子信息、通信网络、自动驾驶、智能制造、工业机器人等技术领域成为优先布局项目，如表 1-1 所示。

表 1-1　美国主要的政策与战略部署

政策名称	实施时间	发布部门	"新基建"领域部署
《美国复苏与再投资法案》	2009年2月	美国联邦政府	高铁生产装备、医疗卫生设备、宽带网络、智能电网、化石燃料生产装备等
美国国家空间数据基础设施战略规划草案（2014年—2016年）	2013年7月	美国联邦地理数据委员会（FGDC）	国家地理空间数据库、云计算、新移动地理空间传感器平台等
《修复美国地面交通法基建法案》	2015年12月	美国国会参众两院	基础设施修复技术
《联邦大数据研发战略计划》	2016年5月	美国联邦政府	加强科研网络基础设施建设、包括芯片、高性能计算、云计算等，数据集本省、通用计算工具、标准制定等

续表

政策名称	实施时间	发布部门	"新基建"领域部署
《增强联邦政府网络与关键型基础设施网络安全》	2017年5月	美国联邦政府	电力传输线、铁路桥、网络、关键技术专利、能源技术、关键材料技术等
《美国重建基础设施立法纲要》	2018年2月	美国联邦政府	生物能、氢能、太阳能源基础设施，5G通信基站，自动驾驶基础设施，无人机设备运输系统，模块化基础设施装备

可以预见，各国在新型基础设施建设上的巨大投入和铺垫，将为包括工业、交通、能源、港口、城市管理等众多产业带来深远的影响，成为构筑未来10年新产业革命的强大基石。

1.5 通用目的技术视角

人类进入工业时代以来，技术要素在市场和社会发展中的重要性日益增加，它扮演着关键驱动力的角色。不同的技术会有自己的演化曲线，从重要性来看，有些技术渗透性强，成为改造商业和世界的工具，持续扩散与产业深度融合，成为基础设施级的存在；有些技术则会被边缘化，慢慢退出历史舞台。历次工业革命的关键要素如图1-8所示。

图1-8 历次工业革命的关键要素

以互联网为例，作为一种超低边际成本的连接技术，其在消费互联网阶段，从0到1创建了一个虚拟网络世界，各种产品和服务基于线下的各种消费场景纷纷实现"电子化"，人们也逐渐习惯了网上冲浪——电商购物、在线阅读、网络游戏等。但互联网作为一种泛在连接技术，已然成为基础设施级的存在，不仅可以连接人、连接产品和服务，还可以连接多样化的物理设备、企业内部的 IT 系统等。这和 100 多年前的电力技术、200 多年前的蒸汽机技术一样，将对人们的生产、生活乃至整个社会产生深远影响。

目前，学术界对通用目的技术（General Purpose Technology，GPT）并没有形成一个统一、权威的定义，一般认为它是对人类经济社会产生巨大、深远而广泛影响的革命性技术，如蒸汽机、内燃机、电动机、信息技术等。通用目的技术（GPT）一般具有 3 个特征。

- 价值性：技术创造价值效果在不同行业和场景得到广泛验证，基于商业价值的技术落地，才会有生命力，才会延续和演化。
- 经济性：随着技术的应用在经济成本上的下降，以及开发出更多低成本的解决方案，其适用场景呈现几何级的规模扩散和拓展。
- 可扩散性：该技术能够穿透和跨越行业的复杂和壁垒，在跨行业、跨领域都形成规模化应用，逐渐演变为通用底层技术。

需要指出的是，技术并非从一开始就被专家和学者们定义为通用目的技术，一方面，技术拥有自己的进化逻辑和路径；另一方面，在技术与产业融合过程中，除技术价值本身外，与企业主体的选择、经济性等，都有很大的相关性。

复杂性科学奠基人、著名经济学家布莱恩·阿瑟（W.Brian Arthur）在其著作《技术的本质》中对通用目的技术做了专门的探讨。技术在进化中有一条重要的机制：组合进化。最初简单的技术，通过组合成技术模块，可发展出越来越多的复杂技术形式。新技术都是在现有技术的基础上发展起来的，现有技术又来源于先前的技术。将技术进行功能性分组，可以大大简化设计过程，这是技术"模块化"（modularity）的首要原因。技术的"组合"和"递归"特征，将彻底改变我们对技术本质的认识。

驱动数字化浪潮滚滚而来的就是由多种技术组合而成的数字技术，以 5G 为代表的通信技术、以物联网（IoT）为代表的网络连接技术、以云和人工智能（AI）为代表的大数据存储和处理技术、计算技术，这些技术都属于典型的通用目的技术，被称为支撑数字经济的四大技术。

- 第五代移动通信技术（简称 5G 或 5G 技术）是最新一代蜂窝移动通信技术，也是继 2G、3G 和 4G 移动通信系统之后的延伸。

- 物联网：是指通过各种信息传感器（微机电系统 MEMS）、射频识别技术（RFID）、全球定位系统（GPS）、红外感应器、激光扫描器等各种装置与技术，实时采集任何需要监控、连接、互动的物体或过程，采集其声、光、热、电、力学、化学、生物、位置等各种需要的信息，通过各类可能的网络接入，实现物与物、物与人的泛在连接，实现对物品和过程的智能化感知、识别和管理。其在智能医疗、智慧交通、智慧物流、智慧农业、智慧工业等场景已有很多务实应用和案例。

- 人工智能：随着数据量的激增和计算力的突破，沉淀了 60 年的人工智能迎来了飞速发展。人工智能可以称得上是人类历史上最新的一种通用目的技术，它将会对未来数字经济发展和人类社会产生巨大的影响。

目前，人工智能已经渗透到大量行业和场景，包括政府、金融、医疗、交通、零售和工业制造等，如图 1-9 所示。其中，人工智能在金融领域的应用最为深入，应用场景逐步由以交易安全为主向变革金融经营全过程扩展。AI+ 工业制造是工业互联网、工业智能化的主要场景，当前，AI 在制造业领域的应用潜力被明显低估，数据资源未被充分挖掘和利用。

如果从通用目的技术应用的角度来看"信息化"，安筱鹏认为，基于通用目的技术的智能工具的使用，是人类社会发展新的历史阶段，信息技术革命使得工业社会传统的能量转换为特征的工具被智能化的工具所驱动，形成了智能工具——对信息进行采集、传输、处理、执行能力的工具，而所谓信息化就是智能工具广泛应用于社会生产和生活，并促使人类社会的产业结构、生产方式、社会组织、管理模式、政治格局发生革命性变化的过程。

所以说，通用目的技术对于每一场工业革命来讲，都具有深远的意义。新一代信息技术已经深刻改变了人们的日常生活，并进一步向工业和制造业全价值链领域渗透，数字化、网络化、智能化进程的不断推进，将不断提升生产力，极大地改变生产关系。

行业		痛点	部分人工智能解决方案
👁	政府	• 城市人口数量日趋庞大，相关的政府服务工作量巨大且烦琐 • 犯罪、恐怖袭击事件无法提前预知	• 利用计算机视觉、机器学习等技术提高自助服务比例 • 通过大数据分析犯罪嫌疑人生活轨迹及可能出现的场所，利用计算机视觉技术发现其并进行抓捕
🐖	金融	• 金融机构面临运营成本压力 • 金融机构无法为长尾客户提供定制化产品和服务 • 信贷维度较为单一，存在坏账，交易欺诈等金融风险	• 利用语音识别、语义理解等技术打造智能客服，解决用户在业务上的问题，降低客户服务成本 • 利用大数据和人工智能技术开发智能投顾，向更多客户提供个性服务 • 人工智能与大数据相结合构建智能风控体系，多维度数据综合评估，提升风险管控能力
〽	医疗	• 医疗资源不均衡造成的资源配给跟不上需求 • 看病贵，看病时间长 • 医患关系紧张，误诊 • 基层卫生医疗水平差	• 智能影像可以快速进行癌症早期筛查，帮助患者更早发现病灶 • 将健康管理通过移动端、智能设备接入健康医疗，从源头改变人们的健康习惯
🚗	交通	• 车祸频发 • 人类的注意力有限 • 货运交通成本高	• 无人驾驶可以通过传感器计算机视觉等技术解放人的双手和感知，以上技术支持的共享出行和无人物流将极大地提高个人出行和物效率
🛍	零售	• 传统市场调研手段难以显示真实的消费需求 • 广告投放目标无法精准，投放效果难以准确衡量 • 消费者对实体店内体验，支付便捷、及时配送的要求越来越高	• 利用机器学习技术生成用户画像，针对其喜好进行广告投放 • 利用机器视觉技术捕捉顾客行为，分析其真实需求 • 利用计算机视觉、语音/语义识别、机器人等技术提升消费体验
🔧	工业制造	• 产品研发设计耗时长、成本高 • 人力工序失误率高且过程难以追溯 • 人力实现大规模快速定制化的成本过高 • 低成本劳动力缺乏	• 利用计算机视觉技术高效准确发现瑕疵品 • 机器人代替工人在危险场所完成工作

图 1-9 人工智能如何解决行业痛点
（来源：德勤 《中国人工智能产业白皮书》，2018 年）

科学技术从来没有像今天这样深刻影响着产业和国家的前途命运。当前，我国经济进入增速换挡、高质量发展的关键时期，中国制造正处于迈向中国创造，实现制造强国和网络强国的伟大目标，我们一定要抓住新工业革命的历史机遇。

第 2 章

工业互联网的本质：
价值重构

在这个"百年未有之大变局"形势之下，工业互联网席卷了包括产业界、ICT 企业及产业资本方在内的参与者，他们基于自身角色的定位及优势，有着各自不同的应对举措。

本章从国家政策、工业互联网平台、工业企业、应用场景、产业资本等不同维度展开。对于国家来说，工业互联网是一次"战略选择"，是推动我国工业实现跨越和高质量发展的历史选择；对于 ICT 企业、自动化、工业软件厂商来说，工业互联网平台是它们迈向平台商业模式的契机；对于企业来说，这是迈向数字企业的迭代创新；对于场景来说，这让有价值的技术有了"用武之地"；对于产业资本来说，开启了在一条新兴潜力赛道上的狂欢；而对于从业者来说，这是一次全新的认知挑战和升级！

2.1 从制造强国指数看我国制造业发展目标与突破点

制造业是国民经济的基础，是立国之本、强国之基。党的十九届五中全会提出，加快发展现代产业体系，推动经济体系优化升级。坚持把发展经济着力点放在实体经济上，坚定不移建设制造强国、质量强国、网络强国、数字中国，推进产业基础高级化、产业链现代化，提高经济质量效益和核心竞争力。

中央提出：准确把握新发展阶段，深入贯彻新发展理念，加快构建新发展格局，推动"十四五"时期高质量发展，确保全面建设社会主义现代化国家开好局、起好步。

为全面了解我国制造业发展状况，2020 年 12 月 25 日，中国工程院战略咨询中心、国家工业信息安全发展研究中心、南京航空航天大学等单位联合发布《2020中国制造强国发展指数报告》（以下简称《报告》），对我国制造业的相关情况进行了详细的统计、分析，如表 2-1 所示。

表 2-1　2019 年各国制造强国发展指数

阵列	第一阵列	第二阵列		第三阵列				其他	
国家	美国	德国	日本	中国	韩国	法国	英国	印度	巴西
指数值	168.71	125.65	117.16	110.84	73.95	70.07	63.03	43.50	28.69

《报告》基于制造强国评价指标体系，结合世界银行、世界贸易组织等权威机构的最新统计数据，分别测算了美国、德国、日本、英国、法国、韩国、印度、巴西和中国 9 个国家 2019 年制造强国发展指数，如图 2-1 所示。

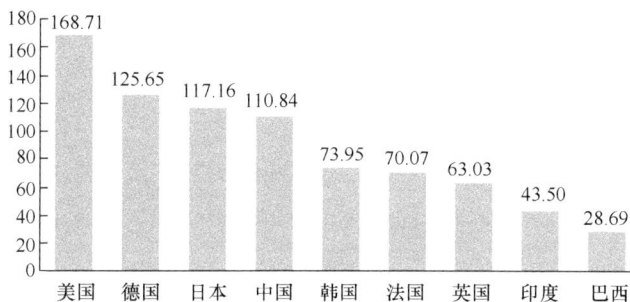

图 2-1　2019 年各国制造强国发展指数

据悉，制造强国发展指数由规模发展、质量效益、结构优化、持续发展 4 个分项数值构成，综合反映一国制造业发展的强弱水平。在四项一级指标中，"质量效益""结构优化""持续发展"综合体现一国制造业的核心竞争力，是制造强国的主要标志，是发达国家与发展中国家的主要差距所在，"规模发展"则仍是制造强国进程发展的主要支撑力。

《报告》显示，我国制造强国发展指数为 110.84，与日本的差距不足 8 个点，但从制造业核心竞争力来看，仍处于世界主要制造业国家的第三阵列。

中国工程院院士朱高峰指出，发达国家多以质量效益、结构优化、持续发展作为本国制造业国际竞争力优势项，而我国制造强国进程发展的主要支撑力仍为规模发展，从制造业核心竞争力来看，我国仍未迈入"制造强国第二阵列"，高质量转型发展之路任重道远。

近年来，我国制造业增加值占 GDP 的比重在波动中趋势性下降，特别是 2019 年（27.17%）同比 2018 年降低 2.23 个百分点，达到 2012 年（31.53%）以来的最低水平。与之相对应的是，全国规模以上制造业规模增速也从 2012 年的 10.0% 逐年降至 2019 年的 6.0%，步入持续中低速增长阶段，如图 2-2 所示。

制造强国发展指数的变迁是近年来中国制造发展状况的缩影。我国制造业产业体系运转效率仍处于较低水平，差距十分明显。提质增效、转型升级已成为我国制造业实现高质量发展的必然要求。工业互联网、智能制造、数字化转型能否在质量指标、结构优化、持续发展方面有所作为，发挥最大的价值，是值得重点关注的事情。

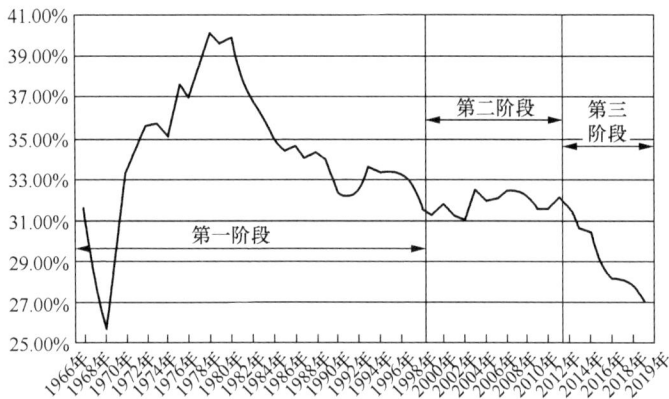

图 2-2　中国制造业增加值占 GDP 比重的变化趋势　（1966—2019 年）

2.2　工业互联网：一个"战略选择项"

2021 年 3 月 15 日，中央财经委员会第九次会议强调："加速用工业互联网平台改造提升传统产业、发展先进制造业。"

当前，全球新一轮产业变革与我国制造业转型升级形成历史性交汇，只有站在"百年未有之大变局"和实现"两个强国"目标的时代背景下，才能深刻理解工业互联网是实现制造强国和网络强国两大战略目标的战略选择、价值路径和实现手段，才能真正懂得国家下大力气、长周期地推动制造业转型升级和高质量发展的坚定决心。

当下业界的共识是，全球工业互联网正处在格局创立的关键期和规模化扩张的窗口期，发展工业互联网已经成为主要国家抢占全球产业竞争新制高点、重塑工业体系的共同选择。

中国是全球唯一拥有联合国产业分类目录中所有工业门类的国家，包括 41

个工业大类，207 个工业中类和 666 个工业小类，值得重视的现实是，我国现在是工业大国，还不是工业强国；是制造大国，还不是制造强国。我国现在仍处于工业化的后期。

近年来，有关虚拟经济与实体经济的争论频繁见诸报端。虚拟经济是一把"双刃剑"，它既因适应实体经济的需要而产生，可以促进实体经济的发展，又可能会给实体经济带来较大的挤出效应甚至是破坏性的损害。发达国家正在积极引导本国制造业"回流"以实现"再工业化"。经过广泛的社会讨论和反思，国家决策层更加坚定"虚拟经济是为实体经济服务的定位"，更好地推动实体经济的发展。

2017 年 4 月，人民网刊文《虚拟经济的根本是为实体经济服务》，全面分析了实体经济和虚拟经济的关系，其中指出：实体经济是国家经济发展的根本，是虚拟经济的前提和基础，只有实体经济健康发展，虚拟经济才能步入良性发展的轨道；虚拟经济是实体经济发展的内在需求，归根到底是为实体经济服务的，不仅为实体经济发展提供资金支持，而且还能够有效促进实体经济物质资源的优化配置。因此，必须坚持实体经济和虚拟经济均衡协调发展，坚持"两条腿"走路，不能一长一短。

随着新一代信息技术和工业制造业深度跨界融合，围绕制造强国和网络强国的目标，国家在近年来提出过许多政策主张。

2015 年 7 月，《国务院关于积极推进"互联网＋"行动的指导意见》发布。这一年，国务院、各部委、各地方政府制定从顶层设计到具体方案的相关配套政策，为"互联网＋"落地注入"强"心针；这一年，"互联网＋"首次出现在《政府工作报告》中，"互联网＋"成为年度热词，也是当年最大的"风口"。

2016 年 5 月，《国务院关于深化制造业与互联网融合发展的指导意见》正式发布，指导意见提出："制造业是国民经济的主体，是实施'互联网＋'行动的主战场。我国是制造业大国，也是互联网大国，推动制造业与互联网融合，有利于形成叠加效应、聚合效应、倍增效应，加快新旧发展动能和生产体系转换，前景广阔、潜力巨大。"这是第一个国家层面致力于推动制造业与互联网融合发展的政策，推进"互联网＋"行动，直指制造强国建设。此文件表明，制造业要积极行动起来，主动与互联网融合发展。

2016 年 12 月，工业和信息化部、财政部联合制定了《智能制造发展规划（2016—2020 年）》，实施数字化制造普及、智能化制造示范引领，以构建新型制造体系为目标，以实施智能制造工程为重要抓手，着力提升关键技术装备安全可控能力，着力增强基础支撑能力，着力提升集成应用水平，着力探索培育新模式，着力营造良好发展环境，为培育经济增长新动能、打造我国制造业竞争新优势、建设制造强国奠定扎实的基础。此后，智能制造被确定为推动制造强国战略的主攻方向，也成为行业共识。

2017 年 11 月，《国务院关于深化"互联网＋先进制造业"发展工业互联网的指导意见》指出："工业互联网作为新一代信息技术与制造业深度融合的产物，日益成为新工业革命的关键支撑和深化'互联网＋先进制造业'的重要基石，对未来工业发展产生全方位、深层次、革命性影响。工业互联网通过系统构建网络、平台、安全三大功能体系，打造人、机、物全面互联的新型网络基础设施，形成智能化发展的新兴业态和应用模式，是推进制造强国和网络强国建设的重要基础"。2018—2020 年是我国工业互联网发展的起步期。

2020 年 4 月，国家发展和改革委员会、中央网络安全和信息化委员会办公室联合印发的《关于推进"上云用数赋智"行动培育新经济发展实施方案》明确提出："将在已有工作基础上，大力培育数字经济新业态，深入推进企业数字化转型，打造数据供应链，以数据流引领物资流、人才流、技术流、资金流，形成产业链上下游和跨行业融合的数字化生态体系。"

2020 年 12 月，工业互联网专项工作组（隶属于国家制造强国建设领导小组）发布《工业互联网创新发展行动计划（2021—2023 年）》，计划提出：以支撑制造强国和网络强国建设为目标，顺应新一轮科技革命和产业变革大势，统筹工业互联网发展和安全，提升新型基础设施支撑服务能力，拓展融合创新应用，深化商用密码应用，增强安全保障能力，壮大技术产业创新生态，实现工业互联网整体发展阶段性跃升，推动经济社会数字化转型和高质量发展。2021—2023 年是我国工业互联网的快速成长期，应继续深入实施工业互联网创新发展战略，推动工业化和信息化在更广范围、更深程度、更高水平上融合发展。

2021 年 5 月，工业和信息化部办公厅发布《关于组织开展 2021 年新一代信息技术与制造业融合发展试点示范申报工作的通知》，推动新一代信息技术与制造业全要素、全产业链、全价值链的深度融合，加快制造业技术、模式、业态等创新和应用。一些省市如广东、河北、四川等相继启动相关申报工作。

另外，一些省市围绕数字化做重点文章，如浙江省集全省之力大力推进数字化改革。2021 年 2 月 18 日，浙江省委召开全省数字化改革大会，全面部署浙江数字化改革工作。浙江省委书记袁家军在会上强调，全面推进数字化改革是浙江新发展阶段全面深化改革的总抓手。他指出，数字化改革是围绕建设数字浙江目标，统筹运用数字化技术、数字化思维、数字化认知，把数字化、一体化、现代化贯穿到党的领导和经济、政治、文化、社会、生态文明建设全过程各方面，对省域治理的体制机制、组织架构、方式流程、手段工具进行全方位、系统性重塑的过程。

同处于长三角的中心城市上海则谋划城市数字化转型。2020 年年底，上海市委、市政府公布《关于全面推进上海城市数字化转型的意见》（以下简称《意见》），要求深刻认识上海进入新发展阶段全面推进城市数字化转型的重大意义，明确城市数字化转型的总体要求。《意见》指出，全面推进数字化转型是面向未来塑造城市核心竞争力的关键之举，要坚持整体性转变，推动"经济、生活、治理"全面数字化转型；坚持全方位赋能，构建数据驱动的数字城市基本框架；坚持革命性重塑，引导全社会共建共治共享数字城市，加快打造具有全球影响力的国际数字之都。

另外，从城市和区域看，将会出现上海、深圳、苏州、杭州、南京、重庆等以打造"工业互联网创新高地"为目标导向的区域中心，它们将引领和辐射周边城市的工业互联网发展走向深入。

当前，在工业互联网标识解析体系建设中，北京、广州、上海、武汉、重庆五大国家顶级节点持续稳定运行，南京、贵阳两大灾备节点加快建设。中国信息通信研究院统计数据显示，截至 2021 年 4 月 21 日，已上线二级节点 117 个，覆盖 22 省区市的 41 个行业，接入企业超过 13 000 家，标识注册量突破 168 亿，日均解析量超 950 万。

2.3 穿透"新概念迷雾"

工业互联网的出现，并不是空穴来风，而是有其深刻的时代背景，无论是对企业还是对经济体来说，整个生产力曲线是向下走的。那未来大幅提高生产力的关键要素会来自何处？"答案就是数字技术，具体来说是分析技术。我们正生活在充斥着数据的世界。如果我们可以有效地组织管理这些数据，并探索常人难以看到的行为模式，就能以前所未有的幅度提高生产力。"比尔·鲁赫（Bill Ruh）如是说，他在 2011 年受命主持通用电气的数字化战略（GE Digital），2015 年 9 月兼任 GE Digital 部门的负责人。

通用电气创建 GE Digital 的初衷源于"想要借助销售的设备和服务来提高客户生产力的尝试"。2012 年，通用电气彰显了世界级公司的风范，基于这股创新与变革浪潮提出了"工业互联网"概念，认为第一次浪潮是工业革命，第二次浪潮是网络革命，第三次浪潮是整合两大革命性转变之优势所形成的工业互联网革命，并特别强调将工业革命的成果及其带来的机器、机组和物理网络，与互联网的发展成果——智能设备、智能网络和智能决策融合，将此融合称作"工业互联网"。

工业互联网将人、智能机器、高级分析系统通过网络融合，通过数据 / 信息、硬件、软件和智能分析 / 决策的交互，使创新能力提高、资产运营优化、生产效率提高、成本降低和废物排放减少，进而带动整个工业经济发展。

GE 向人们描绘了一幅令人神往的智能图景，通过"打破智慧与机器的边界"，将数字世界（虚拟世界）与物理世界（现实世界）相互融合，创造新生产力价值。以安装仪器仪表的工业机器为例，其在交付给客户之后，实际运转过程中产生的海量数据，通过专有采集设备提取和存储，然后上传至工业数据系统中进行分析，分析结果可通过远程方式在计算机端、手机端等可视化，一目了然，同时，数据流可以与相关的人分享所需数据，并能够回到设备机器中，为研发和改进提供真实基础数据。其具体原理及循环模型如图 2-3 所示。

安装仪器仪表的
工业机器

数据流返回机器

专有机器数据流的
提取和存储

物理和
人际网络

工业数据系统

安全的、基于云计算
的网络

与正确的人
和机器分享数据

基于机器的算法
和数据分析

远程和集中式
数据可视化

大数据分析

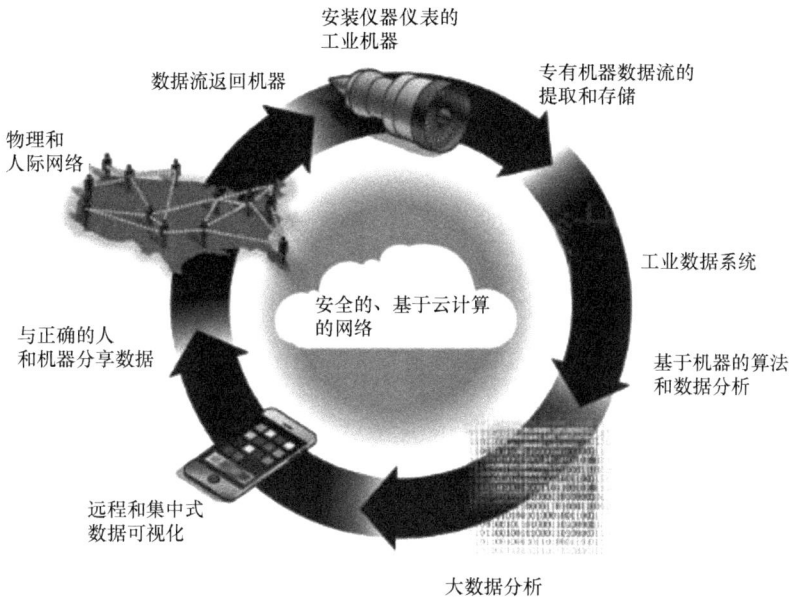

图 2-3　工业互联网的数据循环
（来源：《工业互联网：打破智慧与机器的边界》）

2014 年 3 月，通用电气联合 AT&T、思科（Cisco）、IBM 和英特尔（Intel）等成立工业互联网联盟（Industrial Internet Consortium，IIC）。它是一个开放性成员资格团体，致力于打破技术孤立壁垒，促进物理世界和数字世界的融合。该联盟将使各个组织能够更便利地连接和优化资产、操作及数据，以提高灵活性，释放所有工业领域的商业价值。IIC 给出的定义是："工业互联网是由实物、机器、人与计算机机器网络组成，拥有人工智能制造、过程控制与个体感知、整合任何性质的网络而进行数据整合与数据分析的全球开放式智能工业系统。"

除了通用电气和工业互联网联盟给出的定义，国内主流机构也对工业互联网的内涵和边界进行了定义。

工业互联网产业联盟：工业互联网（Industrial Internet）是新一代信息通信技术与工业经济深度融合的新型基础设施、应用模式和工业生态，通过对人、机、物、系统的全面连接，构建起覆盖全产业链、全价值链的全新制造和服务体系，为工业乃至产业数字化、网络化、智能化发展提供了实现途径，是第四次工业革命的重要基石。

2020年12月，中国信息通信研究院院长余晓晖在接受《财经国家周刊》采访时，分别从宏观和技术两个层面解读工业互联网。"从宏观层面看，工业互联网通过工业经济全要素、全产业链、全价值链的全面连接，支撑数字化网络化智能化转型，变革工业生产制造和服务体系，实现工业经济高质量发展。而从技术层面看，工业互联网是新一代信息技术与生产制造体系深度融合的新型工业数字化系统，包括新的感知、互联、计算、控制和智能技术，这些新的技术与生产制造体系结合以后，实现了人、机、物广泛互联，构建海量数据及工业知识汇聚管理、集成建模、分析洞察和优化决策的数字化平台。"

中国工业互联网研究院：工业互联网是新一代信息技术与工业系统全方位深度融合所形成的产业和应用生态，是工业数字化、网络化、智能化发展的关键综合信息基础设施。其本质是以人、机、物之间的网络互联为基础，通过对工业数据的全面深度感知、实时传输交换、快速计算处理和高级建模分析，实现智能控制、运营优化和生产组织方式变革。

从国内外主流机构、企业的观点可以看出，其对工业互联网的内涵、对象等的理解都有所不同，这代表了机构或企业的不同立场和视角。但更重要的是，国内业界各方对概念本身的诠释与界定具有强烈的"中国化"（本地化）意味，尤其是在"新基建"形势下，更加重了工业互联网在"制造强国"和"网络强国"中的分量，其作为社会化的基础设施级的存在，将极大地影响中国经济与社会的发展。

工业互联网是工业技术与数字技术（5G、AI、云技术、边缘计算、数字孪生等）深度融合的"新物种"（并不是一个单纯的技术体系），其本质是数字技术作用于工业全要素、全产业链、全价值链，贯穿于设计、生产、管理、服务等流程环节，实现对生产方式、运营服务和商业模式的重构，进而形成新业务、新业态和新产业的过程。从宏观上看，工业互联网也是工业化和信息化深度融合演进的新阶段。这背后有3个内核：融合是核心特征，重构是本质目标，进化则贯穿整个过程。新一代信息技术与工业技术的融合不是"一锅大杂烩"，而是技术叠加相互激发，技术与产业融合的逻辑机理复杂，演化形态多样，充满无限可能。

上述观点着眼于工业互联网的未来形态及演进规律，尽管当前的工业互联网更多的是呈现工业属性与特征，但随着平台基座完善、多元异构数据增加及算法模型丰富迭代，产业协同的网络化特征、数字经济中智能化成分越来越浓厚，势必将出现超越当前特征的新经济形态。

所以，真正具有成长性和未来独角兽潜质的工业互联网企业，一定是既有工业基因，又有互联网、软件基因的，只有在企业基因和团队层面完成融合，才能形成强大的平台能力、产品能力及交付能力，这背后蕴含着强大的推动跨界融合创新的趋势力量。而那些一直背负着沉重的工业基因无法融合新基因，或者遵循定制化交付传统的企业，很难在这一轮的工业互联网上升周期中跑出来。

当前，业界人士更多站在产业视角或平台视角（供给侧视角）去看待工业互联网平台的载体价值，这当然很好。其实，还有一个更加落地、贴合企业实际的视角——企业级工业互联网如何推动？工业互联网面向的对象是人、机、料、法、环、测，这 6 个要素在企业层面构成一个有机协作的整体，以企业为利益经营主体进行系统思考，恰如其分地利用工业互联网和数字技术为企业战略和业务服务。当把工业互联网从产业层下沉到企业层时，就会更加强调技术与业务、场景的融合，以及打造价值闭环。如此循环下去，工业互联网产业土壤就会更加丰厚，增长之路就会更加稳健，从而顺势扩展到产业价值链层，实现更广范围的价值挖掘。这其实就是产业数字化的具体实现过程。

有一种现象值得关注，那就是新概念在国内泛化得非常快，新进入者试图从只言片语或自身立场去解构，结果容易使其泛化成包罗万象的"大杂烩"，以至于业界人士要区分广义工业互联网与狭义工业互联网的定义，并通过定义区分不同的观点。

国内关于工业互联网的定义，已经超出了首倡者所描绘的范畴，构建了独具特色的概念体系，对网络、平台、安全、数据及标准体系进行了定义和丰富。在这里，笔者从更普遍的意义梳理出五大特征，这或许可以作为判断真假工业互联网的重要标准。

泛在连接。泛在连接是工业互联网的第一特征，从连接对象来看，工业互联网是工业全要素、全价值链的全面连接——"人、机、料、法、环、测"，包括并不限于各种机器、设备、产线、物料、传感器、系统、人等。它可以从纵向互联和横向互联来解释，纵向互联是指将企业内不同的 IT 系统、设备进行全面的应用与集成，构建人—机—物之间的互联，其边界在企业内部；而横向互联是指企业之间全产业链的连接，其边界在上下游价值链，打通从原材料供应、生产、物流、销售等全流程数据，从社会资源中汲取能量。也就是说，如果没有连接设备，从设备端采集数据，而只有应用软件或系统，就称不上真正的工业互联网。

工业属性。 工业互联网的核心还是工业，尤其是平台早期所连接的主要对象是设备，解决工业一线现场的问题，显示出强工业属性，甚至可以称为工业物联网（IIoT）。在走向智能研究院院长赵敏看来，工业互联网有 4 点必须要做到——基于工业场景、遵循工业规律、聚焦工业应用、提供工业价值。也就是说，它从工业场景中来，最终回到工业场景中去。但这并不是说工业互联网只有工业属性，这种认识也有偏差，它还有网络属性、技术属性。

集成融合。 工业互联网是工业制造技术与新一代信息通信技术深度融合的产物，一方面是技术集成所带来的叠加影响，另一方面 OT 与 IT 逻辑共同融合之后产生了新的逻辑，实现了内在逻辑的重构。

数据智能。 工业互联网不仅限于设备连接、系统打通和数据集成，还需要在此基础上实现更深层次的数据处理和分析，从而实现数据洞察，通过实际的指标优化助力企业绩效改进，这是"数据 + 模型 + 应用"的智能优化闭环逻辑。更多闭环逻辑的内容，详见本书第 3 章。

边云协同。 云计算技术正在从消费领域向工业领域渗透，工业互联网平台是云原生的产物，这与数据采集与监视控制系统（SCADA）具有本质差别。云计算擅长全局性、非实时、长周期的大数据处理与分析，但其在落地过程也有短板，而边缘计算更适用于局部性、实时、短周期数据的处理与分析，支撑本地业务的实时智能化决策与执行。边云协同能够同时满足本地实时与云端非实时数据处理需求。

2.4　工业互联网的认知变迁

我们今天面临着各种各样的新的概念：物联网、大数据、云计算、人工智能、区块链、工业 4.0、智能制造、工业互联网……有些时候这么多新的概念会影响我们对事物本质的理解。后来业界给它们起了个名字——"新概念迷雾"，它正在影响着我们的视线。

自 2013 年以来，国内产业界轮番掀起新概念风潮，包括两化融合（Integration of Informatization and Industrialization）、两化深度融合、大数据（Big Data）、物联网（IoT）、云计算（Cloud）、人工智能（AI）、区块链（Blockchain）、工业 4.0（Industry 4.0）、智能制造（Intelligent manufacturing）、工业互联网（Industrial Internet of things）、服务型制造（Service-oriented Manufacturing）、数字孪生（Digital Twin）、数字化转型（Digital Transformation）、工业智能（Industrial Intelligence）等。每个国家、特定组织都会在相应的时代背景下，选择最有利于自身的发展道路和术语体系。

近年来，由于某些浮躁的社会风气和挣快钱的思维作祟，人们往往对概念一知半解，或者毫不关心流行概念背后的原因与本质，就开始炒作，这种风气给实业界带来非常不好的影响，很多实业家担心错失良机、被新技术和新商业模式颠覆，人心惶惶。在防止市场概念多变和快速泛化的同时，国家产业政策和导向要有相对的稳定性和可持续性，以免企业家无法在短时间内接受众多概念而陷入"新概念迷雾"，无所适从。

中国信息化百人会执委安筱鹏在"解码工业物联网"的分享中提到一件有趣的事情。

关注和报道工业领域的《人民日报》记者，为深入了解工业互联网发展情况，采访和调研了国内几家比较有名的工业互联网平台。没采访的时候他们觉得自己对工业互联网有些了解，采访完成之后却觉得自己更困惑了，对工业互联网的概念理解得更加模糊，因为每个人的理解角度都不尽相同。

具体表现在：一是，厂家都在说自己是工业互联网平台，但是讲的内容、关注点都不一样；二是，不同岗位和职业背景的人讲的不一样；三是，同一拨人，在不同的时间段讲的也不一致，3个月前和3个月后讲的也不一样。所以，工业互联网正处于一个不断演化的过程中。

造成这种认知偏差的原因，是由于信息不充分、认知模型差异、立场及思维方式局限等。

信息不充分。 工业互联网作为新生事物，一开始发展会非常快，混杂各种信息涌入，但人们的信息筛选或获取信息的渠道还不够正规，"新瓶装旧酒"现象混杂其中，如以点带面、以偏概全，掌握的是碎片化信息等。而信息的质量在很大程度上决定了认知的质量，由于对其研究的深入不够，造成了认知跟不上新生事物的发展。

认知模型差异。 在面对复杂系统的问题时，人们就更容易陷入归因谬误。工业互联网产业生态就是一个复杂系统（Complex System），其典型特征是"融合"，涉及多个层面和维度，任何单点的思考都无法把握其丰富内涵和本质。

立场与思维方式局限。 工业互联网从业者来源于各行各业，包括工业企业、互联网公司、自动化厂商、ICT公司等，其所有的认知都是为自身利益服务的，自然也就会被立场和利益蒙蔽双眼。在框架效应中，立场不是通常认为的立场，而是大脑自动勾画的一个参考框架。思维方式，是人和人最底层的差距，会带来认知和行动上的差异。

那么如何脱离认知困境呢？可以从认知升级、系统思考，以及用发展的眼光看待工业互联网的进化。

认知升级。 这实际上是认知框架的升维！面对新事物、新概念，要开放自己的信息通道和心态，聆听他人观点，避免单一立场思考，打开认知边界，逐渐形成自己的认知框架。瑞·达利欧在《原则》中反复地强调了"极度开放"这个原则，而这个原则也正是打破自己、让自我进化最有力的解决之道。

系统思考。 强调要系统化思考，不仅要关注因素本身，还需要理清这些因素之间的相互关系，这样才能对系统有整体把握。

用发展的眼光看问题。 新生事物的演进速度是非常快的，内涵和边界都会随着时间演化，要学会用发展的眼光看待变化，及时调整和修正认知思维方式（模型）非常重要。

2.5 工业互联网发展现状

本节从工业互联网平台、企业、场景、资本等多个维度，描绘工业互联网发展现状。

2.5.1 平台篇：我国工业互联网平台演进

在我国工业互联网的四大体系中，网络是基础，涵盖设计、研发、生产、管理等各环节人—机—物的泛在深度互联；平台是核心，汇集各类生产数据、机器状态，实现资源的优化配置、智能分析等；安全是保障，识别和抵御安全威胁、化解各种安全风险；而数据体系是关键，提升数据价值挖掘能力、促进数据流动、推动数据知识共享、构建数据驱动新生态。

业界比较主流的认识是，工业互联网平台是面向制造业数字化、网络化和智能化需求，构建起海量数据采集、汇集、分析的体系，是支撑制造资源泛在连接、弹性供给、高效配置的载体，其核心要素包括数据采集体系、工业 PaaS（Platform as a Service，平台即服务）平台、应用服务体系。工业互联网平台向下连接海量设备，自身承载工业经验与知识的模型，向上对接工业优化应用，是工业全要素连接的枢纽，是工业资源配置的核心，驱动着先进制造体系的智能运转。

工业价值链促进会（Industrial Value Chain Initiative，IVI）提出的新一代工业价值链参考架构（IVRA-Next）认为，平台是网络和数字世界的核心。首先，平台定义了一系列的规则和条件，集成了相关的软件和硬件设施，并通过软件为制造业企业提供服务。其次，平台利用数字技术将生产现场的各种活动转换到网络和数字世界，并通过对数据的加工处理，形成新的知识和技术。最后，不同的平台需基于宽松定义标准连接起来，形成分布式的平台生态系统。

国内工业互联网的生态演进总体上是围绕工业互联网平台展开的。随着消费互联网"上半场"阶段步入尾声，平台商业模式被市场验证并爆发出惊人的商业价值，制造企业、装备商、自动化企业及 ICT、互联网公司等纷纷成立工业互联网平台，在 2017—2018 年，就有 200 多家公司举起工业互联网平台的大旗。

在场场人数爆满、嘉宾云集的高峰论坛或大会上，各家公司宣讲自家工业互联网平台时眉飞色舞、头头是道。在那个巅峰时期，行业厂商多以工业互联网平台自居，以工业互联网平台为荣。曾有一段时间，国内关于工业互联网的讨论，会把工业互联网平台当作工业互联网的全部，这足以证明平台在人们心目中的核心地位。

但风向说变就变，当市场上工业企业反馈"工业互联网平台落不了地"的时候，人们纷纷戴上有色眼镜，试图去窥探工业互联网平台的真面目。有些创业公司也幡然醒悟，觉得以自身的"小舢板"去搏工业互联网平台这个庞然大物，有点自不量力，前期投入大，周期开发长，反而在落地方面存在瓶颈，难以形成价值闭环，于是纷纷放弃工业互联网平台的标签，走向垂直行业工业互联网应用。

在工业互联网平台的演化中，有些平台型公司选择差异化的策略，以防自身陷入"芸芸众生"之中。同时期可采用的概念标签包括"工业大脑"（如 supET 工业大脑）、"工业操作系统"（如 supOS）、数字孪生平台（研华 WISE-PaaS/InsightAPM）、制造中台（用友精智）、数字基座（联通联擎平台）、开源工业互联网平台等，以及更多垂类工业互联网平台。

要读懂工业互联网平台的发展策略，一是要理解技术发展及相互叠加带来的产业影响；二是要了解我国国情，比如"试点模式"（对应工业互联网创新发展工程中的"试点示范"）、"抓大放小"（对应工业互联网平台的遴选机制）等。2019 年 8 月 26 日，工业和信息化部正式对外公示首批工业互联网十大双跨平台清单。它们分别是：

海尔 COSMOPlat 工业互联网平台

东方国信 Cloudiip 工业互联网平台

用友精智工业互联网平台

树根互联根云工业互联网平台

航天云网 INDICS 工业互联网平台

浪潮云 In-Cloud 工业互联网平台

华为 FusionPlant 工业互联网平台

富士康 BEACON 工业互联网平台

阿里 supET 工业互联网平台

徐工信息汉云工业互联网平台

这个遴选结果也是为了契合国家顶层政策的一个收尾动作。早在 2017 年 11 月，《国务院关于深化"互联网 + 先进制造业"发展工业互联网的指导意见》提出了我国工业互联网平台建设的近期目标和中远期目标，即到 2020 年支持建设 10 个左右跨行业、跨领域工业互联网平台（以下简称"双跨平台"），到 2025 年形成 3 ~ 5 个具有国际竞争力的工业互联网平台。

2020 年 12 月，国家层面又遴选了 5 个双跨平台，腾讯 WeMake 工业互联网平台、忽米 H-IIP 工业互联网平台、宝信 xIn3Plat 工业互联网平台、supOS 工业操作系统、UNIPower 工业互联网平台赫然在列。

截至目前，随着我国工业互联网平台及场景应用探索的深入，已初步构建起多层次系统化的平台体系。据工业互联网产业联盟（AII）统计，我国有 600 余个工业互联网平台，涵盖跨行业跨领域平台、特定行业平台、专业领域平台、企业级平台和通用技术平台等，如图 2-4 所示。

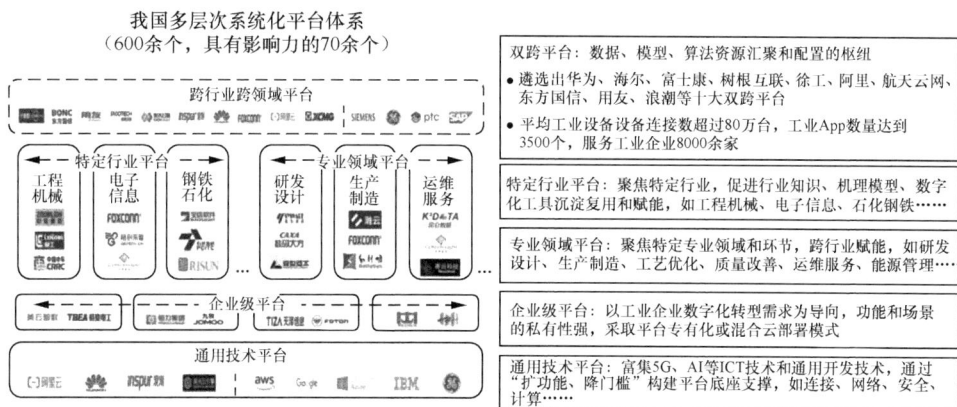

图 2-4　我国初步形成多层次系统化工业互联网平台体系
（来源：余晓晖，《工业互联网驱动数字化转型》，2020 年 7 月）

双跨平台：数据、模型、算法资源汇聚和配置的枢纽。遴选出华为、海尔等

15 个双跨平台（在 2020 年 12 月，国家层面又遴选了 5 个双跨平台）。

特定行业平台：聚焦特定行业，促进行业知识、机理模型、数字化工具沉淀复用和赋能，如工程机械、电子信息、石化钢铁、航空船舶等。

专业领域平台：聚焦特定专业领域和环节，跨行业赋能，如研发设计、生产制造、工艺优化、质量改善、运维服务、能源管理等。

企业级平台：以工业企业数字化转型需求为导向，功能和场景的私有性强，采取平台专有化或混合云部署模式。

通用技术平台：富集 5G、AI 等 ICT 和通用开发技术，通过"扩功能、降门槛"构建平台底座支撑，如连接、网络、安全、计算等。

2021 年 4 月 9 日，工业互联网平台创新合作中心在北京成立。中心由中国工业互联网研究院联合部分部属事业单位和 170 多家工业互联网平台企业共同发起成立，是促进平台企业交流合作的交流平台和提升平台技术供给应用服务、培育平台新模式新应用的创新载体。中心将充分发挥平台在工业互联网中的核心作用，打通创新链、产业链、供需链、资金链、人才链的壁垒，通过行业和区域应用，加速平台体系化、标准化创新发展。

在平台创新合作中心成立仪式上，工业和信息化部信息技术发展司司长谢少锋总结道："自 2017 年国家深入实施工业互联网创新发展战略以来，多措并举，推动工业互联网平台建设取得显著成效。经过 3 年的努力，'综合型 + 特色型 + 专业型'工业互联网平台体系基本形成，目前具有一定行业和区域影响力的平台超过 100 家，连接设备数超过了 7000 万台（套），平台赋能效应进一步显现。"

经过 3 年多不断的探索与实践，业界对工业互联网平台的认识也更加全面、更加深入、更加清晰。工业和信息化部信息技术发展司副司长王建伟在 2021 第四届数字中国建设峰会上分享了他对工业互联网平台的认识，具体内容如下。

从生产要素看，数据成为新的生产要素。工业互联网平台下连万物、上接应用，是海量数据汇聚的枢纽，是实现数据贯通要素汇聚、价值创造的关键载体，也是实现用数据决策、用数据管理的重要支撑。

从生产关系来看，工业互联网改变了劳动者、劳动对象、劳动工具之间的关系，实现了资源在更大范围、更高效率的网络化协同，正在引发生产方式、企业形态、商业模式的根本性变革。

从经济形态看，工业互联网平台正在驱动工业经济向数字经济转变，传统的、少品种、大批量的规模化生产，向基于精准挖掘分析用户需求的多品种、小批量的个性化定制转变。

尽管我国工业互联网平台发展迅猛，但我们不能回避当前所处的发展阶段。王建伟强调："我们应该深刻地体会到工业互联网平台研发投入高、周期长，它的发展是一个长期积累的过程，也是一个不断迭代优化的过程。目前，工业互联网平台仍然处于发展的初期，未知远远大于已知，因此我们要保持战略定力，在不断实践的基础上持续深化认识。"

2021 年以来，我国推进工业互联网平台的推广策略发生了新的变化，国家层面不仅着眼于综合型的跨行业和跨领域平台的推动，而且重视与特色平台和垂直行业专业化平台的有机结合与衔接，实现价值驱动，打通从平台到企业应用的"最后一公里"：

从政策驱动为主，到政策驱动与市场驱动、应用驱动并重；

从重点关注跨行业跨领域平台到向"综合型 + 特色型 + 专业型"的多样化平台体系转变；

从注重工业互联网单点、单企的价值赋能作用，到发挥工业互联网的强链固链价值，打通创新链、产业链、供需链、资金链、人才链的壁垒；

下一步重点通过行业、领域和区域应用 3 个方向推动工业互联网平台深入落地；

工业互联网落地与企业数字化转型紧密结合进行，平台成为转型载体；

从"平台热"到平台与应用并重；

从市场端看，工业互联网平台的品牌定位越来越寻求差异化。

随着工业互联网平台及应用的大幅增加，众多平台间工业应用的数据标准和互联互通将成为产业发展的下一个痛点，而整合全国主流工业互联网平台主体的创新合作中心，将是未来打通平台间数据连通壁垒、进行互联互通互操作的重要载体。

2.5.2 企业篇：传统企业迈向数字工业的一张"船票"

2015 年前后，全国出现了一股"互联网+"热潮，部分传统企业的从业者纷纷立足于自身优势，以"+互联网"之名，踏上自身互联网化征途，但收效甚微。而随着工业企业的觉醒，在此轮工业互联网浪潮兴起之时，它们纷纷行动，成立"数字科技公司"，利用自身工业基因和产业链优势，紧紧抓住技术潮流反向赋能所在行业，获得通向工业互联网未来发展的"船票"，在 2016—2021 年形成一股清晰可见的风潮。

经过梳理发现，这些"创一代"的传统大制造企业在面临新的变革周期，它们不约而同地选择了同样的方向——工业互联网。

航天科工集团：2015 年 6 月 15 日，中国航天科工集团联合所属单位共同出资成立航天云网科技发展有限责任公司。依托航天科工雄厚的科技创新和制造资源，基于 INDICS+CMSS 工业互联网公共服务平台，建设规划了以"平台总体架构、平台产品与服务、智能制造、工业大数据、网络与信息安全"五大板块为核心的"1+4"发展体系，打造自主可控的工业互联网安全生态环境，建设云制造产业集群生态。

美的集团：2016 年，美的集团依托集团信息化人才力量，孵化出美云智数公司，打造美的版工业互联网平台，支撑美的集团数字化转型。作为美的工业互联网（Midea M.IoT）对外输出服务的载体，2020 年 11 月 17 日，美的在北京发布了 M.IoT 工业互联网 2.0 架构和美的工业互联网品牌"美擎"。

三一集团：2016 年，由三一集团孵化的工业互联网公司——树根互联发布了"根云（ROOTCLOUD）"平台。它是着力于强化工业互联网平台纵深，帮助客户打造从设备接入、物联呈现到行业应用的端到端深度价值解决方案的运营平台。

海尔集团：2017 年 4 月，由海尔集团旗下海尔卡奥斯物联生态科技有限公司推出的 COSMOPlat 卡奥斯工业互联网平台正式成立，它是面向智能制造和新一代信息技术所构建的、率先引入用户全流程参与体验的工业互联网生态平台，赋能企业转型升级，构建共创共赢的生态圈。

合力股份：2017 年 9 月，我国工业车辆行业龙头企业——安徽合力股份有限公司正式立项启动 FICS 飞科思工业互联网平台建设项目。目前，合力 FICS 飞科思工业互联网平台通过智能终端接入叉车超过一万台，合力 FICS 飞科思平台将被打造成为长三角区域一体化工业互联网公共服务平台安徽省子节点平台，为长三角十大优势产业集群及广大中小企业深度赋能。

富士康集团：2018 年，全球最大的电子代工企业富士康集团在上市之前将鸿海精密体系内的通信网络设备、云服务设备、精密工具和工业机器人业务及相关资产整合进富士康工业互联网股份有限公司。2018 年 6 月 8 日，整合后的富士康公司在上海证券交易所上市，简称为工业富联，它也成为富士康转型升级的核心载体，同时该公司加速布局新基建，开发 5G+ 工业互联网互联互通解决方案。

上海电气集团：2018 年，由上海电气集团成立的上海电气数字科技公司，成为集团数字化产业发展和转型的关键载体。2019 年 9 月 18 日，上海电气在第二十一届中国国际工业博览会上正式发布名为"星云智汇"的工业互联网平台，对内，立足装备制造优势，成为上海电气产业转型和发展的新引擎；对外，聚焦工业细分领域，打造插座式工业互联网平台，支撑工业应用快速开发、部署，助力企业实现智能化服务，成为数字赋能技术创新和应用的先行者。

西子联合：2018 年 7 月，浙江制造业龙头企业、连续 17 年位列中国 500 强的西子联合将沉淀下来的工业基因与智能制造、精益管理经验相融合，从西子联合 IT 中心"孵化"出的科技公司——蒲惠智造，深入开展中小企业数字化改造攻坚战，持续深化离散行业工业互联网的应用，服务对象定位于冲压、机械、注塑这三大配套领域，重点为年产值 3000 万元至 1 亿元的中小制造企业解决数字化转型过程中的痛点和难点。

TCL 集团：2018 年，TCL 集团深度布局工业互联网，孵化了格创东智科技有限公司。格创东智深度融合人工智能、大数据、云计算等前沿技术与制造业经验，打造了行业内首个聚焦生产现场的东智工业应用智能平台——APaaS 平台，赋能一线生产工程师在平台上打造各类逻辑模型与工业应用，实现工业知识、经验的软件化和复用化。

中国一汽：中国一汽依托启明信息技术股份有限公司，2006 年实现在汽车企业 IT 全覆盖，2008 年实现软件平台化，2014 年通过统一的标准和流程，把现有的工业企业平台进行整合，2018 年形成统一的"启明星云"汽车工业互联网平台。启明星云基于汽车行业，源于汽车行业，是国内第一个完整覆盖汽车全产业链条的汽车工业互联网平台。

中信集团：2018 年 11 月 6 日，中信集团正式对外发布中信云、中信工业互联网、中信供应链金融等 3 项应用创新和业务场景。中信工业互联网是基于开源框架，打造行业通用的工业互联网平台。2020 年 6 月，工业富联、中信控股、中信戴卡、华润水泥签署合资协议，各合作方拟共同出资设立工业互联网平台公司，打造垂直行业工业互联网平台，向汽车零部件行业、水泥等建筑材料行业提供智能制造及工业互联网技术解决方案服务，助力产业转型升级。

联想集团：2019 年，联想在原有的大数据团队和业务基础上进行整合，成立了联想数据智能业务集团（DIBG）。凭借丰厚的 IT 基础、自身智能化转型经验，以及多年积累的行业知识（Know-how），形成"咨询＋产品＋应用"的闭环价值体系，为客户提供大数据、AIoT 领域的咨询规划、平台建设及应用开发服务。

金风科技：2019 年 11 月 7 日，新疆金风科技股份有限公司作为主任成员单位，参与发起的能源工业互联网联合创新中心（简称"中心"）在上海正式揭牌成立。该中心未来将在能源产业共性问题研究、能源工业互联网赋能与公共服务平台对接、能源工业互联网相关标准研究与测试研究、能源工业互联网应用试点示范，以及能源工业互联网前沿技术研究等 5 个方向开展工作。金风科技与国家电网青海省电力公司联合建设了青海新能源大数据创新平台，截至 2019 年 11 月，该平台入驻发电企业 16 家，已接入超过 180 座新能源场站，预置超过 50 种以上当前主流的数据分析和机器学习算法，每天新增数据总量超过 60GB。

宝武集团：2020 年 12 月 22 日，宝武集团旗下由宝信软件自主研发的中国宝武工业互联网平台 xIn3Plat 重磅发布。该平台以新基建为驱动、以平台化为要求、以生态化为目标，建设集中、共享、赋能的新型基础设施，打造钢铁数字生态操作系统，成为驱动中国宝武数智化转型的平台基础。截至 2020 年 12 月 22 日，平台已连接工业设备 352 万余台、工业模型 1600 多个，平台微服务 2100 多个，云化软件及工业 App 3800 多个，注册企业用户 14 万余家。

中国联通：2021 年 2 月 7 日，中国联通宣布在原联通系统集成有限公司、联通云数据有限公司、联通大数据有限公司、联通物联网有限责任公司、联通智慧安全科技有限公司的基础上，整合成立联通数字科技有限公司（简称"联通数科"）。联通数科将持续致力于成为"可信赖的数字化转型使能者"，为政企客户的数字化转型使能，成为数字中国建设的"国家队"和"主力军"。

江铜集团：2021 年 3 月 8 日，经江西省国有资产监督委员会批复，江西铜业集团与随锐集团拟通过成立合资公司的方式，实现工业互联网产业与智慧云网管理的深度融通行业应用，打造在采矿、选矿、冶金、材料加工、工业制造等场景的技术领先，云网产品和解决方案可输出、可复制，业务核心能力强大的工业互联网平台。

以上仅列举了部分传统制造企业、运营商等主体在新一轮产业革命大潮下，勇于创新、拥抱新技术的举措。它们不仅着力于自身数字化转型的实现，还将对外输出已验证为有效的技术与方法。工业互联网研习社将这种现象称之为"传统企业的集体觉醒"。可以说，它们在工业互联网方向上的探索及深耕，不仅是立足现有业务，更是面向未来的生态之战。

2.5.3 场景篇：工业互联网典型落地场景

当前，工业互联网从各个维度和层面推动制造业变革，以工业互联网平台为主体，网络和安全为侧翼，强化数据在制造业变革中的作用。鉴于工业制造业覆盖广泛，垂直行业众多，工业互联网的落地从一开始就具备强工业属性，它从行业下沉到企业时，会遇到不同企业的经营文化、战略目标、运营团队等不同方面，还有不同的业务场景和运转逻辑的差异，造成工业互联网从技术到可创造真实价值的解决方案，以及到更广范围的拓展，是一个缓慢长期的过程。

关于工业互联网的作用场景，有很多分类方法和侧重，有的从全价值链角度，注重研发、设计、采购、制造、物流、交付及服务环节；有的从公司层级界定，针对公司经营层面的商业模式创新（如"产品 + 服务"模式）、运营优化（如降本增效节能环保）、减轻工作负担（各自动化的数据采集与处理）；有的从业务场景的重要程度及范围出发，注重核心业务优化、生产保障能力提升和社会化资源协作等；也有的从业务场景的覆盖领域出发，注重设备／产品管理、业务与运营优化、社会化资源协作。不同的分类方法带来了场景颗粒度的不同，笔者从系统层级视角描述了场景的颗粒度，如表 2-2 所示。

表 2-2　工业互联网典型落地场景

工业场景范围	工业互联网应用与价值描述
单点设备级／单一流程环节	状态监测、故障诊断、设备运维及预测性维护（PHM）
产线级	数字化车间、数字化工厂、工厂大脑、生产运营优化、成本降低、质量提升、物流路线优化等
公司级	打通各职能部门的研发设计协同、生产制造协同，减少企业人力成本支出，降低能源消耗与环保；管理决策优化；推动企业业务模式、服务方式及商业模式创新
协同级	跨越公司及供应链的上下游协同，产业内实现灵活弹性供给与共享服务；产业供应链金融服务

2020 年，国家工业信息安全发展研究中心在工业和信息化部信息技术发展司指导下，基于全国近 1300 个解决方案和 200 多个典型案例撰写了《数联物智 风劲扬帆——工业互联网解决方案创新应用报告 2020》，由于工业行业复杂、细分领域较多，报告选取了应用较多的 10 个行业进行梳理，围绕三大类应用场景（核心业务优化、生产保障能力提升、社会化资源协作）等形成行业应用密度表，如表 2-3 所示。

表 2-3　工业互联网行业应用密度

应用场景		行业									
		采矿	钢铁	石化	建材	纺织服装	家电	机械	交通设备制造	电子	电力
核心业务优化	研发设计优化		5	4	4	5		4	3	4	4
	生产过程优化	5	4	5	3	3	4	2	3	3	3
	工艺优化		5	4	5	5		4	5		

续表

应用场景		行业									
		采矿	钢铁	石化	建材	纺织服装	家电	机械	交通设备制造	电子	电力
核心业务优化	质量优化		4			5	4	2	3	4	
	供应链管理	4	3	4	4	4	5	2	3	4	4
	管理决策优化	4	5	3	4		5	2	3	5	3
生产保障能力提升	设备资产管理	3	3	2	2	3	3	1	2	2	1
	安全生产	4	4	4	5			4	4	5	4
	节能减排	4	4	4	3	4	4	4	4		3
社会化资源协作	产业协同	5	4	4		5	5	4	4	3	5
	分享制造		5				5	4	5	3	
	按需定制			5		4	3		5	5	
	产融合作			5	5	5			5	3	

注： 色块颜色由浅入深代表行业应用密度逐渐增大

（来源：国家工业信息安全发展研究中心，2020 年）

2020 年，工业互联网应用几乎涵盖了工业所有分类，各行业在不同场景均有不俗表现。但从应用深度来看，大部分行业仍然处于试点探索阶段，仅在部分场景实现了规模应用。

各行业纷纷找准切入点，构建行业特色解决方案。举例来说，机械和交通设备制造行业正在从存量竞争向服务化转型，在推广范围和应用深度上均领先其他行业，主机厂等能够基于设备数字化基础提供远程运维、设备租赁、产融合作等解决方案，并进一步实现产业协同和服务增值。

作为国内具有广泛影响力的组织，工业互联网产业联盟（AII）曾组织调研过全球工业互联网平台及价值应用，并对国外和国内价值场景及应用特点做过细致比较，如图 2-5 所示。

（1）相同点：设备 / 产品管理、业务与运营优化两个方案的应用案例占比较大。

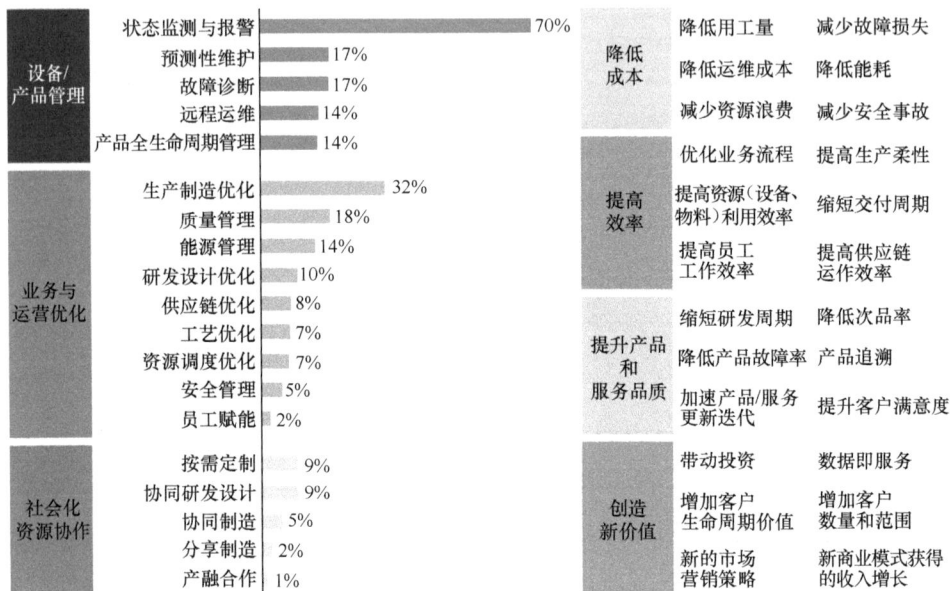

图 2-5 我国工业互联网平台应用场景案例分布及应用案例成效
（来源：《2018 工业互联网平台创新发展白皮书》）

（2）相同中的差异：国外的生产优化已进入数据深度分析阶段，这体现在大数据应用于设备管理运维、AI 应用于生产过程优化、机器视觉应用于质量检测环节；国内工业互联网在生产优化的运用，与国外有相似之处，同时，在中小企业数字化普及过程中，也侧重云化 MES 等的普及。

（3）差异点：国内基于工业互联网的要素资源大范围连接与优化配置凸显更强的需求与应用前景，包括制造能力交易、大规模定制及产融结合等方面。

如图 2-6 所示，从近年来工业互联网价值应用落地的情况来看，一方面，场景丰富度在不断增加，另一方面，场景的集中度也在增加。这体现出工业互联网平台及应用型企业的解决方案在趋向于同质化，差异点在于谁能够做得更深，比如模型算法的多寡及覆盖率、分析结果的准确率、能否在更广价值链创造价值等。

		国外	国内
用户交互 0.31% / 0.54% 产品设计与仿真 3.41% / 5.41% 产品试制与验证 0.78% / 1.62% 工艺与辅助制造 1.09% / 1.89%	研发设计	9%	6%
排产与调度 5.12% / 5.41% 物料管理 2.95% / 3.24% 设备管理 12.09% / 14.32% 质量管理 18.14% / 15.95% 能耗与排放管理 3.41% / 4.86% 安全生产管理 4.03% / 5.14%	生产管控	49%	46%
采购管理 1.40% / 0.54% 库存管理 1.24% / 0.54% 物流配送与运输管理 1.86% / 1.89% 财务与人力管理 2.33% / 2.16% 营销与客户管理 1.17% / 2.16% 运营管理决策 4.34% / 2.16%	运营管理	9%	13%
设备资产运维 10.70% / 12.97% 产品后服务 5.89% / 7.84%	运维服务	21%	17%
生产管控一体化 3.88% / 2.16% 供应链一体化 2.33% / 1.08% 产品全生命周期管理 2.64% / 1.89%	协同优化	5%	9%
协同设计与众包众创 3.10% / 2.70% 制造资源共享与配置 1.40% / 1.08% C2M与规模化定制 1.24% / 0.27% 金融、物流等跨领域融通 2.95% / 0.27% 基于平台的新型交易 1.71% / 1.89%	新模式新业态	6%	10%

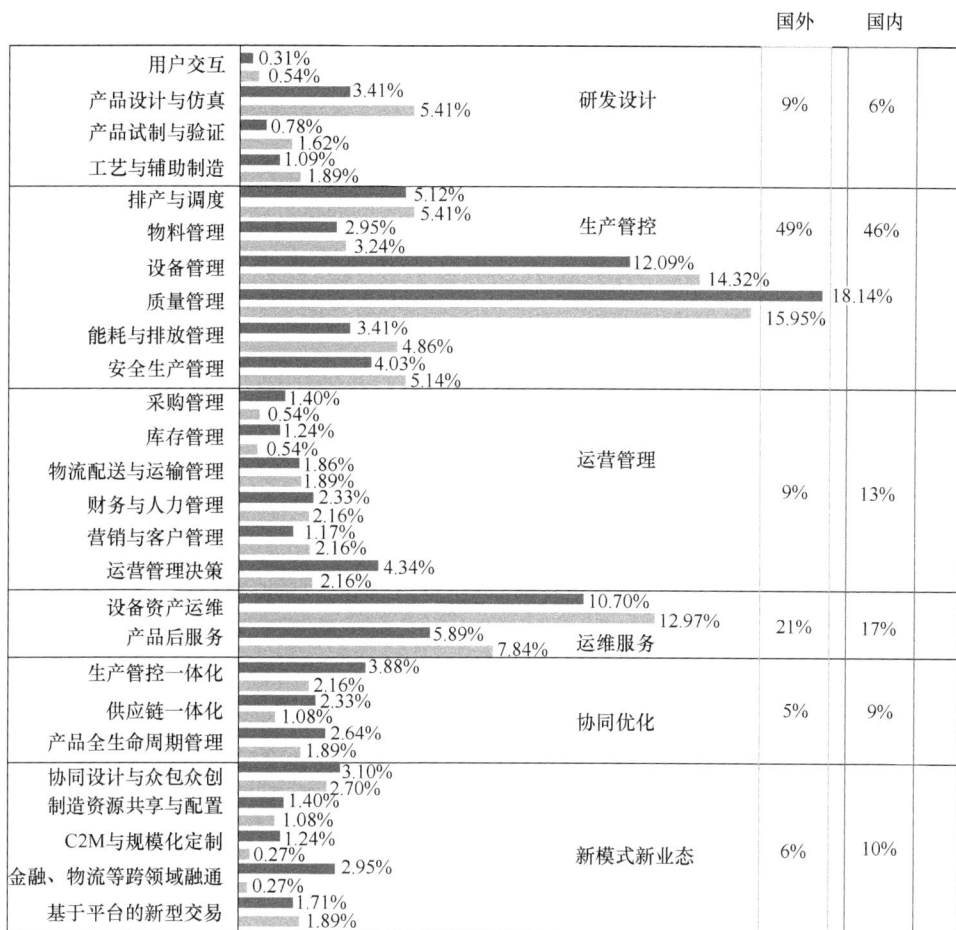

图 2-6　全球工业互联网平台价值应用比较
[来源：来源工业互联网产业联盟（AII）]

2.5.4　资本篇：冉冉上升的工业互联网投资赛道

随着 TMT（Technology，Media，Telecom，意为互联网科技、媒体、通信）、共享经济等赛道的投资热潮下降，与之相伴的硬科技、To B 服务、产业互联网、工业互联网的赛道升温，创投圈的投资逻辑已发生巨大转向，产业型资本崛起。

2017 年以来，据不完全统计，广义上的工业互联网赛道融资总额超过 2000

多亿元，逐渐形成比较稳健的投资赛道。背后主要有两方面的原因，一是资本投资赛道化，消费互联网已经成为成熟赛道，创业公司很难有大的作为和突破，资本可从中撬动的杠杆和放大效应已经见顶；二是平台经济是数字时代最大的机遇，其商业模式已经得到价值验证，平台所覆盖的每个产业都是万亿级产值，持续上升的工业互联网是未来可期的赛道。

工业互联网目前已成为资本市场疯狂追逐的领地，国内外顶级机构、国有资本频频出手，领衔工业互联网平台公司的投资，如招商局资本、国投创新、深创投、IDG 资本、高瓴资本领投，赛富亚洲投资基金、淡马锡、华兴新经济基金、经纬中国、云锋基金、银杏谷资本等。

一些被资本追着跑的工业互联网平台型公司已经开始走在上市的路上。据报道，2021 年 3 月 24 日，树根互联完成股份制改革，由树根互联技术有限公司变更为树根互联股份有限公司。随后，树根互联即引入券商为其上市辅导，在广东证监局办理了辅导备案登记。树根互联从 2017 年至今，截至 2021 年获得融资总金额远超 13 亿元（有些轮次融资额未公开）。工业互联网研习社梳理了近年来单轮融资超过或接近亿元的部分工业互联网平台、安全概念股企业名单，如表 2-4 所示。

表 2-4　近年来部分单轮融资过亿元的平台和安全公司

工业互联网平台	融资轮次	最近一次融资额	融资时间
航天云网	—	26.32亿元	2021年3月
海尔卡奥斯	A轮	9.5亿元	2020年3月
树根互联	C轮	8亿元	2020年12月
黑湖智造	C轮	近5亿元	2021年2月
徐工信息	A轮	3亿元	2019年12月
中控蓝卓	A轮	3.3亿元	2018年7月
寄云科技	C轮	近亿元	2020年3月
得风科技	B轮	5亿元	2021年4月
格创东智	A轮	亿元级	2020年6月
优也科技	—	近亿元	2021年2月
摩尔元数	B+轮	近亿元	2021年6月

续表

工业互联网平台	融资轮次	最近一次融资额	融资时间
慧工云	B轮	亿元级	2021年3月
蘑菇物联	B+轮	近亿元	2020年11月
威努特（安全）	D轮	3亿元	2021年3月
长扬科技（安全）	D轮	近2亿元	2021年3月

（来源：工业互联网研习社，2021）

据分析，当下及未来一段时间，最重要的投资机会出现在工业互联网平台（PaaS平台，Platform as a Service）和SaaS应用（Software as a Service，如云MES）方面，基于平台的产品及解决方案商业模式已经得到验证，但这并不保证谁都会成功，这是潜藏的最大风险。而IaaS（Infrastructure as a Service，基础设施即服务）平台的投资机会，随着Ucloud和青云都已完成上市动作，基本已被关闭。

在投资热点和主题方面，工业软件类在2021年受到高度的重视，如国产工业设计软件供应商中望软件于2021年3月11日正式在上海证券交易所挂牌，截至当日收盘，公司股价升至每股409元，大涨171.6%，市值108.6亿元，造就了中国最新的科技领域亿万富豪。

2021年6月7日，2021中国工业软件大会在重庆隆重开幕。会上，工业和信息化部信息技术发展司司长谢少锋表示，工业和信息化部将强化工业软件发展的顶层设计："我们会尽快发布软件产业十四五发展规划，统筹推进十四五时期软件产业发展，加快出台关键技术软件三年行动计划。强化对工业软件关键技术软件的重点支持。"

工业互联网赛道的投资逻辑明显不同于消费互联网的逻辑，对创业者也提出了更高的要求。耀途资本合伙人白宗义认为，产业资本需要非常专业，要对产业有深度研究，并且具备全球化视角，才能在产业中挖掘出更优质的投资标的。"我们认为，在To B时代，一个合格的产业投资机构，一定要有非常好的产业属性。如果你有了产业背景，从整个产业生态的角度看问题就会更深，也就有机会获得更一手的信息和资源。"

综合来看，工业互联网和To B方向的投资逻辑和主要策略有以下几点。

第一，看政府政策。政府政策主要是发挥产业导向作用，尤其是近年来产业政策对工业互联网平台的支持力度，2021 年高度重视工业软件的发展突破，这会使其成为工业互联网赛道的主要投资标的。

第二，看市场规模和体量。总量一定要大，在工业互联网领域，每个垂直行业都有广阔的市场腹地，都具有未来成长的空间。

第三，看核心团队。团队核心成员尤其是创始人要深耕产业 5 ～ 10 年，甚至 10 年以上，对行业本质具有深刻的理解与洞察，同时核心团队中要有互联网基因背景的人。

第四，看服务的深入程度和商业模式的壁垒。要打造"数据采集 + 数据分析 + 智能应用"的价值闭环，形成基于平台 +SaaS 应用快速交付的模式，深深嵌入产业之中才有深度价值。

第五，看盈利能力。工业互联网赛道非常稳健，需要持续的盈利能力，这代表企业的健康程度，不像消费互联网阶段只关注未来有实现 10 倍以上的爆发性增长的可能性。

总之，工业互联网赛道具有产业属性，产业投资人要有耐心，只有这样才能拥抱未来。

2.6　开启工业互联网的价值重构

2.6.1　价值重构范畴：全要素、全产业链、全价值链

如前所述，在官方的语境里，工业互联网的概念范畴已经扩展至全要素、全产业链、全价值链，是对整个工业生产制造和服务体系的重塑。

所谓全要素，可以有两种理解，一是宏观层面的，包括土地、资本、劳动力、企业家才能、技术、管理、数据等所有生产要素；二是微观层面的，工业互联网作为连接物理世界和虚拟数字世界的桥梁，即通过连接人、设备、系统、技术等创造新的附加值。目前，学界研究和政策制定主要面向宏观层面，而行业从业者

主要基于微观层面的理解开展具体工作。

所谓全产业链，可以视为众多产业链上下游的综合体。产业链思想，最早起源于英国古典经济学家亚当·斯密（Adam Smith）有关分工的论述（分工促进经济增长）。早期对于产业链的范畴界定在制造业企业内部的活动，后来新古典经济学派的代表人物阿尔弗雷德·马歇尔（Alfred Marshall）把分工扩展到企业与企业之间，强调了企业间分工的重要作用。鲍德温（Baldwin）认为产品的生产分工经历了两次极为关键的"分拆"（Unbundling），即蒸汽革命带来动力革命的第一次大分工、信息和通信技术（ICT）进步带来信息革命的第二次大分工。每一次"分拆"都使产品生产的地理区域进一步扩散。

值得一提的是，与"产业链"一词比较接近的概念是"供应链"，很多业界人士容易将两者混淆。实际上，供应链所传递的是产品与服务，是对物质供需和流通的考察；供应链管理追求链运作成本低、运行效率高及高效供需对接。而产业链是指上下游企业之间关于原材料、技术、中间产品和服务相互交换的供需关系。也就是说，供应链是企业与企业之间连接，是产业链生产的基础，而产业链可以看作是多种供应链关系的综合体。供应链更侧重微观企业的管理和决策，而产业链相对中观，主要针对产业或行业层面。

所谓全价值链，就是涵盖产业链所有价值增值环节、流程和阶段。20世纪80年代以来，伴随国际分工逐步从以最终产品为界限的传统模式，转向以价值增值环节和阶段为界限的新型模式。相比于产业链，价值链所传递的则是寄托于产品或服务之内的价值，是着眼于对价值创造和利益分配的考察。产业链是价值链的物质基础，是价值实现和增值的载体。价值链是从产业链各环节所实现的价值增值角度进行考察，反映产业链各环节的价值增值情况，所以会有"价值链高端""价值链低端"之说。一旦企业供应链在全球布局，就形成了全球供应链，随着交易节点的增加，交易网络复杂度指数级增长，进而演化为全球产业链、全球价值链。形成全球价值链是全球分工的必然趋势，是跨国制造企业在全球范围内优化资源配置的结果。

真正雄踞世界的百年企业，都是通过掌握优质资源，成为产业价值链的组织者。比如1950年，在三井财团的帮助下，神谷正太郎依靠商务活动的努力，把生产工厂、经销商、零售门店与消费者组织起来，形成供求销一体化的关系体系，成就了丰田的全球崛起。

产业链和价值链都体现着研发设计、加工制造、市场营销、运维服务等生产过程构成的链条或网状结构，其本身就构成了一种生产循环。当这种生产循环仅局限于一国（地区）时，就形成了国内价值链，构成了国内大循环的主要部分；当延展到国际分工时，就形成了国际价值链，成为国际大循环的核心部分。

2.6.2　价值重构的逻辑分析

产业链价值重构，从认识上看来，是一个重识的过程。价值重构，简单地说，是以新的逻辑理解和进行产业变革，实现土地、资本、劳动力、数据等各类要素的重构，重新界定合作与分工关系，促进生产力的增长和生产关系（利益关系）的调整，最终实现价值链（价值网）的升级和换代。

从实践上来看，产业链价值分配面临调整，每一次调整都会带来一次利益分配的变迁，这是新兴进入者崛起的绝佳机会。另外，有些企业处于价值链低端的环节，可以借此机会冲出"包围圈"，迈向价值链高端，犹如当年的"亚洲四小龙"。在企业与企业之间，企业与产业之间，不同产业之间，这意味着组织管理不再是我们原来看到的命令管控和彼此之间的交易关系，而是赋能、共生和协同。

从微观看，在企业内部，通过内部的价值重构，实现了价值增长。如实现产品研发体系的重构，增加了研发部与生产部、质量部及售后的互通关系；AI加持的智能排产实现了生产流程的重塑，释放了内部潜能，迈向柔性化生产，缓解了内部的摩擦与资源争夺；故障远程监测和远程运维助力用户企业提前发现设备故障，实现无忧运行，重构了以往与用户的售卖关系等。

在企业外部，通过价值链导入和共享，实现企业内部价值链与区域价值链、全球价值链的对接，不仅重构了旧有产业体系业务逻辑关系、利益交换关系，还从地域上进行了价值释放，实现了产业级资源的配置，还塑造形成新价值网络，构建命运共同体。

随着数字时代的到来，数字技术正通过各种形式源源不断地渗透产业链的每一个环节。经由数字技术驱动，以工业互联网平台为核心载体，从横向、纵向、实体与虚拟资产（金融等）各个不同维度进行了产业价值链重构，具备了现实和商业上的可能。

2.6.3　价值重构的实现方式：互联、优化、重塑

随着新一代信息技术与应用重新连接了人、设备、企业及行业上下游，数字化带来最大的改变是，产业的边界和约束条件发生了松动。人、材、物、技术、知识、资本等产业资源实现了充分流动，从部门边界到企业边界，从产业链到生态圈，都出现了重构的可能。

知名管理学者陈春花教授在演讲中指出，数字化生存意味着价值重构，意味着企业与顾客之间、与合作伙伴之间共生出新的价值。数字化时代的组织价值重构的 3 个关键词是：赋能、共生、协同。

工业互联网平台的本质就是重构价值体系，包括价值创造体系、价值网络和商业模式。

如果抽象地谈工业互联网平台的重构价值作用，会非常晦涩难懂，下面就从生活中常见的例子切入，以便大家更容易理解"互联、优化、重塑"的价值逻辑。

【案例】以 App 打车模式为例，这种基于互联网的新颖打车方式逐渐得到了人们的认可，并成为出行的重要选择。其类似于外来物种的跨界，为整个出租车行业带来了巨大的颠覆式改变，实现了产业链甚至价值网的重构。具体表现在：①在原有出租车资源基础上，还通过补贴方式开发了专车、快车等社会车辆的加入，从供给端做出改变；②透明化供给端，利用基于位置的服务（Location Based Services，LBS）实现车辆资源的在线化呈现，使其周边车辆资源和实时位置一目了然；③打车方式的改变，从原来只能在路边招手和电话叫车，到现在可以利用手机 App 模式一键叫车，实现了跨多种类车辆的同时呼叫，同时，突破了物理距离的局限，实现了对周边 5km 甚至更远距离车辆资源的锁定和呼叫；④交易模式改变，由原来的现金支付找零钱的方式，改变为打车 App 系统内的一键支付，从而提高了效率；⑤极大地提升了用户体验，叫车、乘车、支付等全流程数字化，透明度高、方便快捷。

这是一个平台重构整个产业价值网络的典型案例，平台实现了对供给端（车辆）、需求端（用户）、连接方式（App 一键连接）、交易过程（全程可视化）及支付方式（手机支付）的全面重构，也由此实现了对所有参与主体的赋能。

工业互联网平台的核心价值就是重构价值体系，包括价值创造体系、价值网络和商业模式。具体可以分为两个层次，一是产业链与价值网络；二是企业整合资源与创造价值的方式，以及商业模式创新。

产业链及价值网络的价值创造与分配体系，是由供应商、渠道商、服务商、用户等角色构成的价值网络实现的，其必然建立覆盖上下游各环节的价值创造、价值传递和价值分配的利益体系。具体包括三部分的功能：一是商品价值创造部分，通过企业活动不断改变产品的属性，赋予其一定的功能属性，能够满足客户的需求；二是商品价值传递部分，表现为商品的空间转移，包括原材料、中间产品和商品在供应商、制造商、渠道商、销售商、消费者之间的价值转移过程；三是产业链协同与价值分配，原材料通过产业上下游不同角色的协同，满足市场需求之后获得产业链利润，链主企业因具有主要控制力而获得最多的利润，其他各角色根据所做贡献获得相应的利润，最终完成整条价值链的从信息流到物流再到资金流的闭环，最后反哺价值链不断生长。

【案例】上汽大通南京 C2B /C2M 工厂入选世界经济论坛"灯塔工厂"，上汽大通是全球范围内唯一一家入选的中国整车企业。其通过对 MAXUS C2B 业务模式的探索及实践，认为 MAXUS C2B 的核心价值是通过工业互联网平台，实现企业与用户及伙伴的数字化直联，用户参与全价值链的数据化互动和决策，形成相互认可的有温度的关系，为消费者打造定制化的产品和服务。在企业数字化转型过程中，通过数字技术优化、整合，重构企业价值链和产业生态，推进转型过程中的各类流程、组织、管理、系统问题的改进与优化，重点打造数字化用户运营体系、数字化营销体系和数字化研发制造体系三大体系，如图 2-7 所示。

数字化用户运营体系：建立数字化互动平台"我行 MAXUS"，实现基于数据的线上和线下一体化用户运营，打通粉丝、潜客和车主数据库。

数字化营销体系：升级用户数据管理平台，布局用户触点，支持 100 多种用户运营场景分析，建立基于产品生命周期运营的新营销体系。

数字化研发制造体系：建立贯穿用户、经销商、主机厂和供应商的数据一体化平台与柔性制造体系。

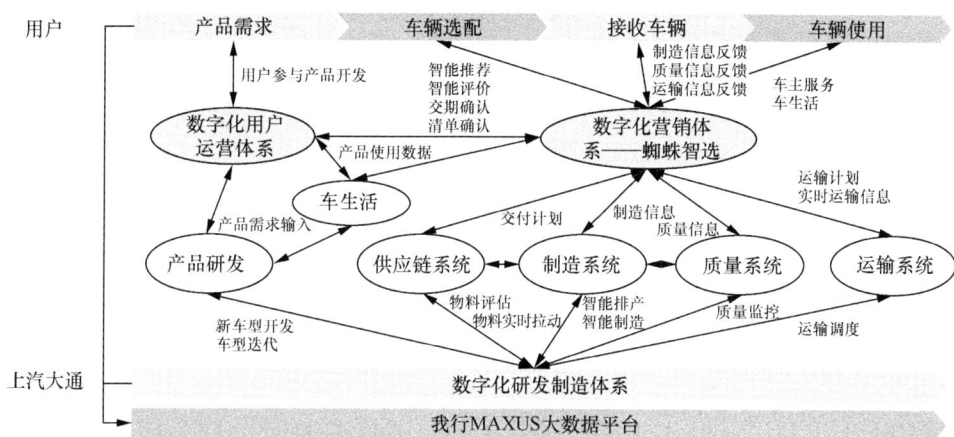

图 2-7　上汽大通 C2B 业务模式

企业本质上是一个整合资源进行价值创造、传递和分配的可持续运转系统，重构企业价值创造体系主要有三个方面。第一是重构与用户的关系。以往制造企业的核心价值定位就是生产，而且是生产可见的、有形的物理产品、零部件等。而未来数字化企业要在物理产品技术上，发展智能产品，在交付产品之后仍能与客户保持服务型关系，完成从制造商到运营商的角色转变。第二是重构制造运营体系，灵活运用数据采集、工业大数据平台、数字孪生、工业大脑重塑人、机、料、法、环等制造环节，打造数字化工厂，使其运转更加高效。第三是重构整个供应链体系。对生产、制造、采购、物流体系的整体布局做出改变，在这个过程中，数字化是强有力的手段及赢得竞争的关键能力。

【案例】2020 年 5 月，山东五征集团总经理姜文娟做客《第一财经》云上会中说道："我们作为传统的制造企业，在向一个平台型企业的转型中，最开始需要在产品智能化和客户服务的数字化两个方面着手。在产品的智能化方面，随着 5G、人工智能技术的发展，依托车联网，把产品从过去只是单纯、简单的工具，变成可以通过信息技术实现前端需求和后台管理关联的智能产品。而在客户服务的数字化方面，通过新的技术赋能服务商，通过数据去展现生产的现场，为客户提供前瞻的智慧预测服务，让客户在当前交通不便的情况下，提前预约来解决服务难题，全面提升客户体验。"

赛迪智库认为，基于工业互联网平台的制造业数字化转型，必须从价值、技术、业务 3 个视角统筹考虑，其中，价值重构是逻辑起点，技术支撑是工具，业务落地是内核，要以价值重构为主线，坚持技术支撑和业务落地双轮驱动，实现技术和业务双向迭代。

工业互联网平台给产业带来的全新价值，经常被冠以"赋能"的名义，向各个垂直工业行业和场景输出能力。实际上，这有点拉低了平台的价值，此时，平台以解决方案的方式向制造业"洼地"输出解决能力价值，这实际上混淆了平台与解决方案之间的差别。为什么会出现这种情况呢？这是因为有一个时间段，"工业互联网平台叫好不叫座""工业互联网平台不能落地"的声音在行业内外传递，所以一些平台厂商为了避免这种尴尬局面，决定亲自下车间、贴近一线解决问题。

工业互联网平台赋能背后的核心能力价值，主要表现在两个方面。一是对工业应用（App/SaaS）开发者、集成商及渠道商来讲，为寄居在平台之上的企业提供平台开发技术、算法资源及开发环境支撑，降低开发成本，提升开发效率，帮助他们形成更快速开发和交付产品与行业解决方案；同时能够利用平台吸附产业资源的力量，提供客户场景和解决方案验证，打通从技术到产品到场景落地的价值闭环。二是对广袤腹地的工业企业来说，面对企业的数字化转型、数据打通及更低成本获取软件服务等碎片化、多样化需求，工业互联网平台整合平台上汇聚的开发者、集成商及已经构建的灵活 SaaS 应用，细致而微地向企业提供端到端服务，帮助企业"打通最后一公里"的价值应用，推动解决工业企业的痛点，实现企业价值。

工业互联网作为新生事物，是从实现价值增量着手的，这种方式更容易获得市场认可，推动起来阻力更小。但其终极价值还是会回到改造巨大的存量产业上。从应用模式上，大型企业普遍采用定制模式，构建自主安全可控的数字平台，而广大的中小企业则在设备和工厂的改造上更多采用轻量化的接入平台的方式，这正是发挥工业互联网平台的泛在连接、数据汇聚、云化服务、弹性供给、知识积累、应用创新、高效配置等优势，实现产业链、生态链优化的大好机会。

如今，工业领域的结构性变化已然开启，无论是产业互联网 B2B 交易平台，还是工业互联网平台，价值链控制能力都由链主企业转向平台延伸。随着平台力量的崛起，平台作为重构产业价值链的核心价值支撑点，成为新的价值高地，它具有重塑产业价值的能力：重构旧的价值创造体系，重新厘定价值创造、价值传递和价值分配各环节，实现价值增量及新创造体系的进化。

在传统软件领域，已出现新的变量因素推动行业变革，定制化商业模式已经式微，终端工业企业、软件企业、集成商及提供服务的从业者，已经被困在定制化的系统里，形成内卷局面，相互挤压，很难有大的发展空间。于是，出现了传统软件公司、自动化公司、ITC 企业、互联网公司纷纷加入云平台新生态的构建，进行新商业模式和价值重构之路的探索。

工业互联网的崛起，不是单一平台的崛起，而是工业互联网价值网络的整体性崛起。工业互联网 To B 服务高度重视信任和运营，将开启一场"边缘革命"。

值得注意的是，无论是工业互联网平台的崛起，还是工业互联网平台所推动传统产业体系的重构，无不透着工业演化的逻辑本质。所以，价值重构不是一蹴而就的事情，是一场技术演进与应用融合的漫长之旅，是各种新势力长期累积最终实现从量变到质变。要等待技术与方案成熟，要有行业领头羊和众多中小企业的实质性响应，才能在错综复杂的逻辑体系中协同进化，最终实现产业链价值重构和创新。无论如何，创造未来比预测未来更加重要。

第 3 章

工业互联网专家
深度访谈录

在推动工业互联网产业进程上，一方面有赖于大型企业的探索和示范，在实践层面引领行业发展的方向；另一方面依托于行业领域专家的思想与洞见，在认知层面把握行业前进的风向标。本章将通过对国家顶级智库、全球软件企业、工业互联网平台、行业协会等负责人的独家深度专访，呈现他们的真知灼见，通过他们的视角把握工业互联网的本质和发展现状，以期窥见工业互联网产业的未来走向，以便在技术与产业融合道路上行稳致远。

3.1　加快构建我国特色的工业互联网技术创新路径
——专访中国信息通信研究院院长、工业互联网产业联盟理事长余晓晖

> 刘成军：2012 年，工业互联网被首倡者美国通用电气集团（GE）公司定义为"打破智慧与机器的边界"。随着国内工业互联网实践探索和场景应用的深入，行业人士对工业互联网的认知一直在迭代，您如何看待工业互联网的内涵和外延？

余晓晖：工业互联网是新一代信息技术和制造体系深度融合的产物，通过新型传感、通信网络和计算技术，将人、设备、生产和信息化系统及整个工业体系连接起来，实现全流程、全产业链、全价值链的数据汇聚，并结合工业知识与经验，实现建模分析和决策反馈。工业互联网的核心是数据驱动的智能优化闭环，通过对工业系统实时数据的采集、传输、处理、分析、决策与反馈控制，并与工业知识相结合，形成新的优化范式，不断改进物理世界的运行效率，创造更大的价值。

这一"数据驱动＋工业知识"的智能优化闭环，也是工业互联网驱动制造业数字化转型的核心方法论。最初 GE 等企业开展的工业互联网实践，实际是将这一智能优化闭环应用于设备运维环节，形成服务化转型等新模式探索。之后很多制造企业将这一方法应用于生产过程的管控优化，通过数据的可视化提升现场管理效率，围绕工艺、质量、排产、设备、能耗等开展大数据建模分析，推动生产智能化。不少企业也在运营管理、供应链优化、库存与物料管理等领域开展探索，

实际是将这一优化闭环运用于企业经营层面。此外，还有很多产业层面的模式创新探索，如个性化定制，实现用户与制造企业、供应链企业间的闭环优化；如协同设计、协同制造，实现产业资源配置的闭环优化；如产融协同，通过优化闭环打通制造业与金融领域等。伴随着工业互联网探索的不断深入，这一"数据驱动 + 工业知识"的智能优化闭环将会应用于工业的全产业链、全价值链，覆盖更多应用场景，推动形成数据驱动的产品研发、生产制造、商业服务和产业形态，并进一步拓展至交通、医疗、城市等其他领域。

简而言之，工业互联网是制造业和产业数字化智能化转型的路径和方法论，而当前要帮助企业解决的核心问题是：在快速变革的数字经济时代，如何实现快速感知、敏捷响应，从而更好地应对市场的不确定性和从需求、产品到竞争者的快速迭代变化，在实时感知和洞察的基础上实现动态的策略优化和完成全局智能化决策。可以说，快速感知、敏捷响应、动态优化和全局智能化协同是工业互联网的核心竞争力。

> **刘成军**：回望 2020 年，新冠肺炎疫情极大地冲击了原有的生产生活方式，但也凝聚了一个具有全球高度的共识，那就是经济社会各领域的数字化转型将进一步加速。您觉得工业互联网与数字化转型给国家、相关产业和企业带来了怎样的机遇与挑战？

余晓晖：可以说，2020 年新冠肺炎疫情极大地冲击了全球经济社会发展，在这一过程中，数字化转型成为应对重大突发事件、促进产业转型与经济发展的关键途径，其带来的巨大机遇逐渐显现。应当看到，工业互联网正成为提升国家科技创新能力、构建现代产业体系、促进国内国际双循环的重要驱动因素。如在创新能力方面，工业互联网以数据驱动为核心，带来了全新的创新范式。我国拥有丰富的应用场景和工业数据，在信息技术与数据科学应用方面也处于全球前列，这二者的结合将使我们有可能、也有条件成为新一轮科技创新的引领者。在产业升级方面，我国拥有规模领先、门类齐全的制造业，通过工业互联网的应用，一方面将驱动制造业的数字化、网络化、智能化发展，实现生产效率、产品质量和资源利用效率的不断提升、产业链供应链的安全稳定，巩固和扩大我国制造业全球竞争优势。另一方面，工业互联网也正在孕育形成一系列以数据为核心的技术产品、服务模式和商业形态，相关领域的创新型企业不断涌现壮大，自身也在形成一个新兴产业，成为经济增长的重要新动能。在促进循环方面，工业互联网打通了产业链和价值链，使制造企业能够更加及时准确地感知客户需求和市场变动，更加敏捷高效地整合上下游资源开展产品创新和生产交付，实现了更好的市场需求满足和更强的产业带动效应，消费者在这一过程中也获得了更能满足自身需求的产品和服务，提升了国内经济的整体运行效率。在这一大背景下，企业通过实践工业互联网，也必将在创新能力提升、生产和管理效率提升、服务和商业模式创新，以及优化资源组织方式等方面获得收益，并通过数字化转型不断强化企业的市场竞争优势。

工业互联网是个新鲜事物，其发展也必然会对国家和产业提出一些新的要求和挑战。比如工业互联网是信息技术与制造技术融合创新的产物，我国由于制造业发展起步晚于西方工业化国家，在工业技术积累上有一定短板和不足，因此如何发挥我国信息技术产业和制造业规模大、场景全的优势，带动工业技术取得突破，形成我国特色的工业互联网技术创新路径，仍然需要不断探索。比如制造业不同行业、不同类型企业在工艺、业务、管理等方面的差异较大，如何形成可快速推广的路径和技术服务体系，全球各国都在加快探索布局，我国是否能够在这方面走在前列？比如随着工业互联网的实践探索的不断深入，数据安全问题也变得越来越突出，如何在开展创新探索的同时，在数据安全保护的法律、标准和技术手段上能够同步跟进，尽可能地消除安全隐患和避免大的事故的发生？比如工业互联网对人才知识和技能也提出了新的要求，无论是高层次人才还是职业技术人员，都需要构建信息技术（IT）、运营技术（OT）、数据技术（DT）复合的知识结构，现有的高等教育体系和职业技术培养体系如何能够快速调整以适应新时期的人才需求？等等。

> 刘成军：从国际上看，美国、德国、日本等工业强国与我国在推动工业互联网方面，具有哪些不同特点？

余晓晖：近几年，工业互联网在全球范围内迅猛发展，无论是以美国、德国、日本为代表的发达国家，还是中国、印度等发展中国家，均提出了工业互联网为主的新一代产业革命发展战略。各国根据自身产业基础与科技实力的不同，呈现不同的发展路径与特点。

美国始终坚持以前沿技术创新突破为引领，发挥其在信息技术和基础科技方面的优势，大力发展先进制造，并将工业互联网作为其中的关键内容。美国拥有全球领先的信息通信技术和先进制造技术，在布局和构建未来制造业竞争优势的过程中，始终致力于前沿颠覆性技术的创新突破，以技术引领带动产业引领，这之中，以工业互联网为代表的制造业数字化技术又是重中之重。例如，在美国《加速美国先进制造业战略》提出的三大技术创新方向中，有两个是数字化技术；在美国支持建设的国家制造业创新中心中，有多个中心主要是面向制造业数字化方向的。此外，美国产业界自 2005 年即开始通过数字化技术与制造技术的结合，探索工业互联网发展，通用电气公司、罗克韦尔公司、参数技术公司代表的工业技术巨头和微软公司、IBM 公司、思科公司、亚马逊代表的信息技术巨头都在从不同领域切入和布局，以期构建起面向未来制造业的产业生态主导权。同时，美国在工业互联网领域，也涌现了如 Uptake、C3 IoT 等一大批初创性企业。

德国"工业 4.0"战略以数字化为核心，一方面加快国内制造业升级，另一方面以数字化武装和提升其优势的工业装备和自动化产业，加快向全球市场拓展，其技术内涵的本质与工业互联网相同，都强调物理系统与数字空间的打通和数据驱动的智能优化。2013 年德国提出"工业 4.0"战略，将信息物理系统（CPS）作为工业 4.0 的核心技术，促进产品、价值链与商业模式的数字化与互联互通，大力推动制造业转型升级、强化竞争优势。德国在工业自动化、高端制造方面处于全球领先地位，但互联网和信息技术产业发展相对不足，面对来自美国、日本等国家的激烈竞争，德国不断调整发展战略，明确提出将机器与互联网互联作为数字化发展的颠覆性创新技术加速推动，加大支持力度，促进新技术在化工、机械、汽车等重点工业领域应用发展。以西门子公司、博世公司、思爱普公司等为代表的德国企业巨头不断强化信息技术应用，使德国成为引领第四次工业革命的智能生产技术供应国和主导市场，稳固其在全球制造业的领导地位。

日本强化"互联工业"，以数据的连接与应用带动制造业数字化转型。为应对全球制造业的激烈竞争，缓解因人口老龄化导致的劳动力不足等问题，日本于2017年提出"互联工业"战略，提升重点产业和关键环节的互联互通水平，全面拓展价值链，重塑日本制造业在全球范围内的竞争力。日本制造业拥有众多隐形冠军企业，它们以关键环节和实用场景为导向，强化数据在制造重点环节的互联互通，并尤其重视工业现场的智能化升级，部署工业边缘计算，打通从工业现场到云端的数据链和智能化闭环，从而实现从质量管控到价值链拓展与商业模式创新的全面优化，提升日本制造业的竞争力和附加价值。

我国工业互联网以供给端三大体系建设和行业应用实践为重点，推动数字化转型和技术产业创新培育。我国制造业规模庞大、门类齐全，开展工业互联网探索与转型的需求强烈。但由于我国制造业数字化基础总体较为薄弱，国内工业互联网技术服务领域无论在企业数量、企业规模还是产品解决方案满足国内市场的能力方面，都存在一定欠缺，因此我国在推动工业互联网的发展中，开展了网络、平台、安全三大体系建设，通过为制造企业提供数字化应用的基础设施和平台载体，降低企业开展数字化探索的风险和成本。经过几年的努力，我国工业互联网三大体系建设已经初步取得一定成效，同时，把应用推广、技术产业创新培育作为重点同步推进。在应用推广方面，过去几年围绕平台化设计、智能化制造、网络化协同、数字化管理、个性化定制、服务化延伸等新模式已经形成了大量探索，下一步工作中，一是如何在重点行业、重点领域、重点区域加快工业互联网应用的深度实践，形成从行业到产业集群、从大中型企业到中小微企业的可规模化复制推广路径与解决方案；二是如何发挥我国市场大、制造业规模大、互联网模式创新活跃的优势，在产业层面探索各种新模式新业态，打通生产与消费，打通产业链、供应链、价值链各个环节，以工业互联网支撑和促进国内大循环。在技术产业创新培育方面，要把技术创新作为我国工业互联网发展的核心驱动力，在不断强化信息通信技术优势的同时，探索以信息通信技术带动工业装备、工业自动化、工业软件等传统短板领域的突破提升，将5G、时间敏感网络、人工智能、边缘计算等融入工业体系，实施建模仿真与数字孪生等创新融合性技术，以此带动我国工业互联网产业的成长壮大。

刘成军：工业变革的浪潮所产生的涟漪效应将远远超出工厂的技术变革。2021年1月，欧盟委员会发布《工业5.0——迈向可持续，以人为本和弹性的欧洲产业》，提出欧洲工业发展的未来愿景。从德国工业4.0到欧洲工业5.0，您如何解读这种继承、发展与跨越？

余晓晖：工业4.0和工业5.0实际是由不同主体提出的发展战略。其中工业4.0是德国的战略，核心意图是通过数字化、网络化、智能化，提升德国制造业的竞争力，并通过数字化技术升级德国的装备、自动化和工业软件产业，进而扩大全球竞争力。工业5.0是欧盟提出的战略，其报告中也明确提出工业5.0源于工业4.0的概念，但工业5.0的关注点超出了工业4.0的范畴。工业4.0更加强调通过数字化技术的应用提升效率和探索，以扩大企业的生产率和利润水平；同时工业4.0有完整系统的技术设计和标准化路径，是在工程层面可操作的数字化转型方法论。工业5.0则更加突出社会公平和可持续发展，因此"以人为本、弹性、可持续发展"是工业5.0的三大目标，其意在通过负责任的创新，实现所有参与方的繁荣：包括投资者、工人、消费者、社会和环境。

需要强调的是，工业5.0的这三大目标也是工业4.0中的核心理念和目标，但工业4.0更侧重工程上的技术实施，是面向企业和工程师的方法论；工业5.0则更强调从社会发展层面的战略设计，是面向政府的公共政策设计理念和方向。工业5.0提出了三大方向，分别是：（1）以人为本，包括如何使技术创新更好地服务于人，并通过培训体系不断提升劳动者在数字化时代的技能掌握；（2）可持续性，包括如何通过绿色技术的应用实现制造业的绿色发展；（3）弹性，包括如何推动供应链和价值链更具弹性，以便使工业在应对突发事件和促进经济增长中发挥更重要的作用。

刘成军：国家高度重视工业互联网和数字经济发展，"工业互联网"连续4次被写入政府工作报告，您如何看待当前我国工业互联网发展现状和阶段性特征？

余晓晖：过去几年，在党和国家的高度重视下，各级政府积极推动工业互联网的发展，工业互联网在技术创新、体系建设、产业培育、应用推广、生态打造方面都取得了一系列突出成果。从制造业的历史发展规律看，每一次创新性技术的导入往往会带来 20 ～ 30 年的技术红利释放周期，引发生产方式、业务形态、管理模式和商业模式的巨大变革，并在这一过程中释放巨大的产业价值。

因此，尽管工业互联网过去几年取得了很多进展，但我们认为工业互联网总体还处在发展初期。比如从内涵认识上，我们过去几年先后发布了工业互联网体系架构 1.0 和 2.0，认识是不断演进的；从技术创新上，过去几年在国家和产业的推动下，围绕不少融合性技术创新领域，开展了一系列技术创新和测试验证工作；在行业应用方面，围绕几大新模式形成了不少应用实践，展现了工业互联网对制造企业的巨大价值；在产业培育上，过去几年各个领域的企业都在探索形成自己的工业互联网业务布局路径，也涌现了一大批初创企业。总体来看，过去几年我国工业互联网完成了从无到有，从 0 到 1 的过程。

下一步，我国工业互联网发展重点是要解决普及和深化的问题。比如在行业应用推广方面，不同行业在工艺、管理、业务方面的差异较大，即使是同一个行业内，不同类型、不同规模企业的需求和痛点也不尽相同，如何形成有效的推广路径，使更多企业能够通过工业互联网的实践而获益；比如技术创新方面，工业互联网的基础理论体系和核心技术创新仍在发展过程中，大量融合性的新技术和新产品在不断涌现，创新空间非常广阔，我国如何能够把握好当前工业互联网发展与国外基本同步的重大机遇，在原始性技术创新方面取得突破，构建我国的技术领先优势；在产业培育方面，过去我国在工业技术，特别是自动化技术和工业软件方面依赖于国外，那么在工业互联网发展过程中，如何培育起国内的产业支撑力量，让我们从技术的使用方转变为技术的提供方。

展望未来，工业互联网的发展，未知远大于已知，随着实践的逐步深入，很多新技术、新模式、新业态将不断涌现。我们感觉，工业互联网的发展很可能不是线性的，伴随工业要素连接水平的提升和应用普及程度的提升，很可能未来将在资源组织模式、业务模式和商业模式上形成重大的创新重构，并对制造业发展产生深远影响。

> 刘成军：2018—2020 年，无论是政策培育，还是市场驱动、资本助力，都在丰富供给端（如平台 / 网络 / 安全 / 数字化服务商）的能力，比如曾出现的"平台热"现象，目前具有一定影响力的平台超过 100 家了。您如何看待工业互联网供给端这几年的变化？

余晓晖：正如您所说，当前工业互联网建设推广取得了良好进展，涌现出 15 个双跨平台和 100 多个具有一定影响力的平台，平台服务能力明显提升，一批解决方案和应用案例不断涌现，平台企业受到了资本市场的青睐。工业互联网供给侧取得进展，源于三方面原因。

一是供给侧企业源于内生动力，推出工业互联网解决方案。不同领域的企业布局工业互联网，均有较强的内生动力和推进路径。例如，工业软件企业希望以平台为载体变革原有产品体系，实现新型软件产品的敏捷开发、降低交付二次开发成本，通过软件即服务（SaaS）化订阅服务持续拓展市场；工业制造企业希望通过工业互联网打破企业内部信息孤岛，并将这一过程中积累的能力转化为对外服务，寻求数字经济下新的竞争能力；信息技术企业希望通过打造工业互联网产品及解决方案，布局制造、能源、采矿等产业互联网领域，推动自身业务转型。

二是需求侧企业基于现实需求，拉动平台及解决方案创新。随着市场竞争日趋激烈，需求侧企业需要建立更为敏捷的企业信息化架构，应对用户需求的快速变化，需要充分挖掘数据价值，实现企业生产经营的提质降本增效。作为数据汇聚和应用创新的载体，工业互联网在制造企业数字化转型中发挥着至关重要的作用，制造企业也不断在挖掘应用需求和典型场景，从而推动了工业互联网的创新突破。

三是各级政府因势利导，加快平台及解决方案发展。近年来，从中央到地方，各级政府围绕工业互联网创新发展，纷纷出台了工业互联网的顶层设计和配套政策，为其发展提供了强有力的政策引导。具体来看，通过工业互联网创新发展工程、双跨平台遴选、试点示范项目、竞赛及大会活动等举措，持续推动工业互联网技术创新、落地应用，完善发展生态，形成了当前工业互联网供给侧发展的良好态势。

> 刘成军：基于工业互联网平台＋工业App的供给模式，出现了有别于原来的信息化的新供应模式，但工业App在市场影响力和覆盖面、应用深度方面还远远不够，尤其欠缺杀手级应用（Killer App）。您认为如何落实场景和应用驱动，丰富App应用生态？

余晓晖： 工业App作为基于工业互联网的新的供给形式，其繁荣发展对我国加速制造业数字化进程，打破国外企业在工业软件领域长期壁垒及构建数字化转型竞争优势具有重要意义。近些年，随着工业互联网在国内的建设及推广，我国工业App发展取得了较为显著的成效。据统计，2020年十五大跨行业跨领域平台平均工业App已达1.9万个，工业App已在部分行业及领域开始应用。但是我国工业App目前尚未形成大规模应用普及的态势，仍然面临数字化基础薄弱、数据与模型融合不足、生态合作机制尚不健全等问题。接下来，希望能在打造高价值工业App、促进工业App迭代优化、完善工业App生态机制建设三方面发力，促进我国工业App的高质量发展。

一是持续深化工业知识和数据科学融合，打造高价值工业App。我国是世界上拥有工业门类最多、工业环节最全的国家，依托雄厚的工业实力，我国拥有最大规模的工业数据，通过工业互联网实现工业数据的汇聚并依托人工智能等数据科学，将促进工业知识的快速迭代及积累沉淀，弥补我国工业数字化基础较差、行业知识和机理模型较为欠缺的短板，为工业App的发展提供新赛道，也为突破国外工业软件壁垒提供机遇。

二是推动工业App应用普及，在应用中促进工业App迭代优化。通过专项行动帮助制造企业精准定位发展痛点，并积极促进平台企业与产业园区制造企业的精准化对接，推动工业App的普及应用，构建供给和需求双向促进的协同机制。同时，依托"平台进园区"等专项行动将促进平台企业与行业的深入结合，围绕具体场景提炼工业机理模型，推动平台技术能力与服务水平迈上新台阶。

三是不断完善生态机制，推动工业App可持续创新发展。不断完善开发者社区运营机制，形成良好的建设运营和应用分成机制，推动工业App能力开放生态建设。打造 API Store 等新型开发平台，汇聚平台通用能力，为第三方开发者提供丰富的开发环境，营造繁荣的开发生态。同时，通过竞赛活动、案例征集等方式，吸引各方围绕平台和工业 App 创新进行合作，营造良好的开发氛围。

> **刘成军：**在推动新一代信息技术浪潮与工业融合过程中，离不开以联盟 / 协会为代表的行业和社会组织，比如美国工业互联网联盟（IIC）、德国"工业 4.0 平台"、日本工业价值链促进会（IVI）等，作为国内拥有最多数量会员、最具影响力的工业互联网行业组织，工业互联网产业联盟（AII）已"6 周岁"了，您如何看待联盟在生态中的角色和责任？

余晓晖：工业互联网产业联盟是在工业和信息化部指导下，于 2016 年 2 月由中国信息通信研究院牵头，联合制造业、信息通信业、互联网等领域的 143 家企事业单位、社会团体、高校及科研院共同发起成立。6 年来，联盟以开放、共享、创新、共赢为宗旨，不断发展壮大，目前联盟成员数量已超过 2000 家，与成立之初相比已扩大了 15 倍。联盟已发展成为工业互联网领域全球最大的产业创新生态载体和产学研用资源汇聚平台，在工业互联网产业发展和应用推广中发挥了重要作用。

第一，联盟是工业与信息通信业深度融合的助推器。联盟设立 15 个工作组、15 个特设组、16 个垂直行业领域，每季度召开一次工作组全会，围绕工业互联网顶层设计、技术标准、应用实践、国际合作、人才培养及行业数字化转型等全方面开展工作。全体成员单位在联盟内持续开展思想碰撞、交流研讨，推进合作研究和成果共享。

第二，联盟是工业互联网产业发展的领航员。联盟率先提出我国工业互联网体系架构，探索建设工业互联网网络、平台、安全等基础设施，通过开展关键技术研究、梳理行业应用场景和典型案例等方式，凝聚各界对工业互联网的共识。联盟发布的《工业互联网体系架构》（1.0 版本和 2.0 版本）《工业互联网标准体系》及工业互联网平台架构、网络架构、安全框架等白皮书，引领工业互联网发展方向。《工业互联网网络架构与技术要求》国际标准已在 ITU 完成。

第三，联盟是工业互联网创新应用的孵化器。联盟通过建设 69 个测试床、遴选 200 余个应用案例和解决方案，形成工业互联网产业链目录，并在每年举办的工业互联网大会等活动中进行宣传推广，完成技术在产业应用中由 0 到 1 的试验验证，及 1 到多的复制推广。上海、广东、重庆、江苏、贵州、湖北等地设立了分联盟，有力支撑和推进了当地工业互联网产业发展。联盟组织举办的工业大数据竞赛、工业 App 大赛、边缘计算等大赛，以及联盟实验室、实训基地、"智能+"学院等建设工作，推动了工业互联网的创新实践和人才培养。

第四，联盟是工业互联网领域国际合作的重要窗口。联盟先后与美国工业互联网联盟（IIC）、MulteFire 联盟、欧盟物联网创新联盟（AIOTI）、德国 5G 产业自动化联盟（5G-ACIA）、日本工业价值链促进会（IVI）和 Edgecross 协会签订了战略合作协议，推进体系架构、数据空间、安全和应用、测试床等方面的交流研讨和联合建设。中德工业互联网专家组等发布的《工业 4.0X 工业互联网：实践与启示》（中英文），引起国际广泛关注。

> **刘成军：** 2021 年，中国信息通信研究院加快理论创新，创新性提出"企业数字化转型发展双曲线"，该线可以清晰描绘现阶段数字原生程度不同的企业数字化发展阶段，请问为什么要提出"双曲线"？其为转型者和赋能者具有怎样的指导意义？

余晓晖： 全面推进数字化转型已经成为各大企业、行业乃至全社会的共同目标，在推进产业数字化的过程中，新一代信息技术即数字技术在企业数字化转型中发挥主要的作用，IT 能力成为转型必不可少的要素，业务和 IT 的融合是企业数字化转型的重要方面。不同行业的企业，数字原生程度不尽相同，对数字技术应用和掌握的程度也存在差异。一方面，各类企业都在开展数字化转型，均具有转型者的身份，另一方面，部分数字原生程度较高的企业又兼具了赋能者的身份。

中国信息通信研究院发布的"双曲线"主要面向数字化转型过程中赋能者和转型者这两类主要角色。赋能者曲线描绘了数字原生程度较高的企业比如互联网、通信企业的发展路径，其在兼具自身转型的同时，更多的是为传统企业转型赋能，从数字化场景产品和服务、运维运营和安全等方面指导他们提供"可信数字化"产品和能力；转型者曲线描绘了各类行业企业转型者的发展路径，如何通过数字化技术对相关业务平台进行升级的路径，从而确立智能敏捷、效益提升、质量保障、业务创新、风控最优、客户满意等价值目标。另外，针对转型者确立了《企业 IT 数字化能力和运营效果成熟度（IOMM）》模型，从"平台 IT 成熟度和业务 IT 成熟度"两方面的融合程度，梳理和定位企业数字化转型发展阶段，并进一步明确下一步发展方向和路径。

同时，我们也看到企业数字化转型是多层次、多角度、多领域的系统性工程。除了 IT 能力构建的视角，还需要立足企业的行业特征和业务痛点，结合企业实际需求和现状基础，给出企业自身数字化转型的业务场景、运营模式和工具方法。下一步，中国信息通信研究院还将推出面向行业的数字化转型方法论，构建指导企业业务升级和行业整体转型的理论指南与实践工具，形成企业数字化转型的需求愿景、总体架构、实施路径等，为行业和企业提供可落地、易操作的参考路线图和工具箱。

> 刘成军：回望过去数年国内工业互联网的发展节奏，有哪些"得与失"？您对未来 3 年推动工业互联网和数字经济发展有何展望？

余晓晖：过去几年，国内工业互联网发展取得了明显成就，通过整体体系建设和局部试点推进已经基本建立起我国工业互联网发展模式与路径。

一是顶层设计和体系建设逐步完善。战略与政策层面，国务院《关于深化"互联网＋先进制造业"发展工业互联网的指导意见》确定了我国工业互联网发展战略顶层设计，后续工业和信息化部出台的《工业互联网发展行动计划（2018—2020 年）》《工业互联网创新发展行动计划（2021—2023 年）》及有关工业互联网标准、网络、平台、App、安全、标识解析等一系列文件，构建了相对完善的配套政策体系。技术体系层面，工业互联网产业联盟发布的参考体系架构及网络、平台、安全等功能体系架构凝聚了产业界共识，形成了技术顶层设计，指导了应用实践。应用层面，目前制订中的《工业互联网重点行业实施指南》将进一步推动工业互联网的落地实施。过去几年的工业互联网创新发展工程和试点示范，也支持了大量的产业实践和创新应用。

二是融合应用由浅入深、由点及面，带动产业数字化水平不断提升。应用广度不断拓展，已扩展至原材料、装备制造、消费品、电子、石化、钢铁、航空航天等 30 余个重点行业，并向能源、医疗等实体经济更广领域延伸。应用程度不断加深，从设备管理、生产过程管控等延伸至产品研发设计、制造与工艺优化、产业链供应链管理等复杂环节。平台化设计、智能化制造、个性化定制、网络化协同、服务化延伸、数字化管理等新模式活跃。应用水平不断提高，与 5G、大数据、人工智能、AR/VR、区块链等融合创新更趋活跃，催生一系列新型应用场景与模式。

三是供给能力快速构建。工业互联网网络建设初具规模。高质量外网规模覆盖全国 300 多个城市。工厂内网改造试点范围不断扩大，"5G+ 工业互联网"应用走在了世界前列。标识解析二级节点达 156 个，覆盖 25 个省 30 个重点行业，注册量达 287 亿元。多层次平台体系加速形成。目前全国各类工业互联网平台、工业云平台等累计达 600 余个，重点平台突破 100 个，15 个跨行业跨领域平台平均设备接入突破 240 万台，承载工业 App 2.9 万个，估算工业互联网平台总计接入设备将达到 7300 万台（套）。安全态势感知体系基本建成。国家级安全感知平台规模不断扩大，覆盖 31 个省和 11.2 万家工业企业。我国工业互联网经过几年发展，已成为全球工业互联网生态中的重要一环。

四是应用和商业模式创新突出。由于场景多、转型需求差异性大，我国应用创新非常活跃，涌现出一批独特的发展模式。大型企业的工业互联网实践与发达国家的跨国企业具有高度的一致性，但更具多元化，既关注生产体系的智能化升级，也关注产业价值链的资源配置优化和商业模式创新。中小企业的实践则由于信息化和自动化基础较差，主要聚焦"补能力、抓资源"，一方面借助工业互联网获取经营与生产的信息化管理能力，加快补齐信息化短板；另一方面通过工业互联网平台融入社会化生产体系，获取企业生存和发展的订单、资金等核心资源。

回望过去的工作，我国工业互联网的发展有一些方面需要进一步加强，比如基础理论研究与核心技术创新突破的问题。工业互联网的发展尚处于早期阶段，技术工具还没有完全成熟，同时，我国相关领域的基础研究较为落后，技术掌握和积累不足，这严重制约我国工业互联网高端化发展。比如深层次应用推广仍待加强，场景的碎片化问题尤为突出，如何在示范探索的同时总结形成可复制推广的路径日益迫切。

回望过去的工作，我国工业互联网的发展也面临一系列的挑战。一是企业数字化基础相对薄弱。我国工业数字化渗透率与美国、德国、日本等差距较大。特别是量大面广的中小企业信息化水平较低，前期改造成本高，实现数字化网络化智能化转型的难度大。二是可复制深层次应用推广仍待加强。场景碎片化和需求差异化的特点突出，因而形成了大量个性化的应用，但在应用深度、标准化和可复制性方面仍然面临较多困难，如何面向不同行业、企业和产业集群总结形成可大规模复制推广的应用模式和路径仍需要深入探索。三是产业支撑体系存在明显短板。高端传感器、高端控制系统、高端工业软件等依赖国外，相关领域基础理论研究相对滞后，工业场景知识、工业机理模型和核心算法等积累不足，技术工具还没有成熟。领军企业质量和数量较弱。产业引领能力和全流程服务供给能力不足，工业互联网集成商和解决方案供应商不能满足产业需要。四是安全挑战形势日益严峻复杂。工业安全与网络安全相互交织，安全边界不断扩展。工控系统、工业互联网平台等成为网络攻击目标，并衍生出数据安全等新问题，对安全防护和保障形成了新的挑战。五是要素保障能力不强。数据方面，工业数据确权、流通共享等方面还缺乏明确的制度保障和成熟的技术解决方案，一定程度限制了数据驱动的融合应用创新。资金方面，工业互联网价值创造与投资回报周期较长，企业获取融资支持难度较大。人才方面，缺乏既了解工业知识且精通信息技术的复合型人才，也缺乏大量工程应用型人才。

未来 3 年是工业互联网和数字经济发展的关键时期，工业互联网发展和工业乃至实体经济的数字化转型将迈入新的阶段。从全球看，数字化转型和工业互联网发展成为事关国家、行业和企业生存与发展的重大方向，形成了高度共识，其进程在新冠肺炎疫情蔓延的背景下将进一步加快，这也成为第四次工业革命的主要方向。从国内看，新发展阶段、新发展理念、新发展格局也给我国工业互联网和数字经济发展带来重大机遇，应继续做好行业应用推广、产业培育壮大和基础设施建设，强化"得"，补足"失"，布局"新"。

一是加快应用创新和推广普及。部署行动计划，围绕各个行业、产业集群和中小企业的需求，研究制订应用指南，培育解决方案服务商，供需结合推进深度应用，降低工业互联网解决方案的应用成本，提升应用成效。积极运用 5G、人工智能、数字孪生等新技术开展集成创新实践。发挥行业应用指南、试点示范遴选、测试床建设等作用，打造可复制推广的先导应用模式和最佳实践案例。

二是夯实工业连接基础。结合工厂内设备数字化和自动化改造进程，推进工厂网络改造，加快推动"5G+工业互联网"发展，探索边缘计算等技术与工业现场的结合，提升设备联网率、数据互通水平和工业现场的智能化水平。建设高性能、高可靠、高灵活的高质量外网。加快标识体系与各行业、生产制造各环节和产品全生命周期深度融合，形成标识→数据→服务新模式，发展具有双向通信能力的主动标识。

三是全面推动工业互联网平台创新和应用。发挥我国制造业门类齐全、应用场景丰富与市场规模庞大的优势，提升工业互联网平台设备接入与边缘计算能力、工业知识沉淀能力、数据科学建模分析能力和商业模式创新能力，全面提升多层次系统化平台体系的发展水平。推进平台间互联互通和技术与商业合作，探索API 开放和打造 API Store，实现能力互补、资源整合和协同创新。推进平台 + 重点行业、平台 + 产业集群、平台 + 工业园区，推进平台在场景化、工程化的基础上加快标准化。增强平台工具箱属性，推进从技术平台向商业平台的拓展。

四是全面提升安全保障能力。按照按需安全、智能安全、主动安全、安全一体化的方向打造工业互联网安全保障体系，持续建设国家、省和企业三级安全态势感知、保障与预警能力平台。推动分类分级安全责任落实，完善安全检查、信息共享、多部门协同等安全工作机制。依托评估认证促进安全防护能力提升。加强全国范围内的安全信息共享和协同联动处置，提升安全事件应对能力。

五是加快建立工业互联网产业支撑体系。围绕工业装备、工业网络、工业自动化系统、工业软件等传统瓶颈短板，积极探索与 5G、边缘计算、人工智能、数字孪生等新技术的融合创新，积极探索与新型工业网关、工业互联网平台、工业 App 等新产品和服务形态的融合创新，以长板带短板，加速瓶颈技术的突破。重视和推进工业芯片、智能集成工业传感、工业嵌入式操作系统、工业数据等基础环节的攻关。持续推进工业互联网标准体系建设。

3.2 工业互联网的本质，是制造业服务化的数字化转型
——专访SAP大中华区首席数字官、副总裁彭俊松

> 刘成军：SAP全程参与了德国工业4.0从学术概念到技术组合、最终到国家战略。2021年1月，欧盟委员会发布《工业5.0——迈向可持续，以人为本和弹性的欧洲产业》报告。您如何看待工业4.0的演进？工业5.0的提出意味着什么？

彭俊松：工业4.0是德国在20世纪90年代整体完成工业3.0之后，通过总结大量企业的实践，由研究单位和学术机构进行理论归纳而形成的对人类科技的技术迭代。它具有严密的逻辑性、高瞻的趋势性和精妙的科学性。

事实上，我们看到的很多德国工业4.0早期案例和项目，大多是在2003年前后开始进行局部探索，在2011年逐渐成熟并被提出，于2013年由德国政府正式向外部进行发布的。

工业5.0是欧盟在2021年提出的一个概念。因为它直接套用了工业4.0的命名体系，所以很容易给大家带来困惑。大家都知道，工业4.0是"第四次工业革命"的简称。我们很难接受的是，在第四次工业革命基础上，增加了以人为本、可持续性和韧性的工业5.0，就可以被称为"第五次工业革命"，毕竟这和1750年的第一次工业革命（蒸汽机）、1870年的第二次工业革命（内燃机）、1960年的第三次工业革命（计算机）相比，无论是时间跨度还是技术跨度，都不在一个数量级。我们认为，工业5.0更多地可以看成是对工业4.0某些方面的理念补充或重点强调，而不能看成一个新的断代。当然大家也可以继续对工业5.0后续的发展进行观察。

> 刘成军：SAP同时是德国工业4.0开放平台、美国工业互联网联盟（IIC）及中国的工业互联网产业联盟（AII）的重要参与方，面对汹涌的数字化浪潮，不同国家、不同地区、不同类型企业，都有哪些不同的表现？

彭俊松：SAP 作为在德国、美国和中国同时推进工业互联网业务的工业软件企业，我们发现，中国工业互联网的发展路径与美国、德国等发达国家存在不同。国外的工业互联网是在工业化、信息化充分完善之后发展起来的。而中国工业互联网的发展是建立在工业化、信息化尚未完全完善，企业信息化发展不均衡的基础上发展起来的。因此，中外工业互联网平台企业的参与主体存在明显的差异。

国外工业互联网平台企业的参与主体主要是第三方的技术企业（工业自动化设备厂商和工业软件厂商），平台数量较少，市场集中度高，客户使用门槛低，大量中小企业是工业互联网的主要用户。

中国工业互联网平台参与主体多样，虽然有第三方技术企业，但主要组成部分是第三方技术企业的用户单位，尤其是传统制造业转型的平台企业。根据目前的数据，中国有近 50% 的平台企业是传统制造业转型而来的，平台数量远远超过国外平台数量。

中国工业互联网的发展路线，是目前中国的工业化和信息化发展现状的写照，值得我们深入研究。

> **刘成军**：在这次疫情对工业价值链的考验中，工业互联网在供应链端、生产端及复工复产上迅速补位，提升了企业的柔性和韧性，发挥了强链固链的作用。在中国，工业互联网被寄予厚望，纳入国家"十四五"发展规划，连续 4 次写入政府工作报告，成为"新基建"框架下的基础设施级的存在。我们应该如何认识工业互联网的本质和核心价值？

彭俊松：过去的几年，"工业互联网"作为一个舶来的技术词汇，在中国市场得到了大力推崇，成为政府在当前复杂多变的政治经济局势下，打造中国工业强引擎、构建产业新生态、引领经济高质量的重要武器。从中不难发现，工业互联网在中国的兴起，与从德国引入的工业 4.0 有着密切的关系。

事实上，随着中国面临的经济环境和技术市场的迅速变化，中国式的工业互联网定义已经超出了原创者的范畴，在某种意义上成为中国制造业数字化转型的代名词。在后疫情时代，工业互联网正在成为中国企业参与全球化竞争的重要武器。

从本质上看，我认为，工业互联网的本质是围绕着制造业的一系列服务化推动下的数字化转型，它包括：

（1）制造业生产活动的服务化；

（2）制造业商业模式的服务化；

（3）制造业核心软件的服务化。

这三股制造业服务化交织在一起的进程是工业互联网得以产生的业务基础、商业价值和技术支撑，它们极大地提高了制造业的生产效率，推动了制造业的转型升级。

> 刘成军：从数字化转型的演进历史来看，这一轮的数字化转型和以前有较大不同，工业企业如何打造真正的数字化能力，推动自身生产方式和业务模式的转型？

彭俊松：基于发达的企业应用软件市场和工业自动化硬件市场，在工业互联网领域德国已经形成了"IT 与 OT 充分融合"的技术路线，它是由两股最具有代表性的技术厂商——企业应用软件厂商和工业自动化厂商共同推动完成的，如图 3-1 所示。

对于企业来说，一方面，工业互联网具有利用数字化技术推动创新的基本属性。这些创新，往往都是对企业商业模式的转型和升级。只有在新的商业模式下，实现业务的互通和闭环，才能真正实现转型和升级的目标。毫无疑问，这一领域必须由企业应用软件厂商担纲来完成。而企业所打造的是以业务互通互联为标志的工业"互"联网。另一方面，工业互联网的创新源头，往往来自于万物互联大环境下的"物"的连接和数据分析。在这一领域，特别是在设备管理和生产管理等领域，工业自动化厂商围绕工业大数据，在数据采集的基础上，提供"模型 + 深度数据分析"的服务，构筑了围绕"物"而展开的工业"物"联网。由此产生的数据洞察，成为推动企业应用软件业务流程、支持企业数字化转型的原动力。

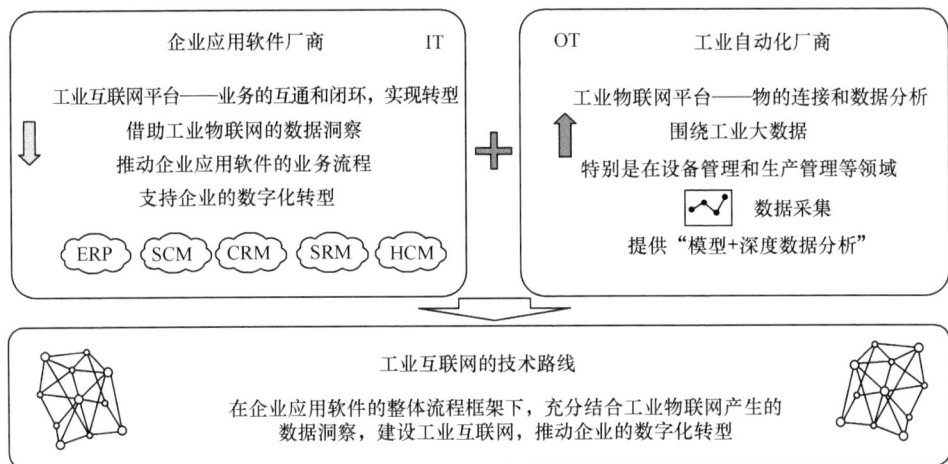

图 3-1　工业互联网的技术路线

经过数十年的发展，企业已经形成了相对完善的从战略规划到 IT 规划，再到项目分解和落地执行的完整方法论和实践经验。面对工业互联网这一新事物，在德国市场已经形成了较为成熟的技术路线——在企业应用软件的整体流程框架下，充分结合工业物联网产生的数据洞察，建设工业互联网，推动企业数字化转型。这一技术路线，一方面高度吻合了工业互联网的技术本质，另一方面也为企业迈向工业互联网的新时代提供了一个可落地的、工程化的技术手段。

> 刘成军：当前，全球工业制造系统总体遵循以 ISA-95 为代表的体系架构，其核心是打通企业商业系统和生产控制系统。作为"新物种"存在的工业互联网平台的技术架构，如何兼顾当前和长远，实现与 ISA-95 之间的衔接、演化与替代？

彭俊松：从技术发展的溯源和趋势来看，工业互联网属于云计算的应用分支，是信息技术（IT）和运营技术（OT）沿着各自的轨道在发展中相互融合，部署方式向云端迁移，软件形态向 SaaS 转变的一次交集。IT 与 OT 的技术架构，正在向着同样的 IaaS-PaaS-SaaS 的 3 层架构转变。总的来说，IT 的云化进程要早于 OT，OT 在这一转变过程中大量借鉴了 IT 的成果。

事实上，软件即服务（SaaS）作为一种商业模式，它最早的实践与软件行业的早期发展几乎是同步开始的。在 20 世纪 60 年代，大型计算机主机上普遍采用的"分时系统（Time-Sharing System）"就是一种典型的 SaaS 模式。它所有的软件都存放在主机中，多个用户通过终端键盘与主机进行交互；主机的计算资源按时间片划分为一个个小的单位，轮流为用户服务。从 20 世纪 90 年代末的应用服务提供商（Application Service Provider，ASP）开始，企业应用软件再次启动 SaaS 化的探索。在 2001 年和 2006 年前后分别出现的第一个 SaaS 和第一个 PaaS，就诞生在企业应用软件领域。以 SAP 在 2014 年花费 83 亿美元收购的差旅软件 Concur 为例，这家企业从 2001 年开始就转向了纯 SaaS 模式。世界上第一个 IaaS 也出现在 2006 年。软件商业模式演变如图 3-2 所示。

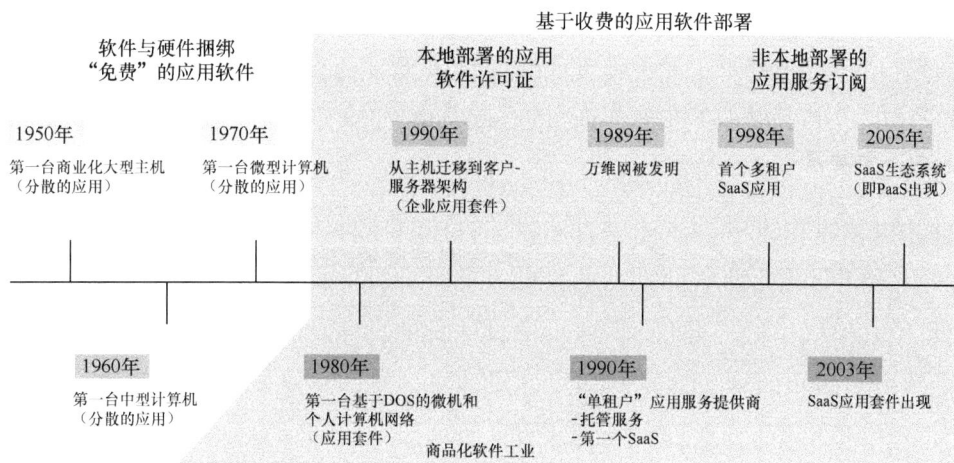

图 3-2　软件商业模式演变

与 IT 相比，OT 的云化出现得略晚一些，在 2010 年前后，相继出现了 Sensor-to-Cloud、PLC-to-Cloud、Cloud-based SCADA 的实践。在 2012 年工业互联网首次被 GE 提出时，所搭建的数字化平台 GE Predix，直接借鉴了 IT 领域已经相对成熟的 IaaS-PaaS-SaaS 架构。

在这场 IT 软件和 OT 软件的 SaaS 化转型过程中，背后遵循着类似的逻辑。IT 软件的 SaaS 化是建立在互联网技术，特别是相应的虚拟化技术日益成熟的基础上的，它推动了软件从本地部署向云端单租户模式和多租户模式转变，并进一步改变了软件功能形态和市场格局。OT 软件的 SaaS 化是建立在物联网技术日益成熟和设备智能化的基础上的，它将过去仅在边缘侧部署的软件向边缘侧和云端混合部署。

目前从全球市场来看，云计算市场呈现出"SaaS 主导 + 寡头竞争"的格局。一方面，SaaS 的市场份额超过 IaaS 和 PaaS 之和，引领整个云计算市场，并且 SaaS 领域的市场细分份额也开始向大型企业聚集。另一方面，在 IaaS 和 PaaS 领域，也形成了寡头份额大幅领先的格局。毫无疑问，中国的工业互联网建设需要与全球技术发展趋势，尤其是要与云计算的大潮相融合。

> **刘成军**：随着越来越多的企业进入工业互联网大市场，众多企业构建的应用场景运行在不同厂商的工业互联网平台之上。各个平台之间的技术和生态相互独立，形成了新的信息孤岛。我注意到您已经开始关注"跨平台之间的互联互通互操作"难题。德国在工业 4.0 的"三大集成"实践中，已经认识到不同平台之间额外的集成成本是阻碍工业 4.0 规模化落地的难题。德国是如何破解这一瓶颈的？

彭俊松：从 2013 年工业 4.0 上升为德国国家战略以来，工业 4.0 的各个单元技术都得到了长足的发展。但是，我们依旧需要清醒地认识到，在迈向工业 4.0/工业互联网的"最后一公里"的道路上，仍存在着巨大的难题。

过去几年工业物联网的迅猛发展，使人们认识到，绝大多数设备厂商会将自己的产品连接到一个物联网平台上，加之原有的和不断涌现出来的各种软件厂商的产品，这些都会导致供应商之间缺乏标准化连接。如图 3-3 上半部分所示，我们可以假想一家典型的制造企业生产车间的例子。它在生产单元分别使用了德国通快（Trumpf）和德国恒轮（Heller）的机床、荷兰阿斯麦（ASML）的光刻机、美国应用材料（AMAT）的显示机、博世力士乐（BOSCH Rexroth）的驱动设备。这些生产单元分别需要接入 Trumpt 的 Axoom 平台、KUKA 的 IIoT 平台、Adamos 平台、西门子的 Mindsphere 平台和 BOSCH 的 IoT 平台。

同时，该工厂选择了 KUKA 的机器人，需要接入 KUKA 的 IIoT 平台。而在传感器和控制设备层，使用了 IFM、Festo、Pepperl、Fuchs 等厂商的设备，它们也需要与 Heller、ASML 的设备相连,以及与 SAP 的工业物联网云平台连接。此外,该工厂生产车间的环境与健康安全管理,使用了 SAP 的 EHS 系统,也需要从上述设备中采集设备运行数据。

毫无疑问,在每一个工业 4.0 项目里,OT 供应商和工业物联网平台供应商之间的深度协作都是必不可少的成功条件。但是,现状是没有一个统一的标准能顺畅地将这些大牌企业的系统互相连接起来。如果指望制造企业客户在实施工业 4.0/ 工业互联网项目的过程中解决这些互联的问题,无疑是不现实的,如图 3-3 所示。

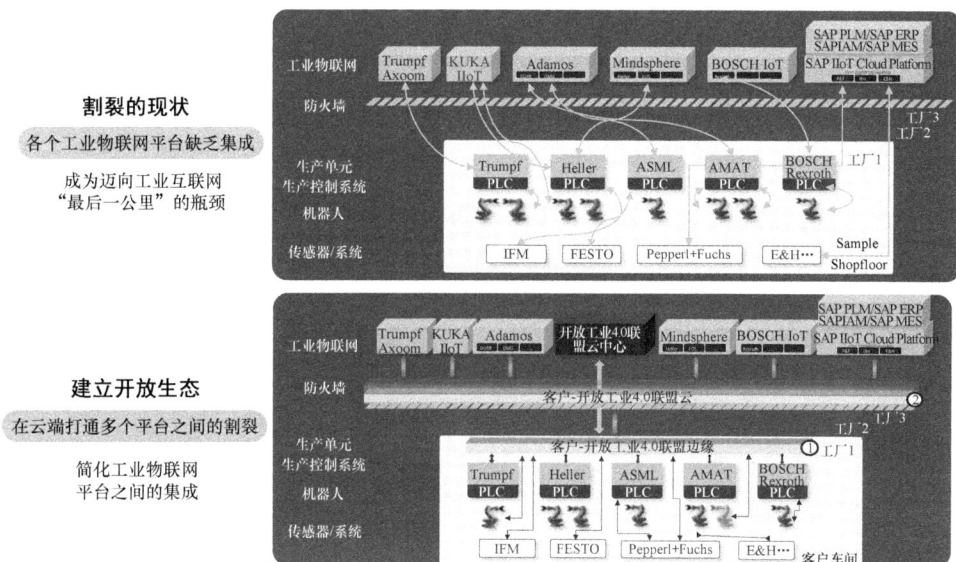

图 3-3 从割裂走向生态

德国在工业 4.0 的实践中,已经认识到不同平台之间额外的集成成本阻碍了工业 4.0 规模化落地的这一难题,并在开放协作方面进行了有益的实践探索。最典型的开放协作实践案例是由德国的设备制造企业、软件企业自发建立起的"工业 4.0 开放联盟"。该联盟最初由 SAP 联合 6 家欧洲设备企业发起,现在已经有70 余家会员企业。联盟通过建立通用框架,保证联盟成员的解决方案能够互联互通,推广具有互操作的工业 4.0 解决方案和服务,帮助用户能够低成本、高质量、快速地交付工业互联网项目,为客户创造更多的价值。

> **刘成军**：工业互联网产业生态中，企业应用软件和工业软件是打通"端到端"走向业务闭环的重要载体，企业应用软件的广泛使用是工业互联网市场成熟度的重要表征。为什么工业 App 一直没有崛起，并缺少"杀手级"应用？

彭俊松：实际上，工业 App 就是在工业里的应用（Application），也就是工业领域的应用软件。SAP 作为全球最大的企业应用软件，其公司就是全球最大的工业 App 提供商。这个问题其实也反映出我们对工业 App 这一新事物还有值得进一步研究和商榷的地方。比如，所有的工业企业都在使用的企业资源计划（ERP），既管理生产物料和生产物流，又处理生产计划和执行情况，还能计算生产成本和进行设备管理。今天，ERP 的公有云版本已经开始普及，毫无疑问，它就是"杀手级"的工业 App，应该成为工业互联网工业 App 的核心。

又如，一些企业将对工业 App 的注意力锁定在计算机辅助设计（CAD）、计算机辅助制造（CAM）和计算机辅助工程（CAE）等领域，希望在工业大数据的加持下，能够出现"杀手级"的应用。但事实上，无论是 CAD 还是 CAM 或 CAE，都是相对小众的专业市场，规模小、分类多，复用难，重复购买率低，出现所谓爆款 App 的概率不高。即便是 ERP，经过多年的竞争，也仅有很少几个国家的为数不多的产品在全球市场上生存下来。工业 App 是工业互联网成功的重要考量，但我们不能按照消费互联网的习惯来思考工业 App 的发展问题，而是要把它放在企业应用软件的市场环境下进行路线设计。

> **刘成军**：工业互联网发展大势之下，未来的企业应用软件在形态、能力和交付上将如何演进以适应变化？

彭俊松：IT 与 OT 的融合在多年前就已经开始了，未来的企业应用软件将会在形态、能力和交付上发生一场深刻的变革。

在形态上，未来的企业数字化发展将实现高度的 IT 与 OT 融合。传统上隶属于 IT 范畴的企业应用软件和隶属于 OT 范畴的工业控制软件之间的界限将日渐模糊。在"端—边—网—云"的层级架构下，企业应用软件和工业控制软件在不同的层级上逐渐一体化，从而让软件成为万物互联的运转中枢。事实上，随着IT 与 OT 的不断融合及云计算技术的发展，IT 有向下与控制软件结合的需求，控制软件有向上与管理软件融合的需求。MES 正是两类软件结合的产物：有一部分制造执行系统（MES）软件供应商是从自动化集成企业升级而来，而另一部分MES 软件供应商是传统的信息化的软件企业。MES 打通管理流程与 PLC 的联系，PLC 上云或软 PLC 也已经浮现出水面。可以设想，随着 5G 技术的发展和工业通信技术的日益成熟，将会有更多的"计算设备"采用计算能力和前端设备分离的"云 PC"技术路线。这一趋势将会极大地扩展传统企业应用软件的范畴。

在能力上，未来的企业应用软件将表现出具备自治能力的智慧。传统的企业应用软件，是将部分知识植入软件中，通过贯穿软件的流程，来辅助人们处理结构化信息的。未来的企业应用软件，不但会拓展知识的深度和广度，在更多领域辅助人们进行信息处理，还可以让系统具备智慧能力，直接对大量的数据进行处理，产生洞察并驱动行动。因此，未来的企业应用软件不仅可以大量取代人工操作，提高自动化水平，而且可以实现人与智能机器之间的深度协同，向高度的自治型企业迈进。

在交付上，未来的企业应用软件将广泛采用构件式的工业化组装方式，根据业务能力的要求，更加敏捷地向企业交付。传统的整体应用（Monolithic Application）已经越来越难以满足企业对于灵活和创新的要求。未来的企业应用软件将以业务流程即服务（Business Process as a Service）的形式在市场上出现。在企业 IT 部门和 SaaS 提供商的支持下，所交付的应用将可以满足用户的角色需求和个性化需求。与此同时，未来企业的业务部门和 IT 部门将会形成跨组织的协同文化，在业务创新、技术部署、技能培养、相关预算等方面共同分担责任。

> 刘成军：SaaS 化呈现全球化和加速拓展的趋势，各大应用软件企业纷纷开启云转型战略，同时还有传统软件巨头与新兴 SaaS 创业公司的角逐。可以从哪些方面来衡量应用软件公司云化战略的成功？原来的渠道商、集成商是否将面临重构和新一轮升级？

彭俊松：和 IaaS 领域已经出现几大超级巨头不同，目前的 SaaS 化还只是一个开端。一批先发的聚焦在某一个业务领域的 SaaS 企业，凭借 SaaS 的优势，帮助业务部门从传统的 IT 部门抢夺 IT 系统采购决策权，取得了明显的成功。

分久必合，合久必分。下一个阶段，我们预计将会出现一个新的 SaaS 整合浪潮，聚焦在不同业务领域的 SaaS 势必会向更多的业务领域拓展。在以 IT 与 OT 融合为特点的新一代企业数字化整体架构下，众多的 SaaS 企业可能会有两个走向。一是依旧保持松散的形势，相互竞争，相互连接，保持灵活性，通过不断迭代保持生命力。二是出现超级 SaaS 企业，通过整合不同业务领域的 SaaS，形成合力，降低企业"总体拥有成本"（Total Cost of Ownership，TCO），并通过整合推动创新。现阶段正是这两种走向激烈交锋的时期。

> **刘成军**：新形势下，SAP 如何基于客户的需求变化而顺势升级解决方案？

彭俊松：SAP 在中国的工业互联网具有三大战略发展方向，分别是工业互联网平台运营商（Ready to Run）、工业互联网软件提供商（Ready to Sell）、工业互联网平台合作方（Ready to Build）。

首先，SAP 拥有自己的面向物联网的 PaaS 平台，以及在 PaaS 平台之上的面向工业领域的 SaaS 软件。这些 SaaS 软件涵盖了制造企业从产品设计到产品运营的整个过程。毫无疑问，SAP 自身就是工业互联网平台的运营商。

其次，SAP 作为全球最大的企业应用软件提供商，拥有面向 25 个行业的解决方案，具有处理大量的工业数据和商业数据的产品、经验和能力。SAP 以提供商品化软件的方式，支持客户搭建自己的工业互联网系统。

最后，SAP 在其智慧企业产品架构中开放了自己的业务技术平台，可以与客户、合作伙伴一起开发针对客户业务和行业需求的工业互联网平台，共同开拓工业互联网市场。中国市场上众多的工业互联网平台，都可以与 SAP 建立合作关系。

3.3 要做能创造价值的工业互联网"平台",而不是"阳台"
——专访世界经济论坛(WEF)未来生产委员会委员李杰

> 刘成军:从学界转身企业高管,业界比较关注您的角色转变,您的工作职务及所负责领域方面有哪些变化,目前的工作节奏如何?

李杰:2018 年 8 月,我开始担任刚刚上市的富士康工业互联网股份有限公司副董事长一职。2019 年 7 月,我又担任鸿海集团的副董事长。目前我大部分时间在美国,主要负责智能制造基地的建设和未来科技园区与新产业的发展。鸿海集团的未来战略方向是"3+3",第一个"3"代表未来三大产业方向,即电动汽车、数字健康和未来机器人,第二个"3"代表三大核心技术,即 AI+5G+半导体。

当前,全世界的经济与产业结构都在面临着重构,这与国家政策、区域经济开发也有密切关系,它给企业带来潜在机遇和挑战。我主要从技术层面看未来发展,然后培养新的人才,为未来产业融合与可持续发展奠定基础。另外,我也是世界经济论坛(WEF)未来生产委员会先进制造与生产专家组成员,负责推动全球智能制造的发展。

> 刘成军:互联网最大的价值在于连接,经由智能手机和网络,连接人与人、人与服务,由此带来一系列、连锁性、全方位的变化。您认为工业互联网与消费互联网的差别是什么?工业互联网的核心价值体现在哪里?

李杰:简单来说,消费互联网是发散的,具有传染性,以体验为中心;而工业互联网是聚焦的,具有传承性,以事实为中心。

具体来说,首先,消费互联网基本上针对的是以社群为基础的服务,在社交基础之上构建和开发跟个人、消费相关的商业应用,个人的分享与感受具有扩散的传染性，这本质上是"发散性"。而工业互联网是聚焦在工业领域长期以来的关键问题上——即以高质量、低成本、快速交付为主要追求方向，所以工业互联网是收敛的，它解决的是工业生产面临的现实问题。

其次，消费互联网更注重用户的获得感，所以具有传染性。而工业互联网是需要把人的经验数字化、智能化，由此带来经验的传承性。

最后，对于用户体验来说，消费互联网提供了各种各样的可能性，用户的体验感很重要。而工业互联网则更看重事实，看这些可能性到底提供了什么样的价值。

> **刘成军**：多年来，国内无数制造企业支撑起中国"世界工厂"的盛誉，但目前中国制造还是处于"微笑曲线"（Smiling Curve）的最底端。从世界工业变迁史来看，每个工业化国家产业链的跃迁都存在巨大的鸿沟，中国制造需要完成一场品质革命，迈向国际产业分工体系中的产业链高端位置，其中工业互联网可以创造怎样的价值？

李杰：智能制造并不仅仅代表"制造"产品本身，而是要创造更多的价值，这就是我之前提出的"煎蛋模型"，如图 3-4 所示。"蛋黄"是核心产品，"蛋白"是以顾客价值为导向的创新服务。

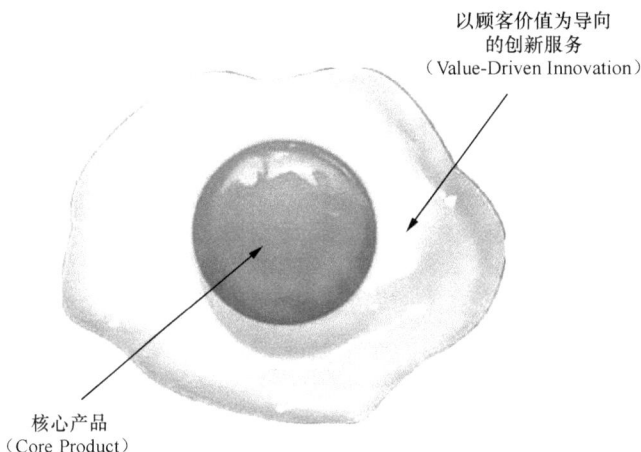

以顾客价值为导向
的创新服务
（Value-Driven Innovation）

核心产品
（Core Product）

图 3-4　煎蛋模型

中国制造在很长的时间里只生产"蛋黄"，从而造成了大家经常说的"大而不强"。当下，制造业着力向数字化、网络化、智能化转型，就是要向前端的研发设计和后端的价值创造衍生。之前，中国制造可能大多还是处于劳动密集型制造阶段，代工也不仅仅是代工（Original Equipment Manufacturer，OEM），还可以向上游的设计和模组整合迈进，比如原始设计制造商（Original Design Manufacturer，ODM）、联合设计制造商（Joint Design Manufacturer，JDM）等。如今，大家非常关注自主创新品牌，企业主动创新以创造更多的价值，这是很好的现象。

未来的工业竞争，将从实体世界转到"不可见"的世界，同样一个产品，只能销售一次，但是产品交付之后的服务可以卖一百次、一万次，这就是我们所说的"不可见"世界，可以在"不可见"的世界里进行数字分析、数据挖掘，从而产生新的知识，通过工业互联网创新商业模式。

> 刘成军：中国具有最广泛、层次最丰富的工业制造场景，您是行业里最早提出工业大数据、工业人工智能的专家，请问从数据到信息、再到价值是如何转化的？

李杰：在这里需要说明的一个概念是：数据 ≠ 信息 ≠ 价值！数据是智能化的基础。如何找数据、治理数据会是重中之重，我常说要培养"数据工匠"的意思就在这里。因为数据"会说真话"——如果拿的是可用的数据；数据也"会说谎"——如果拿的是不正确的数据，所以如果当一个公司能够把数据整理（分类、分割、分解、分析）好，那么他们就能更有效地创造价值（分享与分忧）。我曾提出 CPS 的 5C 架构体系，所要传递的就是如何从工业大数据中创造更多的面向客户的价值。5C 包括了 5 个层次的构建模式。

（1）Smart Connection Level——智能感知层。在机器或部件层面，第一件事是如何以高效和可靠的方式采集数据。

（2）Data-to-information Conversion Level——数据到信息转换层，也就是信息挖掘层。来自 PLC、传感器及制造执行系统、维修记录等的数据必须被转换成用于一个实际的应用程序 / 软件的信息才有意义。

（3）Cyber Level——网络层，即网络化的内容管理。

（4）Cognition Level——认知层，也就是识别与决策层。通过 CPS 的网络认知，将机器信号转换为健康信息，与历史数据进行比较，使用一些特定算法来预测潜在的故障。

（5）Configuration Level——配置层，也就是执行层。基于网络追踪机器的健康状况，系统可将健康信息反馈给业务管理系统，告知操作员做出正确决定。

基于以上工业数据的分析，可以实现智能装备、智能工厂与智能服务的价值应用。智能装备具有可实现自省、自比较性和自预测性的能力，它就能够结合当前自身的性能与任务要求，自动预测自身性能与任务需求在当前和未来的匹配性，并制定出最优化的执行策略。

另外，这些经过分析之后的数据结果是可以回馈到制造甚至影响设计端的。因此，现在推动的工业互联网创新发展就是一个很好的战略，中国拥有巨大的场域和数据体量，对数据的处理分析是可以帮助制造业智能化转型的。

> 刘成军：在工业互联网大潮下，以富士康为代表的制造企业纷纷"觉醒"，不再满足于传统企业"被赋能"的角色，纷纷成立数字科技公司，创建工业互联网平台，承担对外赋能的职能，这俨然成了现象级事件。但服务商角色与传统制造的价值逻辑、所需能力并不一致，您如何看待这种变化及其未来前景？

李杰：这就是我们所说的先"独善其身"，再"兼济天下"。当前，很多传统企业成立数字科技公司，创建工业互联网平台，同样，互联网公司也在积极地进入工业领域，这是一个好现象，但是需要好的场域去发挥才行。工业领域包罗万象，发展几百年来沉淀的领域知识，并不是简单地用算法就可以代替的。传统企业既懂领域知识，又拥有大量的数据也就是场域来做这件事，因此他们是有其自身优势的。

对于富士康来说，它是全球最大的 3C 与多元化制造企业，拥有多年的制造经验及数据，这些是其他相对来说比较小的制造企业没有的，而且前面也说过，做工业互联网是一件需要长期投资的事情，更重要的是如何用自己的经验去赋能其他公司，包括上游的供应商和下游的顾客。我之前说，我们要做的是"平台"而不是"阳台"，"平台"是可以重复地帮助客户提供价值，而"阳台"只是展示自己的工具。

> **刘成军**：关于工业 AI 的应用，从目前市场端工业企业应用反馈来看，其在汽车、3C、钢铁等行业的质检环节呈现刚需和价值潜力。AI 真正开始被规模化应用于工业系统的场景中，进而实现工业人工智能系统，还需要做哪些突破？

李杰：AI 在产业的挑战是落地（Actual Implementation）。大部分传统 AI 的人总会说算法与算力是 AI 成功的关键。事实上数据质量（有用性、可信性、与可用性）更重要。就目前而言，制造业中大多数设备依然无法在非人工干预下做出合理的决策。AI 的落地困难也有很多，比如，缺乏系统性的能力，不同工程师算法结果迥异，且无法解释与重复；执行落地时间太长，3 ～ 6 个月不等；数据质量差，可用性和有用性都无法保证。

所以，我们要清楚 AI 只是手段而非目的。无论我们应用何种技术，首先需要知道要解决什么问题，然后针对问题对数据进行分析、分类、分割、分解，去了解数据的相关性和因果性。当我们明了这些才可以选择正确的算法去做预测，并且根据后续的结果进行算法的更新迭代。工业 AI 的应用是一个系统工程问题，而不只是算法与算力问题。

> **刘成军**：随着工业数据的增多，在数字世界（"不可见世界"）里进行各领域的改进具有非常大的价值。很多领域可以利用数字孪生、CPS、工业互联网中台等实现分析到洞察，但从知到行还有很长的距离。您觉得我们应该怎样跨越这道鸿沟？

李杰：数字孪生在不同的应用情景下，具有不同的出发点，比如，数字孪生以产品为特定场景。第一，产品建模的目的是为售后产品做智能化的服务。第二，对使用产品的客户来说，数字孪生就是如何利用生产数据建立维护和操作模型。第三，系统集成商需要具备的是对系统集成的数字孪生能力。所以，建模不是目的，如何找到问题才是目的。数字孪生的好处就是，知道如何在数据世界展现假设问题发生的可能性。所以，数字孪生是一个管理工具，可以管理已有的生产也可以管理未知的风险。跨越鸿沟就是要安心踏实地去做一些基本功，也就是说要培养一批数据工匠，他们既要了解工厂、了解领域知识，又要懂得数据提取、数据分析。

> **刘成军**：工业系统中需要解决许多长期确定性的核心问题，而且讲究可被量化和确切的价值回报。在您看来，数字技术的扩散路线是由易到难、由边缘到核心，还是相反？

李杰：技术扩散逻辑其实不是按照难易或者边缘核心展开的，对于问题的选择，或者你说的所谓数字技术的路线扩散是要先分析问题的重要性及常态性。我们根据问题的重要性和常态性程度做一个四宫格，如图3-5所示，横坐标是常态性，纵坐标是重要性。

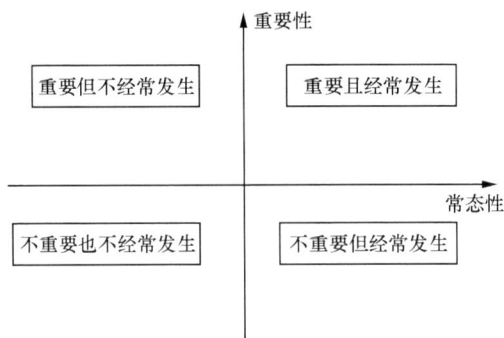

图 3-5　分析问题框架

解决问题就要先从最常发生、造成最大影响的问题开始（第一象限），然后再到影响很大但并不经常发生的问题（第二象限），再到经常发生但影响不大的问题（第四象限），最后到不重要也不经常发生的问题（第三象限）。我们要从问题的角度出发，找到合适的技术去解决，而不是通过技术的准备就绪去找问题。

3.4 发挥协会优势，助力上海经济数字化转型
——专访上海市工业互联网协会常务副会长张锡平

> **刘成军：** 2021 年 3 月 3 日，上海市工业互联网协会迎来了一周岁生日。在这一年里，协会破土萌发，扎根生长。回望这一年多来的筹备、组建，经历了哪些里程碑事件？

张锡平： 过去的一年，是协会从成立到起步的一年，在"数字新基建""在线新经济"等战略机遇下，结合"工赋上海"新三年行动计划的发布，上海市工业互联网协会积极响应，以服务政府和企业为宗旨，重点打造了"工赋"品牌，其中有几个重要的里程碑事件。

（1）2020 年 3 月和 4 月疫情期间，协会组织了 2020 "工业互联网春天行动"，举办了 1 场云上峰会、3 场头脑风暴会，24 位来自政府、科研院所、工业企业与投资机构的专家代表"云"上论道，超过万名产业人士在线参与交流。同期还组织了"停工不停学"公益培训活动，推动疫情防控和企业复工复产，联系 19 位工业互联网专家讲师录制了 21 门课程，累计学时超过 1500 分钟。

（2）2020 年 6 月，协会获得团体标准认证资质，初步规划了 8 个标准建设重点方向，其中有两项标准已通过立项，分别为《面向典型制造场景的边缘应用指南》和《面向典型应用场景的工业知识图谱技术规范》。

（3）2020 年 9 月，协会开始启动工业企业数字化转型场景培育孵化工作，联合"工赋诸葛会"专家团，走进一批工业企业开展深度的需求探讨和场景输出，并开展了线下的供需对接大会，为协会认证的 7 家工业企业、22 个精准数字化需求与优质服务商全部实现对接，现场意向签约额达千万元，帮助工业企业精准对接"面向未来的合作伙伴"。

（4）2020 年 10 月，协会获得上海市人力资源和社会保障局与上海经济和信息化委员会颁发的"工业互联网高技能人才培养基地"牌照，为推动更大范围、更广领域的数字化人才培养构建了更坚实的载体。

（5）2021 年 1 月，2021 工业互联网创新发展促经济数字化转型大会暨工业人嘉年华成功举办，大会以"数字赋能，焕然新生"为主题，"追光者"为鲜明特色，凸显数字化发展趋势及赋能价值。大会贯彻国家工业互联网发展战略，首次打响了 2021 年上海经济数字化转型的发令枪，获得了百余篇相关报道，实现千万级流量一同迸发，短时间成为行业及社会关注焦点。

协会经过一年的时间，重点建设的"工赋诸葛会""工赋学院""工赋工业互联网开发者社区"正不断提升服务能级和社会影响力。协会作为"工赋上海"的重要载体，致力于汇聚"政产学研"优质资源开辟服务生态新路，优化营商环境，助力实体产业高质量发展，持续为装备制造、航空航天、电子信息等重点行业数字化转型赋能。

> 刘成军：在推动工业互联网生态完善过程中，离不开以联盟 / 协会为代表的行业和社会组织，市工业互联网协会在定位、使命及办会理念上有哪些不同？如何清晰界定自身角色，实现协会独特价值？

张锡平：上海市工业互联网协会一直秉持"服务转型、融合生态、凸显价值"的服务宗旨，这 12 个字的宗旨从工业互联网产业联盟上海分联盟开始便成为上海工业互联网协会办事的根本要义。

"开放融合、守正创新"赋予了协会新的文化理念。这 8 个字代表着开放包容、跨界融合、坚守正道、积极创新。这 8 个字的理念要求协会不仅要做好对企业的服务，更要配合政府助力政策的落地与实施，紧紧围绕国家战略布局，在国家联盟和上海市经济和信息化委员会的指导下，全力打响"工赋"品牌，积极推动"工赋上海"产业生态建设。协会的愿景是成为政府桥梁、企业挚友、产业推手，建设具有国内外影响力的社会组织。

区别于国内和国外其他地区的联盟协会，上海市工业互联网协会打造了几个具有特色的领域子品牌，分别承载不同的职能，开展纵深化、专业化发展，比如协会的"工赋学院"致力于工业数字化人才培养；"工赋风云榜"年度评选聚焦工业互联网标杆打造；"工赋开发者社区"加快工业互联网生态拓展与融合；"工赋诸葛会"构筑经济数字化转型领域产业研究与决策支持的高端智库。

> **刘成军**：运营一年来，目前协会的总体状况是怎样的？

张锡平：经过一年的发展，协会运营的总体情况主要体现在以下几个方面。

一是完成了组织创建和建章立制。建立了财务、人事等制度体系，组建了转型创新部、会员服务部、人才发展部、品牌活动部和综合管理部 5 个部门，共有正式员工 11 名。

二是壮大了会员体系。截至 2021 年 5 月，协会会员单位已扩大至 320 家，包括工业企业、工业科技企业、金融机构、工业电商、高校科研院所、产业园区、人才服务机构等。

三是构建了完善的师资课程体系。截至 2020 年年底，工赋学院已拥有行业专家 300 多名，其中特聘讲师 80 多名；梳理线上课程共 5 类、12 大主题、55 讲，线下课程共 8 类、19 大主题、73 讲。

四是大力推荐产业研究与场景挖掘。协会组建了"工赋诸葛会"，汇编了《2020 年上海市工业互联网创新发展实践案例集》，收录重点领域优秀案例 34 个；编写《上海市工业互联网简报》，每月 1 期，目前已刊出 27 期。联合专家深入挖掘工业企业应用场景，促进企业数字化转型场景落地。

五是打造了宣传推广平台。协会打造了工业人共振嘉年华、工业博览会工业互联网专题展及工业博览会国际工业互联网大会、工业智能峰会、算法大赛等特色化宣传推广与品牌服务平台。

> **刘成军**：从成员覆盖面来看，协会吸引了众多类型的机构和组织，协会能够为会员提供哪些服务清单及开放性的社会化服务？

张锡平：为了更好地服务会员，协会发布了会员服务目录，重点服务内容包括以下方面。

一是场景培育。 从工业企业需求定位入手，协会组建专家团协助工业企业精准定位转型痛点和改善需求，并制定相应的场景需求清单，通过搭建供需对接平台，为工业企业与工业科技企业提供线上线下供需对接服务。

二是人才服务。 挖掘和分析企业在数字化转型中流程、组织及人力发展面临的问题和需求，通过招募、筛选、联合优质服务商，共同打造数字化转型人才发展服务与产品，为企业提供定制化培训课程，并向政府相关部门申请部分补贴，从而降低企业的培训成本。

三是资讯服务。 协会每月出版一期《上海市工业互联网工作简报》，年度出版《上海市工业互联网创新发展实践案例》和《上海市工业互联网发展研究报告》，为会员企业做好政府政策辅导，为工业和信息化部和上海市推荐标杆企业和优秀项目。

四是品牌宣传。 协会每年组织"工赋风云榜"工赋上海大型系列年度评选，主办或承办各类行业展会、论坛、交流等活动，通过与主流平面媒体、网络媒体等合作，利用协会网站、微信公众号等平台，为会员单位做好品牌宣传。

> **刘成军**：工业互联网在发展初期，具有非常强的工业属性，无论数字化解决方案的成型还是工业互联网理念的落地，都离不开场景驱动。上海非常重视打造应用场景工作，并利用"揭榜挂帅"机制进行扩展，2020—2021年，协会在这方面有哪些动作和安排？

张锡平：2020年下半年开始，协会为推动落实"工赋上海"3年行动计划，切实帮助工业企业加快数字化转型提升，打造工业互联网标杆应用的示范，在上海市经济和信息化委员会的指导下，重点开展了工业企业数字化转型场景培育孵化工作。

协会从"工赋诸葛会"中挑选了13位资深专家，组成了3个应用场景推进专家组。专家组群策群力开发设计出了数字化转型调研问卷和访谈提纲，分别到15家工业企业（行业覆盖汽车、船舶、家居、家电、建筑、水务等）摸排工业企业数字化转型的痛点和瓶颈，了解短期和长期的数字化转型应用场景需求，并面向全国发布，这些需求覆盖了研发、生产、检测、运维等各个环节。同期，协会开发上线了供需对接平台，让全国的工业科技企业能够更便捷地获取这些需求，并且也让工业企业能够快速获取满足他们需求的优质工业科技企业。

2021 年，上海市发布《关于全面推进上海城市数字化转型的意见》，提出坚持整体性转变，推动"经济、生活、治理"全面数字化转型。工业企业的数字化转型是实现经济数字化转型的重要抓手，协会将持续推动这项工作，深挖 50 余家工业企业的转型需求，并且持续优化供需对接平台，打造企业数据库与企业画像，推动供需智能精准匹配。

协会的目标是以企业为核心打造工业数字化转型的小生态，促进企业与企业之间的互为生态关系，让工业数字化转型的连接更顺畅，信息更精准。

> 刘成军：工业互联网的健康稳健发展，除了产业政策和市场驱动，还离不开数字化人才的持续培养和有效供给。2020 年 10 月，协会获得了上海首个"工业互联网高技能人才培养基地"牌照。协会在人才培养方面的工作思路是怎样的？

张锡平：协会在上海市经济和信息化委员会的指导下，成立了"工赋学院"，旨在联合行业各类专家与资源，构建工业数字化转型人才赋能平台。"工赋学院"以产业需求出发，凝聚各界资源，有序构建工业数字化人才培养生态，为工业创新人才聚能、聚势。重点工作包括以下方面。

（1）组织专业主题培训。结合"工赋上海"3 年行动计划的重点，聚焦工业大数据、区块链、5G 等相关内容开展工业互联网和两化融合管理体系宣贯及贯标培训和举办高级研修班。

（2）实施工业数字化转型推进计划。形成工业数字化转型组织能力模型、"一把手"适应力模型和人才能力模型及测评工具，建立"一把手"牵头的工业数字化转型委员会机制。

（3）打造人才实训基地。根据工业企业数字化转型人才需求，选择人才需求迫切且需求量大的方向，联合相关专业机构完成课程项目的研发，开展技术技能类人才培训。

（4）完善人才发展和评价体系。优化完善工业数字化转型人才能力模型及测评工具，并联合科研、教育、人力资源等机构，为工业企业数字化人才培养提供多元化解决方案。

> 刘成军：上海是中国近代民族工业的发源地，更是新工业革命的领跑者。在"工赋上海"行动计划的指引下，您认为上海工业互联网的发展呈现怎样的特点？上海工业互联网的发展为数字长三角一体化发展起到了什么作用？

张锡平：上海具有制造业的雄厚基础和工业互联网的先发优势。2020年，上海实施"工赋上海"行动，在全国率先探索以"知识化、质量型、数字孪生"为特色的工业转型，培育了涵盖网络、平台、安全等三大体系的39个综合解决方案提供商，打造了15个具有影响力的工业互联网平台，带动12万家中小企业"上平台"，工业互联网的核心产业规模达到1000亿元。

上海作为长三角一体化的龙头，在工业互联网创新发展方面发挥了头雁引领作用。一是牵头推动了长三角区域一体化工业互联网公共服务平台建设。联动长三角兄弟省市全力打造工业互联网创新驱动、融合应用的"生态区"，技术牵引、机制创新的"试验区"，聚焦痛点、精准发力的"攻坚区"，协同共促、先行先试的"样板区"，助力世界级先进制造业集群建设。二是建设了工业互联网标识解析国家顶级节点（上海）。顶级节点自2018年年底上线运行以来，标识解析基础设施稳步发挥作用，长三角标识解析体系初具规模。截至2021年3月，上海国家顶级节点共接入30个二级节点，标识注册量近30亿，接入企业超4000家，初步实现了"有流量、有应用、覆盖长三角"的布局目标。三是建设了一批标杆载体。上海立足自由贸易试验区临港新片区、G60科创走廊、长三角一体化示范区等，加大数字化改造升级的支持力度，培育了一批更高能级的工业互联网行业应用标杆、工业互联网优秀服务商、工业互联网创新实践区等，并将牵头打造更具国际竞争力的先进制造业集群。

> 刘成军：2021 年伊始，上海吹响了全面推进城市数字化转型的号角，围绕经济、生活及治理等方面开展全面数字化转型工作。经济数字化转型是其核心领域和主战场，上海市工业互联网协会的业务与之高度关联，它在其中将发挥怎样的重要作用？

张锡平：从实践来看，工业互联网已成为促进我国供给侧结构性改革、加快新旧动能转换、推动实体经济数字化转型的重要抓手。协会作为上海工业互联网生态发展的重要平台型载体，将重点从 5 个方面开展工业互联网促经济数字化转型的工作。

一是加强工业数字化转型应用场景建设。协会组织"工赋诸葛会"专家团持续深入走进工业企业，了解企业数字化转型的需求，并面向全国发布，广招英雄帖，吸引全国优秀供应商积极参与，定期组织线下应用场景的挖掘与供需对接大会，全年将推进 100 多个应用场景的挖掘与精准匹配，并且在企业数字化转型项目实施阶段持续进行服务支持。

二是全面启动数字生态服务平台建设。协会确立营商环境优化、资源配置调节、产业生态营造三大功能定位，第一期建成政策库、企业库、案例库、项目库、产品库、专家库等六大数据库，构建信息智能匹配、供需对接两大功能模块，获取多维数据精准绘制企业画像，融合大数据分析与智能化技术按需动态配置资源，打造"菜单式"服务体系。

三是着力加快团体标准建设。协会完成两项团体标准草案的建设，并被授予团体标准认证单位，标准被推广到 50 多家应用企业中，从而使标准积极发挥作用，助力企业加快数字化转型步伐，并同步开启 3 ～ 5 项新团体标准建设的立项。

四是持续推进专业人才队伍建设。其中包括刚刚提到的组织专业主题培训，研究形成工业数字化转型组织能力模型、"一把手"适应力模型和人才能力模型及测评工具，打造人才实训基地，并不断优化完善迭代工业数字化转型人才能力模型及测评工具等。

五是有效推进交流推广平台建设。以扩大品牌效应为导向，继续举办各类特色活动，如 2021 年世界人工智能大会算法大赛、国际工业互联网大会、工业博览会工业互联网专题展等。精心筹备 2022 年工业人嘉年华大型活动、"工赋风云榜"2022 工赋上海年度评选等，并以品牌活动为重点，树立上海市工业互联网标杆形象。

> 刘成军：目前，我国形成了国家主管部门、工业企业、工业互联网平台/网络/安全服务商、行业组织、资本、媒体等多元化主体构筑的生态化推进体系，政府和市场双重驱动模式。您对上海下一步推进工业互联网、经济数字化转型有哪些建议？

张锡平：工业互联网作为第四次工业革命的重要基石，正加快推动工业乃至实体经济全要素、全产业链、全价值链的全面连接，构建数据驱动的生产制造和服务体系，推动生产方式、商业模式、产业组织的创新变革，成为抢抓新工业革命历史机遇，促进产业转型升级和经济高质量发展的关键路径。对上海下一步工业互联网、经济数字化转型的主要建议如下。

一是完善顶层设计，加快形成工业互联网驱动实体经济数字化转型的发展格局。探索建立工业互联网推进行业数字化转型方法论，为行业和企业提供可落地、易操作、有实效的数字化转型参考架构和工具集，充分调动多方主体积极性，形成体系化推进的融合发展格局。

二是强化系统思维，引导行业企业结合实际有序开展数字化转型。针对行业发展基础不平衡的现状，因势利导推动企业制定符合实际需求的工业互联网融合应用路线图，实现不同区域、不同行业、不同发展阶段企业的数字化转型工作协同有序推进。

三是加大普及推广，带动中小企业融入数字化转型浪潮。以数字化转型评估诊断为切入，了解中小企业转型现状和需求；加快对领先企业成熟经验模式的总结梳理，形成一批低成本、模块化、易使用、易维护的工业互联网解决方案，加大对中小企业的普及推广力度。

四是夯实产业基础，提升数字化转型基础支撑水平。发挥我国信息技术产业优势，以产业长板带动短板突破，在先进网络、边缘计算、工业互联网平台、工业智能等领域培育一批具有长板优势的技术产品，带动工业传感、机理模型、仿真软件等核心短板环节实现突破。

五是加强开放合作，完善融合发展新生态。发挥工业互联网开放性、交互性优势，以及联盟的桥梁纽带作用，进一步推动互联网企业与制造企业主体深入合作、优势互补，共同打造技术研发、产业发展和应用部署良性互动的生态体系。

3.5 让"飘"在云中的工业互联网实现落地
——专访上海宝信软件股份有限公司技术总监丛力群

> 刘成军：自 2017 年以来，在国家政策和市场的双重驱动下，工业企业、装备制造商、自动化厂商、互联网及 IT 企业等纷纷加入工业互联网赛道。如何看待当前工业互联网的发展阶段，以及面临的瓶颈？

丛力群：从开始讨论工业互联网到现在，已经历经了 5 ～ 6 年的时间，在政府强力推动下，学术界、金融界、社会团体等各行各业都加入这一讨论过程，工业企业、装备制造商、自动化厂商、互联网及 IT 企业也纷纷加入赛道，形成了一片欣欣向荣的景象，这有助于工业互联网产业发展。目前，工业互联网已经过了概念讨论和内涵设计的阶段，进入实践落地的深水区。

随着落地实践的开展，我们发现工业互联网的发展并非想象的那么简单。一是是否有成熟的架构与案例可供借鉴？二是工业互联网能为企业创造哪些真正的价值？三是企业存量信息资产如何处置？这些问题都困扰着企业的投入决策，也是工业互联网落地的瓶颈所在。如果不能很好地回答这些问题，那么工业互联网仍然会"飘"在云中，难以落地。

> *刘成军：您作为钢铁业的资深专家，如何看待当前的行业现状？其在信息化、数字化方面总体处于什么样的水平？*

丛力群：钢铁制造流程长、工序多，既包括高温、周期不等的化学变化工艺过程（冶炼），又包括高速、负荷瞬变的物理形变工艺过程（轧钢），是典型的混合型制造流程，制造装备种类繁多、工艺过程极为复杂。

得益于国家改革开放的政策和国民经济发展的巨大需求，中国钢铁行业充分把握了重大发展机遇，在充分的市场竞争环境中，开拓进取，培育了企业的市场竞争能力，形成了现代化的制造工艺流程、高度自动化的产线装备，以及具有中国特色的制造过程管理体系，尤其在有效发挥装备产能，实现效益最大化并有效控制成本方面形成了巨大的优势。

现阶段，中国钢铁在技术和装备水平及生产制造管理方面具有比较优势。第一，主制造工艺实现基于网络互联的多机组生产过程控制，基本实现制造管理数据自下而上（有条件）贯通；第二，初步形成产供销相结合的整体供应链体系，支持集中一贯管理模式，实现按合同组织生产，保证了企业物质流、信息流、资金流基本同步；第三，在钢铁工程建设上具有较强的自主集成能力，实现高效率、低成本钢铁冶金工程建设；第四，钢铁行业在人力、资金、土地等生产要素的有效组织上，特别是在生产管理和成本控制方面具有显著优势。

上述行业优势，使得钢铁行业有力支撑了国民经济发展，企业自身也取得了广阔的发展空间。当然，面对国内外发展的新形势，中国钢铁行业也面临着一系列重大的挑战，主要体现在：全行业产能过剩问题尚未得到根本解决，促进制造资源优化配置的迫切性凸显，应持续进行供给侧改革，驱动企业转型升级；产业链全球布局不合理，国际化程度很低，受国际供应链波动影响大，国际贸易摩擦带来巨大的不确定性；技术创新能力不足，诸多核心工艺和装备技术仍依赖国外，尚未摆脱关键、核心工艺产品技术追随者的角色等。

钢铁行业已形成的优势及尚待解决的一系列问题，既为行业推进智能制造，实现数字化转型、高质量发展打下了良好的基础，又提出了迫切的需求。尤其是在"3060"双碳目标推进的大背景下，钢铁行业进入一个全新的发展阶段，面临着新一轮多方面的机遇和挑战。

> 刘成军：工业互联网系统是一个复杂的智能系统，"当前最时髦的信息技术，都在工业互联网系统大框架之下"。您如何看待工业互联网的本质与创新性？

丛力群：业界对工业互联网的重要性正在形成基本的共识，但对工业互联网的具体解释和理解仍然是千差万别，如学术界和企业界的差异、ICT 技术行业和制造行业的差异，甚至个体之间的解释和理解都有一定的差异，导致差异的原因来自各自关注问题的角度不同，解决问题的出发点、目标和期望不同。

我对工业互联网的理解是：工业互联网是一个由多个复杂的技术要素构成的巨大系统。用人体构成和人类智慧来比喻工业互联网的构成和工业智慧，有助于人们直观地理解工业互联网，正如人是由肢体、心脏、大脑等器官构成的生命体一样，工业互联网也是由终端设备、网络、平台、软件、决策中枢等技术要素构成的完整系统，其中，平台类似人的心脏，软件如同人的神经，而数据则相当于人体的血液。显然，类似于人的生命体保证了人的高度智慧的形成和发挥，工业互联网就是工业系统形成工业智慧所必需的基础构成，所以，工业互联网是智能制造的基础设施。

将工业互联网视为智能制造的基础设施，客观上是否弱化了工业互联网的作用和价值？有两点需要特别说明：一是与传统基础设施不同，工业互联网对传统制造有着强有力的牵引和驱动作用，即赋能、赋智；二是工业互联网会催生诸多新型的商业模式，甚至会重组传统业态。因此，理解工业互联网时，应该将其与制造模式融合考虑，方能准确把握工业互联网的核心和本质。

工业互联网之所以获得工业界的普遍接受和认可，是有诸多主客观因素的，其中最主要的是企业/行业数字化转型的需求，而全社会的广泛共识、国家产业政策的推动，则进一步加快了这一进程。

工业互联网的本质是什么？我认为有三个方面：一是"互联网＋先进制造业"，

这既是中国制造业实现高质量发展的目标，又体现了中国制造业的巨大规模和消费互联网应用领先水平所形成的综合优势，前景值得期待；二是企业信息化系统建设为企业运营提供了数字化手段，但其形成的多层级系统架构无法有效解决数据生态的缺失问题，影响企业数据的增值应用；三是为提高企业效率，真正实现数字化转型、智慧型制造，必须要构筑完整的企业 / 行业数据生态环境，从而用数据为业务赋能，这需要一个以数据为核心的系统环境。工业互联网恰恰是用全新的系统架构构筑以数据为核心，通过 IT 与 OT 的融合为业务"赋智"的有效解决方案。

> 刘成军：在工业互联网环境下，绝大多数跨域应用功能都是在云端完成的，但需要边缘做基础的数据支撑，边缘计算与云计算在网络、业务、应用和智能方面进行协同至关重要。作为国家级双跨平台——宝信工业互联网xIn3Plat，它是如何进行云、边协同的？

丛力群：工业互联网的云、边、端结构已经成为共识，但工业互联网是一个整体，不论如何在云、边部署业务实现功能分担，云、边协同的必要性和必然性都会充分体现出来，具体包括：云、边平台协同、数据协同和应用协同。

首先是云、边平台协同。中国宝武发布了自主开发的工业互联网平台 xIn3Plat。其中包括两个平台产品：一是以云为核心部署的，支撑实现业务、企业、产业之间横向紧密集成的 ePlat；二是以边为节点，支撑在工厂内部纵向数据"穿透式"深度贯通的 iPlat，也称之为边缘平台。两个平台构成一个"T"形骨架，相互协同，提供纵向和横向两个维度的互联互通。在宝信平台构筑中，之所以特别强调iPlat，是因为我们对边缘侧在制造中巨大的核心作用的关注，随着技术的不断成熟和新技术的应用，边缘侧计算能力会获得大幅的提升，也就意味着在边缘可以实现越来越多的数据应用功能，这种在"数据采集中"的数据应用方式，为制造提供了更贴近现场、更加实时、体验更佳的应用成效。

云边平台协同要求在平台架构设计、技术路线选择上具有强关联性和一致性，这保证了数据高效地流动，从而为用户带来高效的应用开发效率和绝妙的使用体验。

其次是云、边数据协同。数据协同的基础是数据接口的规范化、数据描述的一致化、数据应用的标准化和数据展示的一体化。边缘侧更适用局部性、实时、短周期的数据处理与分析，能更好地支撑本地业务的实时智能化决策与执行；云端大数据中心擅长全局性、非实时、长周期、综合性的大数据处理与分析，尤其是多源融合数据的全要素分析，能够在长周期维护、业务决策支撑等领域发挥优势。边缘计算的输出成为云计算的输入，而无须在云端重复所有数据准备等相关的处理工作，从而可以大大提高计算的效率。

最后是云、边应用协同。边缘端实时采集汇聚工厂单个工序（装备、过程）的各类工艺过程数据、产品品质数据、设备状态数据、能源消耗数据、语音及视频等信号数据，按照时间和空间维度对数据进行勾连转换、对齐处理、特征值提取加工，为现场提供实时的过程监测诊断和机理模型控制，为云端数据采集进行数据预处理、单工序节点数据汇聚，支撑现场实时监测诊断预警和在线动态优化，其功能将覆盖智能制造的方方面面，从实现监控产线、车间、工厂，到为提升产品质量、降低成本、优化企业运营等做基础数据准备，都有着广阔的创新空间。

云端通过一定的降频，汇聚各专业生产经营管理数据和经过边缘采集处理的现场生产过程数据，实现跨工序数据串接、全流程数据追溯和需要大规模数据的模型训练，既服务于经营管理决策，又服务于现场生产控制策略的优化，提供数据融合分析、在线决策支持和个性化数据服务；通过基地内部供需协同和专业协同，以及基地之间的资源协同改善企业运营效率，支撑总部从采购到销售，从产品设计、制造到服务的一体化经营。

> **刘成军**：传统的企业信息化系统功能多为面向企业运营管理功能（产供销等）而设计开发。流程驱动的 IT 系统与数据驱动的端到端管理闭环，在逻辑上和实践上有哪些不同？工业互联网新阶段为什么如此强调"数据驱动"？

丛力群：总结企业信息化系统建设过程，用"流程驱动"是非常贴切的。每一个业务板块都将自身的业务流程固化，用计算机代码予以实现，从而建立了多个垂直、专业、彼此有明显边界的业务系统，如采购、销售、物流、制造等。企业信息化实现了企业运营行为的数字化，这种建设方法是有效的、恰当的。

当我们从工业互联网的视角分析所谓"竖井式"系统的弊端时，并不是否定企业信息化的价值，也不是否定"流程驱动"方法的有效性，而是在讨论如何弥补"竖井式"业务系统在应对数据应用时的不足，此时，"数据驱动"就被提到了突出的议程上来。尽管有很多讨论认为，工业互联网建设是"流程 + 数据驱动"，其本质是流程优化对数据提出了新的需求，但从解决需求的角度来看，其关键仍然是开展"以数据为核心"的设计，是利用数据来优化流程的，所以其本质是"数据驱动"。

我认为，工作目标不同，设计方法也就不同。企业信息化和工业互联网处于两个不同的发展阶段，企业信息化是专项业务需求驱动、业主负责制，这是一个自下而上的过程；而工业互联网面向的是企业统一的、唯一的数据环境的构建，每一个企业都需要顶层设计，避免数据孤岛，其实施过程应该是自上而下的。另外，从应用系统开发的角度而言，两者也有着明显的区别：流程驱动的设计方法是将业务流程化后再代码化，业务流程确定后，采用类似于"瀑布式"的项目化、工程化的开发建设方式，一旦投运，就不再做频繁地调整；而数据驱动则更关注数据环境的构建及为数据应用提供敏捷的开发环境，真正的数据应用是敏捷性开发与应用，即需要一个环境（平台），使得数据使用者（多数情况下是用户）可以随时随地进行数据的分析和挖掘，解决手头迫切的制造和管理问题，诸如一条曲线的拟合、一组数据的聚类、一个报表项的获取、一项逻辑规则的形成等。

要实现这样的目标，就必须解决数据准备的问题。传统的数据应用中，数据使用者（或受托的应用开发者）需要从数据收集做起，对采集的数据进行串接、补偿、剔除异点等，通常需要耗费大量的时间精力（30% ～ 50%）来解决数据准备问题，这显然满足不了数据应用敏捷化的需求。工业互联网中工业 PaaS 层（抑或称为数据中台）就是要在技术上探索解决这个问题。但是，只有技术平台还不够，技术平台上沉淀的大量裸数据如何及时转化成可供使用的有价值的数据？这就需要探索全新的商业模式，如同业务系统开发中的定制化软件开发模式一样，数据应用的开发需要一种基于平台构建积累的数据服务化模式。

> 刘成军：数据将是企业的核心资产，也是工业互联网价值创造的核心。我发现很多企业虽然知道数据的重要性，但真正用好、并能对业务创造增量价值的还太少，您觉得工业企业应该如何处理好历史数据存量和数据增量？如何最大化挖掘数据的价值？

丛力群：数据是企业的核心资产，得到了企业管理者的高度重视。数据成为新的生产要素，才有了智能制造的可能性。数据作为生产要素，只有融入生产过程中才会创造价值，要将数据融入制造中，就是要挖掘数据价值来为制造赋能、赋智。但数据应用说起来容易，实现起来却并非易事。

我认为，在企业应用数据解决业务需求时，要注重两个方向。一是在传统业务中使用更多、更快、更细、更广泛的数据，从而使传统业务决策变得更加实时、准确，甚至使业务流程得到优化；二是利用数据进行创新性的业务开拓，如客户画像、精准营销、敏捷计划等。这两类数据应用的方式方法有所不同，前者是"聚焦型"的，即有显著的目标方向，后者是"发散型"的，带有探索性和发现性。

数据应用过程中需要解决的技术问题很多，但并不构成不可逾越的障碍，深度应用现有的算力、算法可以解决很多迫切的问题。我个人认为，目前影响数据发挥作用的最大短板来自数据开放性使用与数据敏感性担忧之间的矛盾。数据是企业的核心资产，极为敏感，不得随意采集和滥用，必须要加以严格的管理和控制，但是企业自身又缺少必要的技术来开展高水平的数据应用工作，必须委托专业开发商进行。但传统的定制化开发模式显然是不适用的，使得企业对数据应用的期望大打折扣。此时需要一种可持续的商业模式，使得开发商具有强烈的内在动力持续深入研究，企业又能够获得良好体验的价值发现，因此，探索适用于敏捷数据应用开发的全新数据服务商业模式迫在眉睫。

> 刘成军：2021年2月19日，中央全面深化改革委员会第十八次会议强调，要发挥新型举国体制优势，加快攻克重要领域的关键核心技术。"十四五"国家重点研发计划重点专项发布的"揭榜挂帅"榜单中，工业软件赫然在列。有研究机构称，行业空间广阔，市场需求旺盛，"大水养大鱼"，三大因素叠加，国内工业软件行业迎来新发展期。您认为，新形势下本土工业软件能否真正迎来"春天"？

丛力群：软件之于工业，恰如神经之于人体，工业软件遍及工厂的每一个角落，小到芯片、大到企业/行业的信息化，无不需要软件来实现对物理实体的感知、检测与控制。所以，就有了诸如"软件定义一切""无论如何强调软件的重要性都不为过"的说法。

工业软件涉及的种类范围极为广泛，可以从不同的维度加以划分。工业软件是将工业操作运行技术、工艺经验、制造知识和控制方法显性化、数字化和系统化的过程，本质是工业与软件的叠加或融合，目前被业界广泛讨论的工业App也是工业软件的一种形式。

经过近10年的发展，我国工业软件产业有了长足的发展，形成了巨大的产业规模，但是也必须看到，我国工业软件多数还处于低端竞争，缺少品牌号召力和质量优势，还不能完全满足智能制造的需求，总体状况并不乐观，甚至可能成为"最致命"的短板。

为了推动我国软件产业的发展，国家在软件和集成电路产业上出台强有力的政策支持已经数年之久，虽然起到了巨大的促进作用，但现状仍然令人感到隐忧。

（1）除了部分行业的MES软件具有一定的竞争力和市场份额，鲜有具有品牌号召力和质量优势并可与国际品牌齐名的大型工业软件，这在一定程度上制约了企业的工艺改造、产品创新和结构升级。

（2）我国工业软件供应商大多采用（工程）项目型运作方式，即"定制化开发"，这种方法虽然能够更加贴近用户的管理习惯，但弊端也是非常明显的：软件开发只关注满足最低限度的功能需求，往往忽视过程中知识的不断积累和对成熟产品经验的借鉴，难以开发出大型软件的架构技术。

（3）我国用户企业重视技术引进，而忽视对引进技术的消化吸收，对技术的维护和二次开发投入不足，控制模型随着装备重复引进，高端加工装备的嵌入式软件多为"黑箱"或"灰箱"产品等，这既增加了成本，又制约了企业新产品的开发。

（4）高端的仿真设计、分析工具、企业管理和先进控制软件仍然是巨头的垄断市场。目前，高端计算和分析设计软件工具的重要性凸显，如科学研究、工程设计、芯片设计等，绝大多数是基于国外软件产品完成的，在极端情况下，可能没有任何"备胎"可供选择。

工业软件的开发有其特殊的规律性，它体现在人才能力结构的特殊性和项目开发过程的特殊性。从宏观着眼，其要求开发者既熟悉行业知识，又了解软件开发，往往需要行业专家与软件开发人员的紧密配合，仅仅依靠软件工程师是编写不出工业软件的。从微观着眼，则要求企业在产品开发之前进行调研，了解工业企业用户在应用上关注的焦点，提高开发的可靠性，满足企业智能制造的要求。为了保证工业软件产品的实用性和可靠性，在技术线路上要特别关注前期的"应用调研"和后期的"工程评价"。

工业软件的发展和成熟面临着两个方面的挑战。一是技术挑战。工业软件属于技术密集型产品，开发周期较长，软件是制造过程的核心，一旦出现故障，将使生产整体瘫痪，损失巨大。而采购价格在整个工程投入中占比并不高，通常用户没有强烈的意愿采用其他装备而为此承担风险。二是品牌挑战。国外企业具有先发优势，富有巨大的、弹性的盈利空间，利用长期以来形成的先进制造技术的优势地位，其在维持"可接受成本"的基础上，针对快速变化的市场需求，可提供比我国产品种类更丰富、功能更齐全、性能更稳定、使用更人性化、环境更友好的产品。这不仅挤压了我国工业软件产品的利润空间，甚至可将其扼杀在初期阶段，这在一定程度上会动摇我国企业在发展初期大量研发投入的信心和决心。

工业软件是实现智能制造国家战略必须要跨越的门槛，这需要各方相互合作，也需要开发商静下心来持之以恒地深耕细作，更需要国家营造"认同软件价值、保护知识产权"的良好的软件开发环境。

> **刘成军**：宝信软件自上市以来，公司营业规模和利润稳健增长10余倍，如今又打造了工业互联网平台xIn3Plat。IT部门是如何从成本中心走向利润中心，最后升级到平台公司的？

丛力群：宝信软件脱胎于原宝钢集团，是我国首家将专业化部门从大型制造企业集团分拆，并实现产业化发展的成功案例，已经被国家产业主管部门视为一种可借鉴的成功发展模式。

宝信软件的发展始终本着深耕行业的重要原则，以钢铁行业自动化、信息化为初衷，以全行业智慧制造为使命，面向行业客户，将行业知识与IT技术紧密融合，一方面直接服务于母体——中国宝武钢铁集团，另一方面努力拓展行业领域，获得了长足的发展，规模不断扩大，盈利能力稳健，成为中国宝武"五大多元产业"中的重要一环。

近年来，宝信软件股份有限公司紧紧抓住中国宝武数字化转型的契机，努力布局和推进工业互联网建设，推出了中国宝武工业互联网顶层架构，开发了自主可控的工业互联网平台xIn3Plat，并进入国家级双跨平台的行列；在应用方面，积极布局和推进集团范围内"1+N"大数据中心的建设，在多种形式的集控中心、多基地资源协同、钢铁生态圈建设等应用场景中发挥着平台型公司的作用。

随着中国宝武打造智慧制造升级版战略的推进，场景驱动的工业互联网实践将逐步从"繁星点点"走向"艳阳一片"，有力地支撑中国宝武数字化转型、高质量发展目标的实现。

> **刘成军**：您认为工业互联网应该遵循什么样的发展逻辑？

丛力群：工业互联网的发展逻辑应该主要体现在"协同"和"融合"上。

工业互联网的要义可以用三个词来阐述：互通、跨越、融合，互通以连接数据、跨越以消除壁垒、融合以产生智慧。融合体现在工业互联网发展的全层次、全过程中，不仅在于IT与OT的技术融合，还在于企业内各部门间的业务融合、流程融合，大型企业集团内的产业融合、基地融合，以及面向行业的供应链、产业链和价值链融合，融合的结果是协同。协同有助于培育良好的市场环境，提升产业效率，并催生更多的"蓝海"领域，避免"红海"式的恶性竞争。

> **刘成军：**您对工业企业推动工业互联网落地，有哪些实用的建议？

丛力群：在操作层面，企业也存在一系列需要梳理和解决的问题。为了帮助企业从繁杂的事务关系中理清思路，抓住重点和主线，大力推进工作落实，我提出如下建议。

1. 要正确理解工业互联网与企业信息化的关系

面对目前对数据应用的迫切需求，存量的企业信息化系统之不足也日益凸显，需要在重新审视的基础上，规划构建全新的工业互联网，目标是构建完整的良性数据生态环境，来满足企业转型升级中对数据的一系列新需求，如规模化的质量在线判定、设备状态在线监测、高级优化排程、实时成本预测等。

具体到实施层面，在建设之初，可将信息化系统作为一个数据源，如同将装备接入工业互联网中，而不必过度关注存量系统功能与新系统架构的相互对应关系，一旦企业数据生态形成，业务功能的优化和重构就比较容易实现。

2. 要有效处理技改工程建设与技术创新的关系

钢铁行业工业互联网建设处于初始阶段，还存在诸多技术问题亟待解决，如平台接入设备能力差，数据采集能力弱，数字化模型少，平台间数据不流通，设备协议没有统一标准、协议数量多等，这些都为设备间互联及平台的接入带来了很大的困难。要解决这些技术问题，尚无现成可套用的成熟解决方案，仍需要技术攻关和实践探索，这个过程中可能会出现部分反复甚至失败。因此，已有的工程项目管理方式中若干传统方法未必完全适用，需要部分地调整或放弃。

3. 要辩证认识创新探索实践与借鉴对标的关系

中国钢铁业走过了引进、消化、吸收的路程，但"跟随"的思维惯式不利于工业互联网的创新实践。我们已经难以找到完全可供借鉴的对标企业去模仿和借鉴，这使得企业在决策时变得非常谨慎，甚至茫然，尤其是在面对工业互联网项目大量的技术创新性工作、投入的经济效益难以明确计算、新技术应用可能会给企业已形成的成熟的组织管理模式带来冲击时，会更加犹豫不决。

这需要极大的创新勇气，在深入研究需求和趋势的基础上，找准企业痛点，聚焦应用场景，大胆探索实践。

4. 要统筹规划技术开发与业务流程再造的关系

工业互联网建设是新一代信息技术与工业制造深度融合的过程，技术的引入必然带来管理流程的变革，甚至催生更多的流程创新和业务模式，用数据驱动管理变革、流程再造。

3.6　企业数字化的核心是对端到端价值全流程的再造
——专访广东美云智数科技有限公司总裁金江

> 刘成军：早在2012年，美的集团开启数字化转型，9年时间累计投入120多亿元，无论从投资决策、变革难度，还是实施过程管控都极具挑战。您曾供职于美的集团研发、供应链及运营管理等多个部门，对这种规模、体量的大型企业的数字化变革，有哪些切身的体验？

金江：第一个感受是数字化转型是一场业务变革，是典型的"一把手工程"，大到整个集团的领导，小到每个业务领域的一把手，如果没有参与这场业务变革，没有坚定的数字化变革决心的话，数字化转型大概率会失败。这不仅是我参与美的数字化转型过程的体会，也是在美云智数对外输出的过程中总结的经验。

第二个感受是数字化要对业务全流程进行再造，在整个推进过程中，对转型方法论的运用、端到端流程的拉通、核心骨干的参与，也是非常重要的。

在以上两点能够确保的前提下，最终要将流程重构和业务变革的结果用数字手段进行落地，并在后期不断迭代，这样一来，数字化转型的效果一定会慢慢体现出来。

> 刘成军：如今，您领导的美云智数是美的集团工业互联网平台对外输出的载体，您如何定义美云智数与"M.IoT 美擎"工业互联网品牌的调性 / 特点？相比于自动化公司、ICT 及互联网平台发起的工业互联网平台，制造业基因的平台，如何才能走得更稳、更远？

金江：首先，M.IoT 品牌的调性为"围绕制造业的全价值链数字化能力输出平台"。

其次，我们并不是局限于提供一个通用的平台，更多优势还在于平台上的一系列应用，这些应用沉淀了大量的制造业管理经验，可以解决企业在业务价值链上的具体问题，帮助更多的中国企业提升各领域的数字化能力。

关于脱胎于制造业背景的工业互联网平台如何能走得更远？个人觉得价值性和可落地性始终是两个必须回答好的问题。平台所提供的能力也好、应用也好，能否在客户那里有价值体现？通俗说能否帮客户解决他所面临的问题？同时，能否把你的价值点在客户那里有效落地，让他形成自我迭代的能力？这是我觉得平台能否生存下去的关键。

> 刘成军：美云智数所代表的模式是那种大批量、少品种的 ToC 电子电器类产品与制造门类，如何跳出自己熟悉的行业领域，把底层技术、平台和方法论，快速叠加其他行业的 Know-how，为更多企业赋能？

金江：我们有两种策略去应对这个问题。第一种策略是在客户的选择上，我们不是选择所有的行业和客户，而是聚焦那些模式和场景跟我们能力比较匹配的行业。

第二种策略是，有很多行业虽然不是电子电器行业，但它们仍然是制造业，仍然需要洞察客户需求、组织生产制造、拉通供应协同并实施多渠道营销，这些大的环节跟我们所擅长的场景非常吻合，我们完全有能力为他们提供更好的产品和服务。

> 刘成军：国家和各省市层面做了很多产业政策、试点示范及培育行动，您觉得工业企业推进工业互联网 / 数字化转型的难点和误区是什么？

金江： 从目前情况来看，工业企业推进工业互联网 / 数字化转型已经在很多领域见到了效果，但还有很大的提升空间，主要体现在以下两点。第一，从工业互联网平台输出的产品和能力来讲，如果输出的只是一个比较通用的平台，或者只是聚焦于设备链接并围绕设备做一些浅层应用，那么距离整个企业的数字化转型目标还比较远。

一个企业的数字化转型涉及的范围非常广泛，就我们所认识的制造业数字化转型，从用户需求为出发点，贯穿研、产、供、销、服、管的整个价值链，都要在数字化转型过程中实现重构，任何一个领域都不能存在明显短板。因此，某些工业互联网平台的单个能力或者单个领域的能力不能代表全价值链的数字化转型。

第二，从整体来看，工业互联网还处于发展和完善的阶段，我们看到90%以上的企业都是以数字化的名义在采购相应的解决方案，而不是以工业互联网的名义，这是为什么？因为客户首先要解决的是企业管理数字化的问题，比如客户想做数字化营销、数字化供应链或者智能制造。

> 刘成军：中国各行各业制造企业的自动化、信息化水平参差不齐，出现很多"不想转、不敢转、不能转"的情况，根本在于缺方法、缺人才、缺体系的支撑。美云智数针对不同规模和状况的企业，如何帮助客户把变革战略落地？

金江： 我们按照企业规模大小，将其分为大型企业、腰部企业和中小型企业，针对不同的企业规模和类型制定相应的实施策略。企业所处的阶段不同、团队能力状况差异，都是我们推动数字化转型时要考量的因素，最终给到企业数字化转型的解决方案都是不一样的。

比如，一家企业规模足够大，管理基础良好，人才素质还可以，而且管理层有决心去推动面向未来的变革，针对这种情况，我们就可以帮助它进行全面的数字化转型。

但有些企业规模尚可，它当前最大的问题集中在某些领域，当这个瓶颈被突破之后，对经营管理的提升有立竿见影的作用，那么我们就因地制宜，建议它暂时聚焦这些领域去提升。

最后，对于一些小的企业，我们就建议它去做一些数字化工具的应用，小的工具应用能够从"点"上解决效率的问题，正是他们所欢迎的。

所以针对不同的企业特点，做法不尽相同。

> 刘成军：对企业来说，试点项目说到底就是一次勇敢的尝试，就像一颗种子植入企业，到底能不能发芽，是否有所收成，项目启动前都是未知的。据了解，试点项目成功率不是很高，自然就更谈不上场景拓展。您有哪些经验可以帮助工业企业跨越"试点陷阱"？

金江：我觉得"试点陷阱"这个提法很好，因为很多企业在推广的过程中，确实都是采取试点的做法，试点项目成功的重要性不言而喻。带有试验性的试点尝试如果失败了，那会极大地打击企业推动数字化转型的积极性，也会让客户怀疑服务商的数字化输出能力，所以必须高度重视试点这个问题，可以说"只能成功，不能失败"！

那怎么去保证试点项目的成功概率呢？我们在整个推进过程中有很多的方法论。首先，对试点单位或场景的选择尤为关键，试点项目要能够代表整个公司的特点，不能选一个很偏门的领域来试点，否则即使试点成功了，往主业拓展时，也可能出现试点的领域与公司主业不一致的情况，这就是最大的陷阱。

其次，我们有方法保证整个过程能够有序推进，如流程的分级梳理、种子用户的参与、变革点的识别和落地等，凡此种种都要把试点过程可能出现的问题通过管理的手段和方法论的应用规避掉。数字化变革咨询方法论如图 3-6 所示。

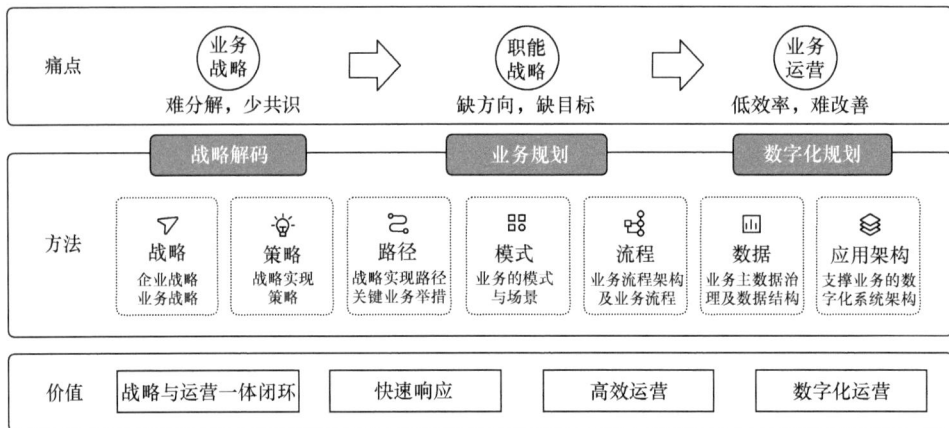

图 3-6　数字化变革咨询方法论

从现实情况来看，那些主动并且严格按照方法论来推进的试点项目，基本可以成功，反之，如果不按照既定要求去做，则试点项目大概率会失败。

> **刘成军**：鉴于 To B 企业决策的复杂性，在市场策略上，如何提升制造业客户的触达面和效率？如何降低企业领导层的决策成本？

金江：关于市场推广方面，一方面我们自己会去做各种形式的推广会；另一方面，各地政府也非常重视数字化的工作，会采取"政府搭台、企业唱戏"的方式来吸引企业的关注，整体效果不错，很多企业慕名而来。2021 年我们继续走远路、深耕市场，在各地部署营销力量，把解决方案推送到更多企业，触达更多企业家。

从推广的内容来看，我们基于行业共性问题，立足客户角度、梳理客户痛点，有针对性地提出可落地的、相应的解决方案，这一点很重要。

另外，美的集团本身累积了 50 余年的制造业业务实践经验，拥有世界"灯塔工厂"管理经验和先进的生产线，可以邀请重点企业前来参访交流，实地考察，看他们所遇到的一系列问题我们是怎么解决的，眼见为实，更有冲击力。这样能够有效加速他们的决策。

> **刘成军**：2021 年，美云智数迎来第 5 个年头，实现从 0 到 1 的起步阶段并加速奔跑，已经赋能 40 多个细分领域。新冠肺炎疫情下，客户需求发生了哪些变化？给你们的业绩带来了怎样的影响？

金江：2020 年新冠肺炎疫情初期，美云智数的经营受到了一些影响。但随着疫情逐渐得以控制，很多企业家发现疫情将企业原有的"基础疾病"全都暴露出来了，尤其是整个价值链上的断点，所以在一定程度上，疫情加速了企业家数字化转型的步伐，坚定了他们的决心。

数字化转型展现出了独特的价值，极大地改造了产业链上下游的业务断点，也就是那些必须要面对面才能开展工作的环节。故而市场需求变得更加旺盛了，对美云的业绩起到了积极的促进作用。

> **刘成军**：数字化转型已不是理论问题，而是实践问题。美云接触和服务了众多工业企业，从应用角度看，您判断当前工业互联网的总体发展处于什么阶段？有哪些特征和表现？

金江：工业互联网在国内的发展，可以分为两个阶段，2017—2020 年，总体上处于初级阶段，完成了一些 5G+ 工业互联网基础设施建设，发展出了一批工业互联网平台，对工业互联网的安全也重视起来。

2021—2023 年，《工业互联网创新发展行动计划（2021—2023 年）》的正式发布将推动工业互联网迈入"快速成长期"，前期"重平台、轻应用"的情况也将发生变化。

关于工业互联网平台的未来发展，有两个疑惑：一是，平台到底能不能为企业所用，真正去解决客户生产运营中的具体问题，大而全的通用平台能否落地。二是，平台商如果前期持续的投入换不来应有的收益，后续的平台运营也将面临很大压力，毕竟平台从推广到落地需要一定周期。

> 刘成军：随着探索的深入，工业互联网并没有像消费互联网一样出现快速爆发。关于未来发展，哪些行业和应用领域可能会率先突破？为什么？

金江：其实，从以往经历来讲，新生事物一旦被社会接受的话，它的发展速度会非常快。比如消费互联网阶段的电商、共享经济，只要打通了逻辑，发展速度就会超出预期。工业互联网为什么没有出现像消费互联网那样的爆发现象？我个人认为，工业互联网还没有打通商业逻辑，这背后需要服务商大规模地真正帮助工业客户解决实际问题。

还有一点，消费互联网的 To C 使用场景，具有一致性；而工业互联网面向的工业场景，都是 To B 端的，差异化非常明显。而且市场上，很难遇到两个企业具有一模一样的需求场景，这不现实。倘若想要接入工业互联网平台之后，就能够快速解决企业生产效率低、库存高等问题，这个难度显然比消费互联网的难度要大得多。所以说，工业互联网现在还谈不上爆发，大多还是"点"的应用，等到这个"点"的应用积累得多了之后，可能共性的东西才会凸显出来。

第 4 章

工业互联网的发展逻辑

在多方力量的推动下，工业互联网正呈现出多样化发展格局，但鉴于工业系统的复杂性和信息技术迭代迅速，工业技术与信息技术融合创新层出不穷，"乱花渐欲迷人眼"。这时候就需要我们深度思考，超越繁杂碎片的现象层，更多地探寻工业互联网发展的逻辑层。

著名商学顾问刘润说："不抽象，就无法深入思考；不还原，就看不到事物的本来面目。"抽象和还原同等重要，缺一不可。抽象的思维模型能帮助我们深度地理解事物的本质，特定场景下实操层面的思维模型也很重要，抽象的思维模型最终都要回归现实世界，用来指导我们的实践。构建知识树的过程中，我们要学会自下而上去抽象，同时也要学会自上而下去还原。

本章试着从逻辑层面进行深入思考，深挖驱动工业互联网发展背后的底层逻辑，把握工业互联网的演进规律。比如，闭环逻辑，在闭环和正向反馈中实现迭代，迈向更高阶循环；商业逻辑，通过解决实际痛点问题，创造可验证、可衡量的商业价值，获得商业回报；思维逻辑，具有广泛的通用性，知易行难。在工业领域发挥逻辑的价值，需要将通用逻辑与工业互联网领域的产业实践、行业经验进行有效结合，构建属于自己的认知框架，知行合一。

4.1　业务逻辑

4.1.1　业务逻辑介绍

经常在行业里交流，你可能会听到"互联网公司不懂（工业）业务（OT）"这样的话。在实际工作中，尽管每个人都在谈业务、谈运营，但大家的理解并不是一致的。在团队协作中，拉通大家的底层认知就是建立基础共识的过程。

确实，业务是一个非常宽泛的词汇，几乎在任何场合都有业务的影子。那么，何为业务？如何搞懂一项业务呢？有人说懂业务流程和业务知识就是懂业务了，其实懂业务流程只是懂得了业务的"语言"。更深刻的是要有业务思维和逻辑，做一名真正的价值创造者，而不只局限于做一个"二传手"。

所谓业务逻辑，是在同类业务中总结提炼出的一种规律，人们只有将业务逻辑（价值创造的内涵、规则、流程、分工及协作关系）理清楚，才能明白这项业务是如何高效运转的，才能发现其中的短板和痛点，以及隐藏的潜在机会。

比如，在 IT 与 OT 融合阶段，IT 部门和 OT 业务部门之间存在巨大的鸿沟，IT 人员不懂业务，而 OT 人员不懂 IT。所以在 IT 建设时，不仅需要相应 OT 部门的参与，还要给 IT 人员讲清楚整套业务逻辑，以便于 IT 实现。

业务思维与用户思维、价值思维一脉相承，相互贯通。懂业务背后是对商业运作逻辑的思考，具体体现在 3 个层面。

（1）对用户需求的深刻理解。这是用户思维的体现。既要搞清楚所服务的最终用户的所思、所想、所痛、所求，也就是客户真正的关注点——痛点，也要考虑利益相关者及不同角色的诉求（比如 K12 教育的最终用户是孩子，但购买者是父母；IT 系统的使用者是员工，但购买决策者是老板）对用户需求及决策的关联影响，把握用户需求的变迁及影响的变量。

（2）对业务运转逻辑的深刻理解。即产品 / 服务为用户解决问题的流程、规则、边界和玩法。

（3）对业务过程全价值链的深刻理解。这是价值思维的体现。了解用户价值是如何被创造、流转和分发的，基于物流、信息流和资金流，构建全景业务逻辑关系视图，产生业务洞察。当然，如果需要把握全局业务，还需要补充对行业趋势、市场环境、竞争对手等方面的信息。

4.1.2　业务逻辑优先在工业互联网领域中的体现

在国内工业互联网发展初期，2018—2019 年密集成立了数百个工业互联网平台，业界称为"平台热"。当时重点关注的是供给侧平台的能力，出现了一定程度的"炫耀技术"的倾向。而随着从概念到落地，喧嚣的声音退去，理性的声音崛起，整个产业回归到业务逻辑优先和场景驱动的路径上来。

企业本质上是一个整合资源进行价值创造、传递和分配的可持续运转的系统。关于业务的分类还有好多种，比如一定规模以上企业一般会同时存在旧有业务、现有业务和创新业务 3 种类型，旧有业务已是成熟业务，增长曲线开始往下走，行业利润率都在下降中；现有业务类似于波士顿矩阵中的"现金牛"业务，业务增长及其带来的利润正处于爆发期；而创新业务一般为新孵化的业务，处于增长上升期，但并没有实现盈利或者刚开始盈利。实际上，工业互联网对于以上 3 种发展阶段的业务都具有一定的赋能作用。

对旧有业务来说，利用工业互联网 / 数字技术深入开展改造和挖潜，尽量使用成熟且经济性较好的技术，可在较少投入的情况下，从产品、业务流程、交付体系、客户关系等方面实现精细化改造，延长其生命周期并赋予新生，提升获利能力。从业务属性上来讲，这是对企业存量资产和业务模式的改造，也是当前工业互联网发挥价值的重要领域。

对现有业务来说，利用工业互联网平台和数字技术进行战略与业务重构、集团与下属产业公司关系重构、集团各层级流程重构，以数字化手段拉通端到端的业务价值链条，打破不同 IT 系统的数据壁垒，挖掘数据价值，形成数据驱动的业务增长，延长向上延展的发展曲线，加速最重要的现有业务的持续增长，创造更多的营收和利润。

【案例】以美的集团为例，其 2012 年之前的 IT 系统是按子集团、子平台运作的，流程基本上都是以各部门管理为主，没有集团级的流程管理组织与管理体系，不同平台流程定义与标准差异很大，甚至同一流程在同一平台不同事业部都无法贯通，集团各层级流程都是割裂的，整体运营效率难以评价，也就无从着手整体优化。存在大量的"烟囱式"系统，同一领域存在多套系统，例如研发系统就有 10 多套，研产销几个核心领域对应的 IT 系统加起来超过 100 套，非常分散，投入也非常大。

最大的问题在于，这些系统之间的数据根本无法拉通，大部分数据的管理以事业部为主，无集团统一标准，同一客户、供应商在不同事业部，使用不同的管理体系，无法从集团视角对客户、供应商进行多维度分析；IT 系统分散、数据标准口径不统一，不仅给 IT 管理带来挑战，而且给整体业务的管理及支撑带来了挑战，难以实现管理信息的规范、透明、真实。

美的多年打造的 IT 系统成了一个个信息孤岛。痛定思痛之下，2012 年 9 月，美的集团启动了代号为"632 项目"的 IT 系统重构工程，即在集团层面打造六大运营系统，三大管理平台，二大门户网站和集成技术平台。彼时，美的希望通过这一战略构建集团级的业务流程、集团级的主数据管理系统及集团级的 IT 系统，其目标可以用"三个一"来概括：一个美的，一个体系，一个标准[1]。

对创新业务来说，拥抱新兴技术，开放创新产品与服务，可开辟第二增长曲线，扩大数字业务的增长。比如，工业制造企业作为主体发起方，创建自身特色的工业互联网平台，将自身探索实践经验提炼向外输出，利用市场需求扩张的窗口期，加速完成从技术到业务的价值闭环，实现增量价值的创造，赢得市场认可。这也就是在原来制造企业主业的基础上，增加了新型服务商的角色，开辟了新赛道和业务增长通路。

【案例】上海电气的传统优势是装备制造业，新形势下，集团内部众多企业面临着由传统制造向高端制造、智能制造转型的需求，迫切需要一个强大的新引擎，赋能不同产业数字化业务发展。2018 年 10 月 16 日，上海电气集团数字科技有限公司正式开业。数字科技公司作为上海电气集团层面专业的数字化公司，将全力打造上海电气星云智汇工业互联网平台，通过平台实现"数字赋能"，满足各产业个性化应用需求。

对内，立足装备制造优势，数字科技公司成为上海电气产业转型和发展的新引擎；对外，其聚焦工业细分领域，成为数字赋能技术创新和应用的先行者。数字科技公司作为上海电气智能制造发展战略中的核心能力载体，致力于成为工业领域领先的数字化平台和解决方案提供商。

工业互联网在发展初期，具有非常强的工业属性和行业特征，只有行业中人或者服务过此行业的专业人士，才有能力洞察行业本质和客户痛点，融合互联网等技术工具和方法，才能提供面向这个行业客户的解决方案。这符合"从场景中来，到场景中去"的场景驱动与价值交付逻辑。

多年来，业界也在讨论"工业互联网'姓工'还是'姓网'"的话题，在笔者看来，最根本的是要贯彻"业务逻辑优先"的原则，而不是技术优先。场景作为新一代信息技术与业务的结合点，蕴含着丰富的业务逻辑，懂得了业务逻辑才

1　来源：财经杂志《美的：八年百亿投资，数字化如何重塑家电巨头》

能够建模。在工业互联网领域，一个好的需求分析师或系统架构师，懂得的业务逻辑越多，竞争力就越大。

工业互联网方案的实施落地一般都离不开缜密的业务调研。这个过程需要实施方与客户董事长、首席执行官（CEO）及各部门层级人员进行面对面交流，在交互过程中确认并加深对业务模式的认知，具体可围绕下面 4 个方面展开。

（1）业务战略，包括行业分析、企业战略分析、主营业务及相关板块业务关系、关键绩效指标（KPI）及重点工作等。

行业分析：当前客户所处行业，客户主营业务的历史、现状、趋势的分析，明晰客户所处行业的地位。

企业战略分析：了解企业文化、使命和价值观，根据企业的战略地图明确它的短期、中期、长期目标，以及相关资源配置。

主营业务分析：对于主要营业收入的业务主体进行详细的分析，包括整体业务环节，不同环节涉及哪些业务部门，各环节之间的关联关系等。

业务板块分析：了解客户由主营业务衍生出的板块业务，包括各板块业务之间的关系，板块业务与主营业务之间的关联关系等。

KPI 拆解：主要业绩指标的完成情况及对比分析情况。

重点工作分析：半年到一年业务团队开展的重点工作，工作进度及遇到的问题等。

（2）业务架构，可从经营层、职能层、车间层、设备层等层面进行拆解分析。

（3）业务流程，即体现主营业务流程的环节，包括各环节中与业务部门的关系、业务环节支撑的系统、业务环节的流转与部门间的从属关系等。

（4）组织架构，即客户内部组织架构间的管理关系，包括集团直属部门、分子公司与集团的关系，各分子公司与集团各部门之间的支撑关系等。

当然，要深入了解业务，需要掌握各种业务分析方法论，如表 4-1 所示。同时，还要对企业内部人才现状进行梳理，如业务负责人和核心骨干的能力评价、数字化人才储备情况等，确保业务战略与组织、人才相匹配。对面向行业、企业内部价值流和外部供应链开展深度且全面的分析，这是项目经理和售前技术总监、数字化解决方案顾问的核心能力之一。

表 4-1　业务分析方法论与工具简介

业务分析常用方法	适用场景
5W2H	适用于解决某个相对明确的业务问题
逻辑树分析法	适用于分析复杂的问题
多维度拆解分析法	适用于分析一些复合型问题
假设检验分析法	对业务有一定程度了解时适用
BABOK业务分析技术	梳理业务需求，并形成和验证解决方案

4.2　闭环逻辑

4.2.1　闭环逻辑介绍

闭环，也叫"闭环结构""反馈控制系统"，其将系统输出量的测量值与所期望的给定值相比较，由此产生一个偏差信号，利用此偏差信号进行调节控制，使输出值尽量接近于期望值，如图 4-1 所示。

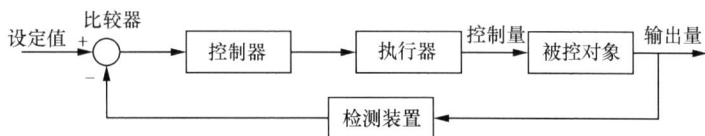

图 4-1　闭环控制系统过程

任何事情的发展和实现，都是由一系列流程环节构成的，从起点到终点、从输入到输出的闭环与循环过程。闭环思维作为一种通用性极强的思维模型，也是一种指导思想，具有广泛的用途。

1.项目管理闭环（项目级）。无论是从项目立项到结案，还是日常工作总结，都离不开"戴明环"（PDCA），如图 4-2 所示。PDCA 体现出典型的闭环特点，循环不是停留在一个水平上的原地踏步的循环，而是在不断解决问题的过程中水平逐步上升的过程。所以，项目管理中使用闭环思维，一是建立及时反馈机制，在执行环节及时反馈、对标和迭代；二是认识到项目复盘的重要性，只有亲自践行才能懂得其中的真谛。

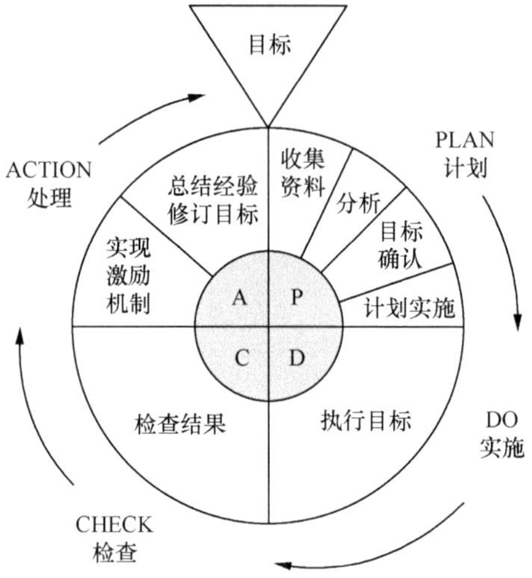

2.产品全生命周期（产品级）。以软件产品为例，在开发、运维等全生命周期中，体现着闭环架构的思考模型。闭环思想使软件开发效率保持在一个相对可控的周期中，通过沟通和反馈使问题及时暴露并解决，有利于在下次迭代中实现升级，如图4-3所示。

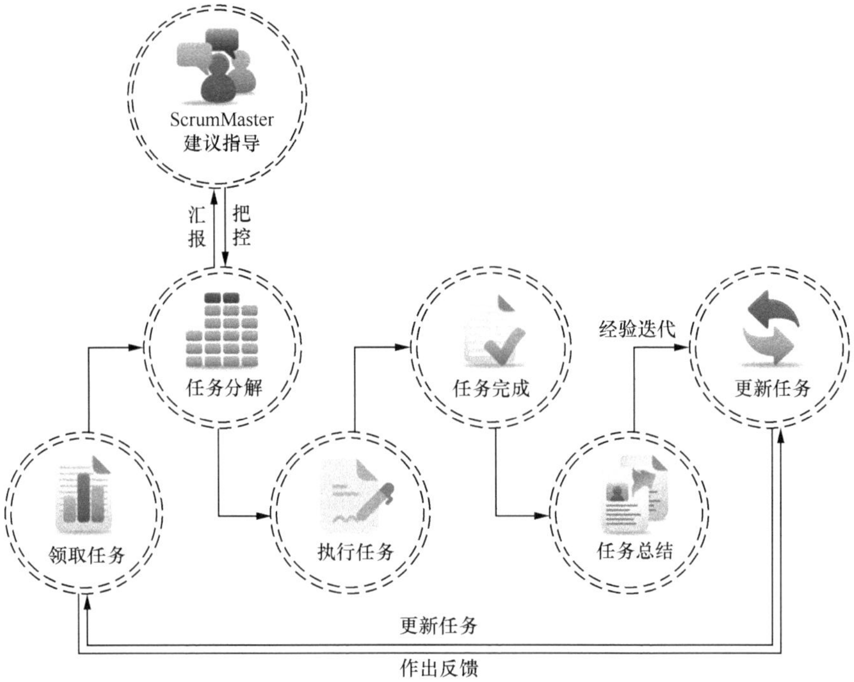

图4-2　PDCA管理循环8步骤

图4-3　软件开发闭环

3.战略管理闭环（战略级）。它是企业战略与执行有效协同的"连接器"。企业进行战略闭环管理的要义在于构建了严密而有效的战略执行闭环系统，强化执行落地。以"华润集团 6S 战略管理模型"为例，央企华润集团构建了一个 6S 体系的战略闭环，其战略构建环节就是业务战略管理体系，战略落实环节包括长期规划体系、全面预算体系，战略执行环节包括管理报告体系、内部审计体系，战略驱动环节包括绩效评价体系和经理人评价体系，如图 4-4 所示。

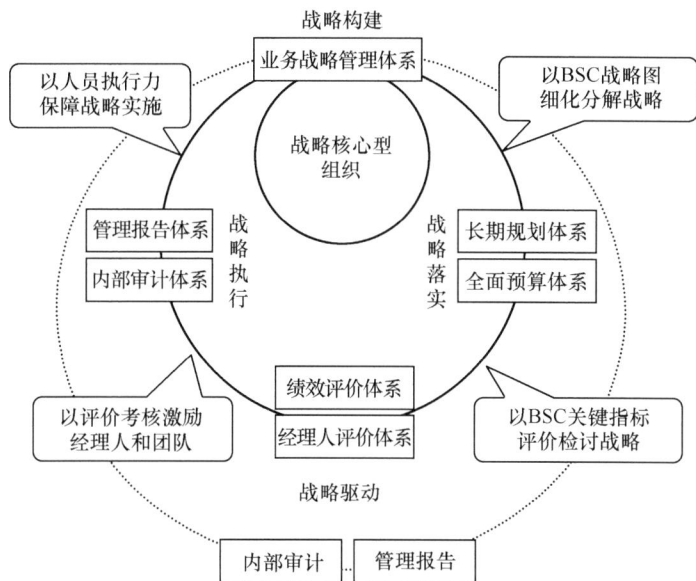

图 4-4　华润集团 6S 战略管理模型

4. 企业级闭环与产业链级闭环、经济体大循环在逻辑上是一致的。关于经济体循环的实际案例，最典型的就是当前经济政策——"内循环"。

4.2.2　闭环逻辑在工业互联网领域中的体现

工业互联网产业涉及跨行业、跨领域、跨知识，为什么要高度重视闭环逻辑呢？一是因为"断点太多"，场景碎片化、设备互联少、数据割裂化、业务流程长；二是只有闭环才能实现技术到场景的落地，进行价值创造。

1. 工业互联网核心功能原理

不断演进中的工业互联网体系架构，从版本 1.0 到 2.0，也渗透了闭环逻辑思想的运用。2020 年 4 月，由工业互联网产业联盟（AII）正式发布的《工业互联网体系架构（版本 2.0）》，如图 4-5 所示，进一步强调了数据优化闭环的作用。基于体系架构 1.0 提出的三大智能化闭环，架构 2.0 将其归纳为共性的数据优化闭环，其在工业互联网系统中无处不在，既可以作用于企业生产管控，使之更加精准执行，也可以作用于资源配置优化，引发商业模式创新。

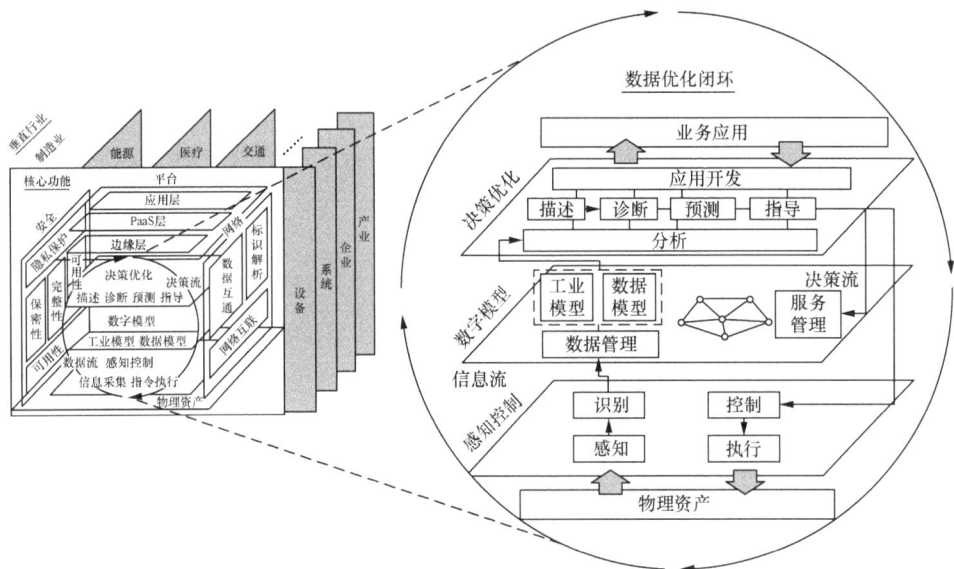

图 4-5　工业互联网功能架构总体视图
[来源：《工业互联网体系架构 2.0》，工业互联网产业联盟（AII），2020 年 4 月]

数据驱动的智能分析与决策优化是工业互联网的核心原理，即让数据通过感知控制、数字模型、决策优化这 3 个基本层次形成自下而上的信息流；然后通过实际的业务应用信息再以自上而下的决策流反馈到每个层次，由此实现从数据到信息、知识、决策的转化。

工业互联网产业联盟（AII）认为，应在设备层、生产运营层及企业协同层构建不同目标的闭环。

一是面向机器设备运行优化的闭环。其核心是基于对机器操作数据、生产环境数据的实时感知和边缘计算，实现机器设备的动态优化调整，构建智能机器和柔性产线。

二是面向生产运营优化的闭环。其核心是基于信息系统数据、制造执行系统数据、控制系统数据的集成处理和大数据建模分析，实现生产运营管理的动态优化调整，形成各种场景下的智慧生产模式。

三是面向企业协同、用户交互与产品服务优化的闭环。其核心是基于供应链数据、用户需求数据、产品服务数据的综合集成与分析，实现企业资源组织和商业活动的创新，形成网络化协同、个性化定制、服务化延伸等新模式。

在美国，更多是从"连接—洞察—优化"的框架来看待工业互联网。它作为一种技术，首先实现对设备等物理实体的连接，然后进行设备数据采集，通过一系列的算法，得到对物理世界的一定认知，最后把这种认知和洞察，结合生产或者运营的业务逻辑，通过一系列的软件应用来优化企业决策和执行，最后形成三大闭环，涵盖了单体设备的优化、多体设备或系统的优化，以及业务经营的优化。也就是说，工业互联网面向不同的业务场景，会形成不同目标导向的业务闭环，创造不同层次的业务价值，如图 4-6 所示。

图 4-6　从数据到价值的完整闭环

在工业互联网联盟（IIC）技术工作组及架构任务组联合主席林诗万看来，从优化的角度来讲，工业互联网的核心由三大要素——数据、模型和应用构成，在多个层次里面形成优化的闭环，最终目标是追求业务的价值和成效，如图 4-7 所示。可以说，工业互联网是目前工业企业数字化转型的一项有效技术。

2019—2020 年，工业企业在落地工业互联网的过程中遇到很多问题，受实施成本和复杂度较高、供给侧数据难以打通、平台多、应用少及整体生态不够完善等因素限制，仍以解决碎片化需求为主，在局部流程环节实现了业务价值闭环，解决"点"的痛点。

工业互联网的核心要素

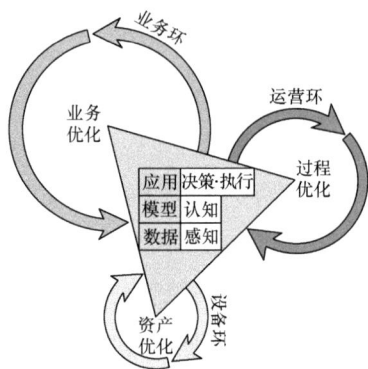

图 4-7　多层次的数据驱动闭环

（来源：林诗万）

2021 年以来，据多家工业互联网平台商反馈，在工业互联网推进的过程中经常会感觉使不上力。数据作为工业互联网的关键核心要素，从何而来，怎么用，到何处去，已经成为阻碍工业互联网深入发展的瓶颈问题。只有"让数据跑起来"的在线闭环，才能实现全流程的客户服务、全链路的质量管理和全生命周期的产品管理。

2. 信息物理系统（CPS）的数据闭环逻辑

简单来讲，CPS 价值闭环体现在"状态感知—实时分析—科学决策—精准执行"的完整循环，如图 4-8 所示。企业可通过资产维（设备无忧运行等）、业务维（生产资源有效调度等）和服务维（客户交互体验增强等）3 个维度分析最适宜自身的价值创造点，并根据行业特点、企业发展阶段选择当前优先级最高的价值创造点进行实践。

来自《信息物理系统建设指南 2020》的对 CPS 的认识相比于 2017 年"基于数据自动流动的闭环赋能体系"的认识更进一步，它认为 CPS 是数据价值提升与业务流程再造的规则体系。这套规则体系包括：业务数据化、知识模型化、数据业务化、决策执行化，即实现业务（数据化）——产生数据（模型化）——高价值数据（业务化）——反哺业务的逻辑闭环。CPS 将复杂系统划分为最小单元，并按照单元级、系统级、系统之系统级（SoS 级）的层次逐步实现在复杂工业场景下的应用。CPS 层次化逐级演进方式为工业互联网平台发展提供了路径，类似于 PDCA，它是一个反复迭代和优化升级的过程。

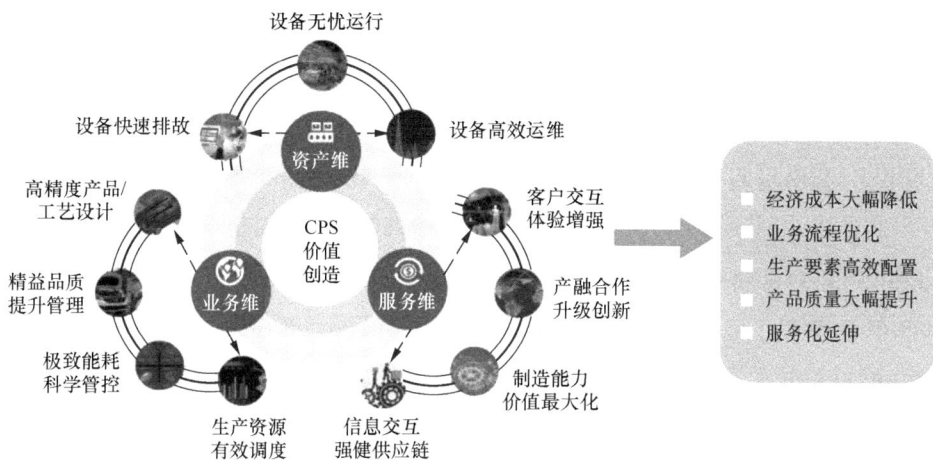

图 4-8　CPS 在制造领域的价值图谱
（来源：中国电子技术标准化研究院 《信息物理系统建设指南 2020》）

3. 创业公司的商业闭环逻辑

工业互联网作为新生事物，在这条赛道上的创业公司需要构建从技术到产品 /解决方案，再到场景落地的价值闭环，实现从 0 到 1 验证自身解决方案的价值所在。创始人是负责打通闭环系统和商业模式的第一责任人。从行业现状看，解决企业面临的深层次问题（比如工艺优化、质量改善等，而不仅仅是设备连接）和实现商业价值闭环，是当前工业互联网应用的核心问题。

在这里，特别要强调建立正向反馈系统的重要性，市场就是一个典型的反馈系统，只有产品和技术方案得到越来越多的正反馈，在更多的客户场景得到验证，才更容易成长进化。正反馈系统能够实现"强者更强，弱者更弱"的"马太效应"（Matthews Effect）。

4.3　融合逻辑

4.3.1　融合逻辑介绍

从词源上看，"融合"指的是两种或多种不同事物合成一体，在融合的过程中产生了新事物，发生了质的变化。融合就是在不同事物组合的基础上，"重塑"出一个新事物。以酒为例，一粒粮食从田间硕果到餐桌美酒，需要经历无数道工序。每一粒粮食都要历经 56 项检验指标才能投入使用，经九九八十一道工序精心酿制，将高粱的浓香、大米的净香、玉米的甜香、糯米的软糯、大麦小麦的氨基酸营养物质有机糅合，形成绵爽、柔和、纯净的酒香。经过复杂的工艺制作过程，粮食已经不再是原来的粮食，而是被加工成了绵香的美酒。

融合思维，在哲学意义上对其的理解是，事物具有对立统一性，做任何抉择，都会有得有失。融合思维就是用辩证法的观点来看待新事物，尽量寻找认识对象不同属性之间的"最大公约数"，不偏不倚，打破不同属性和系统的壁垒。

在笔者看来，工业互联网就是工业制造技术与新一代信息通信技术（大数据、5G、AI、边缘计算、区块链、云计算、容器技术等）深度融合跨界的"新物种"，是工业逻辑、IT 逻辑、商业逻辑等共同融合之后产生的新逻辑，在 DNA 层面实现了内在逻辑的重构。所以，看待工业互联网的本质和演进，需要融合的观点、发展的观点，树立"数字工业融合思维"，而不是顾此失彼，偏执一端。融合思维（也称为"多元思维模型"）是深刻理解复杂多变世界、解决系统问题的利剑。

工业互联网的融合思维体现在技术与技术融合、技术与场景融合、技术与商业融合、物理世界与数字世界的融合、IT 与 OT 融合、产教融合等方面。

4.3.2　融合逻辑在工业互联网中的体现

1. 制造技术与信息技术融合

2020 年，工业互联网产业联盟发布的《工业互联网体系架构 2.0》梳理出工业互联网技术体系总图，其技术体系由制造技术、信息技术及两大技术交织形成的融合性技术组成。制造技术和信息技术的突破是工业互联网发展的基础，例如增材制造、现代金属、复合材料等新材料和加工技术不断拓展制造能力边界，云计算、大数据、物联网、人工智能等信息技术快速提升人类获取、处理、分析数据的能力等。制造技术和信息技术的融合强化了工业互联网的赋能作用，催生了工业软件、工业大数据、工业人工智能等融合性技术，驱动了工业互联网物理系统与数字空间的全面互联与深度协同，如图 4-9 所示。

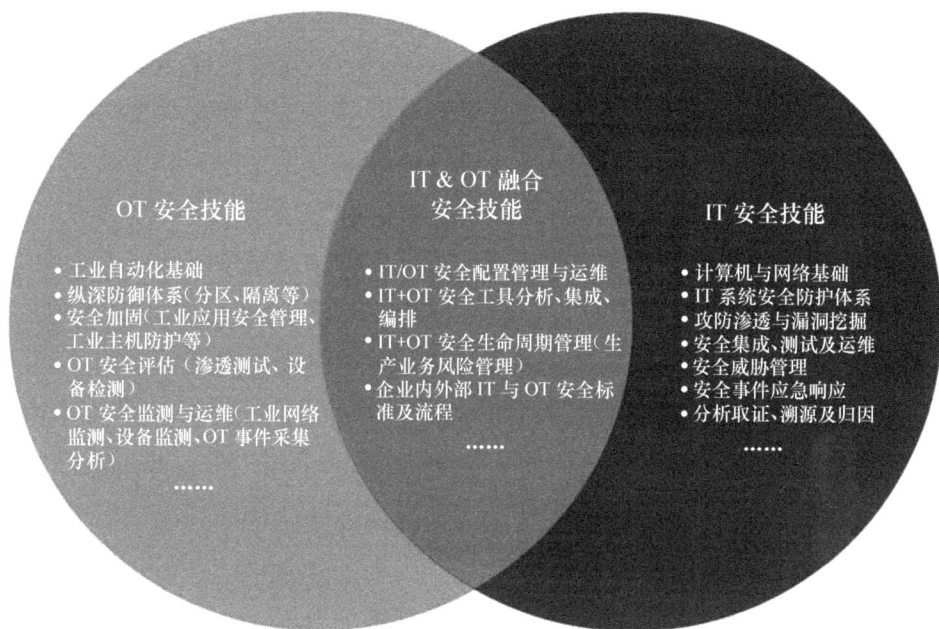

OT 安全技能

- 工业自动化基础
- 纵深防御体系（分区、隔离等）
- 安全加固（工业应用安全管理、工业主机防护等）
- OT 安全评估（渗透测试、设备检测）
- OT 安全监测与运维（工业网络监测、设备监测、OT 事件采集分析）

......

IT & OT 融合
安全技能

- IT/OT 安全配置管理与运维
- IT+OT 安全工具分析、集成、编排
- IT+OT 安全生命周期管理（生产业务风险管理）
- 企业内外部 IT 与 OT 安全标准及流程

......

IT 安全技能

- 计算机与网络基础
- IT 系统安全防护体系
- 攻防渗透与漏洞挖掘
- 安全集成、测试及运维
- 安全威胁管理
- 安全事件应急响应
- 分析取证、溯源及归因

......

图 4-9 工业互联网需要不同技能的融合

2. 云计算与边缘计算融合（云边融合）

云计算技术正在从消费互联网向工业互联网渗透，但在落地过程也有其短板，那就是云计算中心距离用户设备较远，工业生产活动产生的数据直接上云处理会造成大量未经处理的原始数据直接传输，大量冗余、无效数据会产生带宽拥塞等网络传输问题和成本浪费问题。

而边缘计算是在靠近物或数据源头的网络边缘侧，构建的融合网络、计算、存储、应用核心能力的分布式开放体系，可就近提供边缘智能服务，满足制造业在敏捷联接、实时业务、数据优化、应用智能、安全与隐私保护等方面的关键需求。

目前，边缘计算在离散制造业中的物理实现形式主要以边缘控制器、边缘网关及边缘云为主，它们基于云原生的边云协同架构，采用轻量级容器管理、虚拟化等技术，构建统一的现场异构数据集成平台。边缘控制器是 IT 与 OT 之间的一个物理接口，是承载边缘计算业务的核心，可提升工业设备的接口能力和计算能力，更好地支持 IT 与 OT 之间的日益融合。

在云边融合大趋势下，云计算与边缘计算开始紧密协同。充分利用计算迁移技术，边缘节点可以对用户生产设备产生的海量数据进行预处理，过滤掉重复、冗余、无效的数据，之后再将预处理过的有序信息上传到云计算中心进行更进一步的处理、存储和分享，从而降低了云端网络的带宽占用，降低了企业用户的使用成本。

3. 智算中心融合

数据中心的形态一直在不断演进，其在每一个历史时期所承载的应用和运行模式都不同。如今，"融合"正成为数据中心的建设之道，其在物理形态上趋于分散，在业务逻辑上更加集中，计算、存储和网络将趋向融合，演变成智算中心。智算中心是智慧时代最主要的计算力生产中心和供应中心，它以融合架构计算系统为平台，以数据为资源，能够以强大算力驱动 AI 模型来对数据进行深度加工，源源不断地产生各种智慧计算服务，并通过网络以云服务形式向组织及个人进行供应。

浪潮公司认为，"融合"是智算中心非常重要的特点，包含三个层面。

第一个层面是智算中心内部的技术融合，也即"融合架构"。未来的数据中心，计算、存储和网络之间的边界会越来越模糊，它们会融合为"资源池"，通过软件来进行资源划分。

第二个层面的融合是智算中心与智算中心之间的融合。一个数据中心的规模再大也不可能解决全部的问题。所以未来的数据中心，会是物理上分散、逻辑上集中的。这就需要我们在建设智算中心之初，就在标准层面实现互联互通，在未来做到不同智算中心之间能够实现数据的流通、业务上的流通。

第三个层面的融合是智算中心和各行业的融合。智算中心要真正变成基础设施，就要深度嵌入各个行业之中，与 CT、OT、智能制造及传统行业做全面的融合。只有这样，才能实现智算中心覆盖生产生活等全部场景的普适普惠，如图 4-10 所示。

图 4-10　数字技术与生产现场融合

4. 技术与场景融合——以工业 AI 质检为例

工业智能，也称工业人工智能、工业 AI（Industrial Artificial Intelligence），是 AI 在工业制造业领域的应用，它贯穿于设计、生产、管理、服务等工业领域各环节，是实现模仿或超越人类感知、分析、决策等能力的技术、方法、产品及应用系统。

随着工业场景计算复杂性的增加，以及工业机理越来越清晰明确，工业 AI 为解决传统工业问题提供了新的方案，形成了基于 AI 平台 + 数据驱动的优化决策范式。目前已经形成 4 种新路径，如图 4-11 所示。

（1）专家系统：将人类浅层经验固化为规则，解决工业机理相对明确的问题，如故障诊断等。

（2）机器学习：面向小数据复杂工业场景赋能，应用最为广泛，如设备预测性维护等。

（3）知识图谱：基于已有工业知识，有效组织实现可靠管理与决策，如商业智能 BI 等。

（4）深度学习：绕过机理障碍，解决高计算复杂度工业问题，如复杂产品质量检测等。

新的分析工具：工业AI——充分释放机器智能的潜能

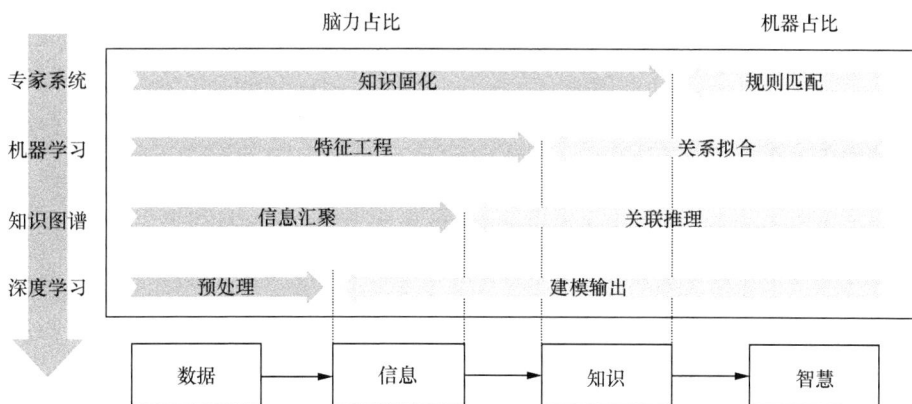

图 4-11　工业 AI 分析工具
（来源：工业互联网产业联盟）

从当前工业互联网落地的应用场景来看，产品质量检测是企业内控的刚需，也是工业 AI 典型的业务场景。传统人工质检模式存在许多局限性，检测质量直接受到检测人员的影响波动，还存在着招工难、人力成本高、效率低、稳定性低等问题，改善势在必行。另外，传统视觉检测弊端重重，如难以解决复杂的产品外观检测，过检率 / 误报率高，漏检误检高；对持续调参的依赖程度大，模型优化困难；算法维护与升级成本高，模型的共享和复制性差等。

这些痛点极大地激发了优化质检方法的急迫性，而基于 AI 的技术替代性方案正好弥补了这个缺口，也成为 AI 技术在工业领域的典型切入口和特色应用。机器视觉检测能够更加精准地把关产品质量、降低生产成本，它可以 24 小时不间断地工作，在各种不适合人类工作的恶劣生产环境下实现高速在线检测，同时检测的准确度随着模型训练而不断提升。

从市场反馈来看，工业 AI 质检的应用价值得到了商业验证，实现了从技术到解决方案再到价值回报的逻辑闭环。目前已经能够很好地去衡量投入产出比（ROI），轻松核算出一台机器相当于数个质检员的工作量，企业决策者很容易做出商业判断，从而进行投入。从技术应用的扩展性方面来看，其已在 3C、汽车、钢铁、化工等行业企业进行复制和推广，要想实现更大规模扩展，离不开 AI 平台化的公司与各个垂类解决方案公司的横向联合和降低推广成本。

从市场规模与未来前景来看，市场机构统计数据显示，中国制造业质检从业者有 300 万～ 400 万人，核算成市场规模在 3000 亿元左右，现在的渗透率还比较低，但已处于增速飞速发展期。

5. 技术与商业融合

在第三次工业革命中，由于能够提升扩展性和效率，信息技术一开始仅作为辅助业务的角色而存在。虽然信息很重要，但它并不是业务价值的主要来源，核心的业务主体并没有发生变化，因此不管市场如何急速变化，技术仍然只是平稳缓慢地发展着，技术与商业的关系处于形式上的分离。这种情况如图 4-12 所示。

然而，变革正在发生，科技与商业的关系越来越紧密，边界逐渐消失走向深度融合。如今，科技的角色已从辅助者转变为"数字业务"的一部分。世界经济论坛创始人克劳斯·施瓦布表示，"不断涌现的新技术，不仅创造了满足现有需求的全新方式，也瓦解了当前的行业价值链"。

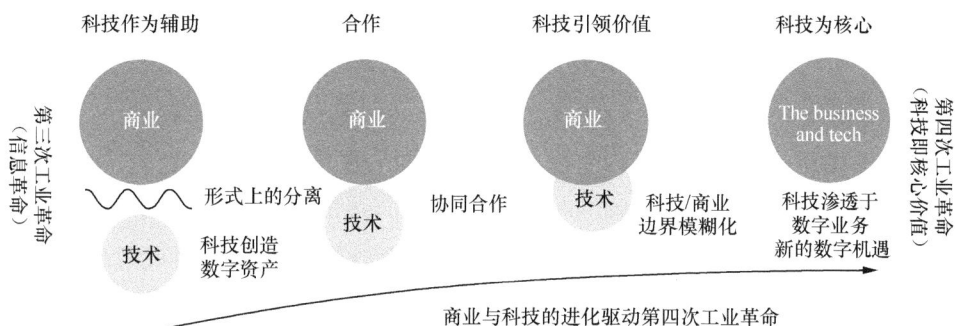

图 4-12　商业与科技的深度协作驱动了第四次工业革命
（来源：ThoughtWorks 商业洞见，2017 年 12 月）

在消费互联网阶段，以连接为核心科技特征的互联网公司，有电子商务、社交平台、网络媒体等，从根本上重塑了各个行业的生产效率、用户体验及生产关系，推动并产生了巨大的社会变革。

而在工业互联网新阶段，工业互联网平台和 SaaS 服务商就是科技与商业融合的企业形态，这些新秀正在获得产业资本大量的投资，这种情况在以往工业自动化和信息化发展历程中是非常少见的，这正是产业资本"用脚投票"来表达对于科技与商业融合的认可。它们从一开始就认识到科技在企业战略中的新角色。只有将新技术融入企业战略制定、产品开发、流程设计及运营服务中，这些商业新星才能在工业互联网产业赛道里占有一席之地。

当前，工业互联网总体处于发展的初级阶段，技术型创业公司刚刚走过了技术方案验证阶段。基于产业演进的慢节奏，在工业互联网研习社看来，创业公司要有自己的战略方针：

（1）工业领域行业跨度大，建立合伙人机制，注重互补性；

（2）优先垂直行业纵深发展，然后进行跨行业横向拓展；

（3）重视数据的价值，注重数据积累和沉淀；

（4）建立横向深度链接的协作机制，协同进化；

（5）相信品牌的力量，背后是 To B 交易的高信任属性；

（6）"小而美"的发展定位，注重运营和迭代，规模化平台定位必须借助资本。

6. 数字孪生：打通物理世界与数字世界的融合

在工业最初发展的阶段，一切生产制造活动都是在物理空间进行的。随着信息化的发展，超脱于物理空间的信息空间（数据空间、数字世界）出现和增强，但此时两者还是彼此独立的。随着制造过程数据的累积，信息空间价值增长与物理空间发生交互，两个世界开始相互渗透。如今，我们已经进入一个充满数据的世界，信息空间开始与物理空间实现强交互、深融合，如图 4-13 所示。如何处理日益增长的多元异构数据，推动数据融合，释放数据价值，已经成为一个显性话题。

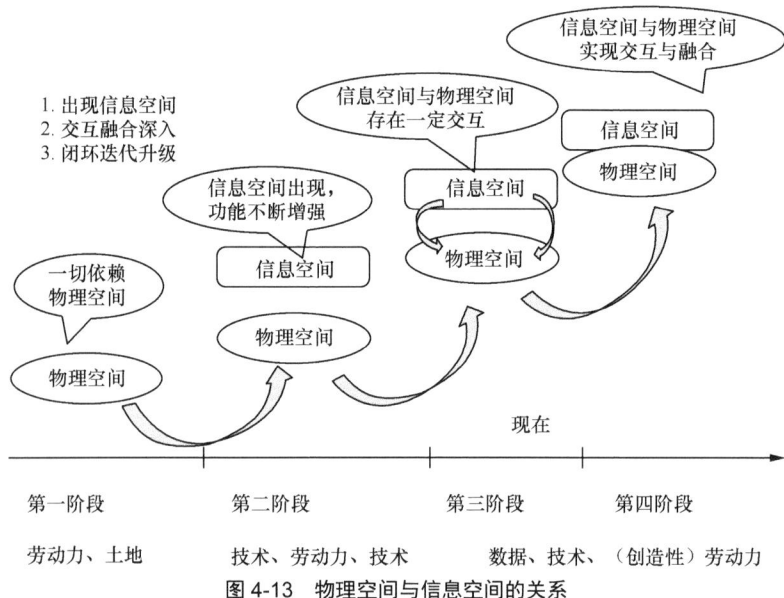

图 4-13　物理空间与信息空间的关系

数字孪生作为一种对物理实体、资产或流程的数字仿真技术，是连接物理世界与数字世界的桥梁，是实现从数据到洞察到应用的关键一跃。数字孪生融合了建模仿真、物联网、虚拟现实（Virtual Reality，VR）及人工智能等技术，基于丰富的历史和实时数据与先进的算法模型，实现对对象状态和行为高保真度的数字化表征、模拟验证和预测。其不仅是对物理实体的镜像，更是要实现与物理实体在全生命周期的共生演化。对于产品、装备、产线、工厂、建筑、道路、桥梁，乃至城市系统，都可以构建数字孪生模型，如图 4-14 所示。

数字孪生体的全生命周期的数据集成

数字主线：
- 整合产品生命周期功能环节
- 为建立产品数字模型集成数据

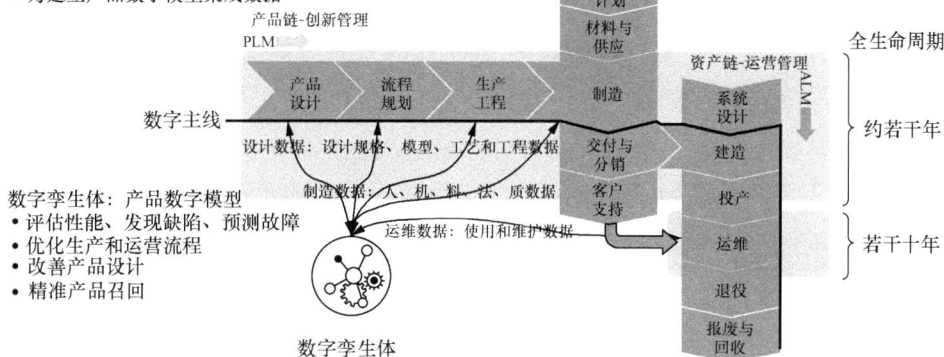

图 4-14　数字孪生体的全生命周期的数据集成
（来源：林诗万）

　　从使用目标来看，数字孪生具有实现仿真、监控、评估、预测、优化和控制等不同功能。监控方面，可以将物理实体（如装备产品）的运行行为可视化，进行运行全过程的监控和故障诊断；可以对物理实体的实时状态和性能情况进行评估；开展预测是非常多见的应用方向，包括故障预测、寿命预测、质量预测、行为预测和性能预测等，如图 4-15 所示。

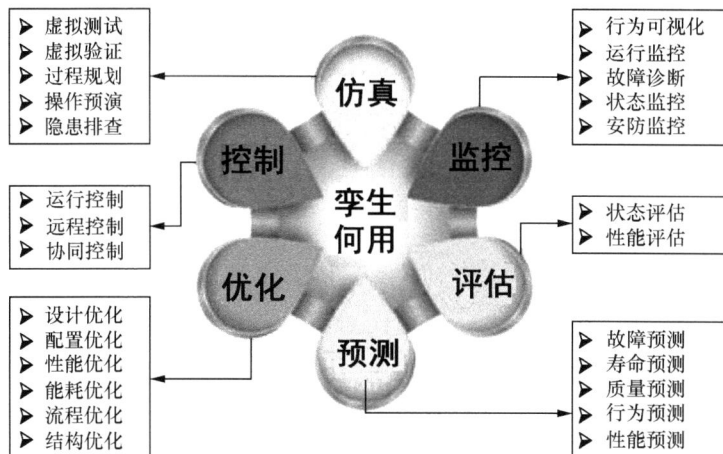

图 4-15　数字孪生的用途
（来源：陶飞，戚庆林，《数字孪生及车间实践》）

基于数据和数字孪生模型形成洞察力，可为不同主体创造可观的经济价值，反过来也催生了更广泛、更深入的应用。互联网数据中心（IDC）预测，到 2022 年，40% 的物联网平台供应商将集成仿真平台、系统和功能来创建数字孪生，70% 的制造商将使用该技术进行流程仿真和场景评估。Markets and Markets 的最新研究表明，预计到 2025 年，数字孪生技术的价值释放将增至 358 亿美元。

【案例】普利司通（Bridgestone）的数字孪生驱动创新业务模式

数字孪生技术已成为全球最大的轮胎和橡胶制造商普利司通转型之旅的核心。数年来，该企业一直使用由传感器数据增强的数字孪生仿真模拟作为研发工具，从多个维度观察轮胎性能，以提升轮胎寿命和性能。但这仅仅是个开始，目前的数字孪生技术将为企业整个价值链提供洞察。欧洲车队正逐渐转向一种按公里数计费（PPK）的订购模式，以帮助车队运营商优化现金流、减少整体成本。

数字孪生是普利司通数字基础设施的关键组成部分。其于 2019 年收购 WebFleet Solutions，并开发了新一代的传感器，以实时了解汽车和轮胎的使用情况。企业利用初始安装基础软件收集性能数据，再将这些数据用于高级分析算法中，帮助车队根据具体的驾驶条件选择合适的轮胎，并就如何减少轮胎磨损及避免故障提供客制化见解。随着数字模型越来越精确，普利司通将更多关注于 PPK 商业模式的高级应用。

如今，普利司通正使用数字技术为其车队客户带来更多价值。随着时间的推移，企业计划扩大数字孪生技术的使用范围，包括从驾驶员到车队经理，再到零售商、分销商、制造商等的整个价值链。普利司通美国公司数字工程总监 Hans Dorfi 说，"我们确定已经抓住了引领走向未来的驱动因素，这便是数字孪生技术的用武之地。"

7. IT 与 OT 走向深度融合

在工业互联网发展初期，一个非常尴尬的现象是：当 IT 工程师们怀揣着大数据、AI 等新技术，进入工业领域幻想改变世界时，却发现难以获取自动控制系统中的数据，面临"大数据没有数据"的尴尬。

不仅 IT 世界的工程师搞不懂 OT 领域的运作方式，对于在 IT 领域耳熟能详的开源、云平台、容器技术、敏捷开发等概念，OT 人也是一头雾水。其主要原因是，IT 与 OT 之间关注的目标对象和侧重点不一样，而且"老死不相往来"。OT 是直接对工业的物理过程、资产和事件进行监控和 / 或对过程、资产和事件实施改变控制的硬件和软件，比如硬件 PLC、传感器、变频器、运动控制卡、HMI 软件、数据采集与监视控制系统（SCADA）等及其应用软件。OT 通常关注当前产出、正常经营的可预测性，以及如何避免正常工作的系统遭受干扰。IT 则更多地倾向于安全性及如何获取可信赖的技术提供商。

随着工业物联网（IIoT）的出现，IT 与 OT 在工业领域的边界变得越来越模糊。笔者认为有以下 5 种驱动力量推动 IT 与 OT 走向深度融合。

（1）IT 技术向 OT 领域渗透。云计算技术已经发展了 20 年，形成的 IaaS 平台已经成为数字时代的基础设施。另外，大数据技术和 AI 技术的飞速发展，正在向工业、交通、能源等领域渗透，其开放、迭代的特点具有优越性。

（2）OT 自动化从封闭走向开放。2020 年，传统控制系统大厂商主动拥抱开放，资深技术专家、IT 技术独立研究者姚远认为："这类开放系统的推出，将会形成新的生态系统，自动控制领域的用户、IT 工程师、集成商从简单地使用组态软件和硬件集成，转变成软件、功能块库的开发者和提供者。众多 IT 工程师和企业从过去'门外的野蛮人'，变成了开发商和增值服务提供商。IT 与 OT 成为一家人，大融合时代即将到来。"

（3）IEC 61499 标准是连接 OT 的"最后一公里"。IEC 61499 标准采用面向对象程序设计的编程理念和软件组件化思想，这是自动化控制领域里工程师所习惯的方式，可以让他们保持原来的习惯，便于推广。

（4）边缘计算技术的。边缘计算提供了设备之间互联互通机制、OT 与 IT 互联互通机制，利用部署于工业现场的实时数据采集、汇聚、存储、分析机制，可以快速便捷地实现 OT 与 IT 的融合。

（5）工业互联网平台（IIoT）具有可扩展性。与 ISA-95 垂直架构不同的是，工业互联网平台的真正价值在于它可与整个企业中的"物"（工厂设备、机器、硬件、工具、现场资产）、系统和云端之间实现互操作性。另外，平台上的业务建模能力可帮助企业以业务对象为核心，实现 IT 数据与 OT 数据的融合，从而盘活企业中的数据资源，如图 4-16 所示。

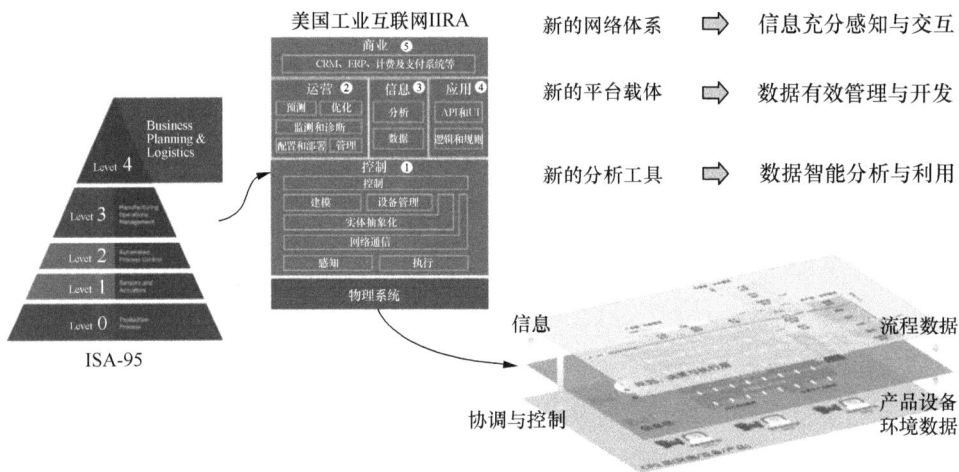

图 4-16　美国工业互联网参考架构　（IIRA）
（来源：林诗万）

8. 产教融合

2017 年 12 月，国务院办公厅印发的《关于深化产教融合的若干意见》指出，"深化产教融合，促进教育链、人才链与产业链、创新链有机衔接"。

期刊《职业教育研究》认为：从宏观层面上看，"产教融合"是指产业（行业、企业）与教育（主要是学校教育）的融合，主要涉及产业发展与教育发展的协调性问题；从微观层面上看，"产教融合"是指生产与教学的融合，主要涉及生产过程与教学过程的对接。产教融合的具体内容包括专业与产业对接、学校与企业对接、课程内容与职业标准对接、教学过程与生产过程对接。依据融合程度，可以将产教融合分为 3 种类型："完全融合""部分融合"与"虚假融合"。从"产业"与"教育"的关系来看，产业为职业教育的发展提供资金、场地等方面的帮扶，职业教育则为产业发展提供人才保障，双方各要素优势互补，共同促进各自效益的最大化。

"产教融合"的最终目的是要实现产教的深度融合，即产业方在发挥自身商业性功能的同时，还应承担一定的教育任务，将技术技能型人才的培养作为自身的又一重要使命。同样，教育方也不仅局限于自身教书育人的本质属性，还要具备一定的商业思维，配合产业方实现利益最大化。所以，产教在融合的过程中既要保障主体的互利共赢、利益最大化，又要兼顾社会效益的实现，促进人才供给与产业需求高效衔接，为汇聚发展新动能提供强有力的支撑。虽然"产学合作"与"产教融合"都提到科技创新，但产学合作的科研成果只限于合作企业自身发展使用，即受众范围非常小，属于个体企业独有的竞争优势，而产教融合强调科技创新的社会性。

智能制造方向的"新工科"就是一个典型的"产教融合"门类。天津大学教育学院教授马廷奇认为，新工科不仅是指新工科教育，而且是包括科学、应用科学、工程科学和工科实践的创新与进步，是不同学科的交叉与交融所形成的新工程学科或领域、新范式和新工科教育的综合概念。可见，新工科建设是一项系统工程，既是一个工程学科或学术问题，也是一个工程教育或人才培养问题。因此，要构建新工科建设的新范式。

工业互联网作为新一代信息技术与制造业深度融合的产物，其人才培育至关重要。在国内工业互联网人才紧缺的背景下，健全工业互联网产教融合发展机制，有助于解决当前产业人才供需结构性矛盾的问题。

9. "四维融合"理念

施耐德电气根据多年洞察工业行业发展，面对数字化、工业互联网，IT 与 OT 融合趋势，在离散工业、混合工业、流程工业上均提出"四维融合"理念。第一个融合，是能源与自动化的融合。只有这两者融合才能实现效率提升和节能降耗。第二个融合，是终端到云端的融合。即从底层终端设备到中间的边缘控制，再到顶端的云和数据应用，纵向打通融合的理念。第三个融合，是贯穿于从设计到建造、运营与维护整个生命周期的融合。第四个融合，是从分散式管理到集成化的企业管理的融合。通过数字化平台，将分散、相互独立的各个点，实现集成化管理。比如从单个设备、产线、分公司到集团、整个企业的集成。

4.4 价值逻辑

4.4.1 价值逻辑介绍

要想理解价值思维，首先要搞清楚何为"价值"，这是一个最基础的概念。每个人所处的立场和位置不同，对价值的理解就不尽相同。拿一家公司来讲，在基层员工眼里，一个好的老板和一份优厚的薪酬待遇就觉得这家公司很好了；在创始人眼里，一家好的公司必须要有独特的发展理念和使命，这样才能拥有长期的事业；在投资人眼里，具有持续发展能力、可实现指数级增长的公司才是值得投资的价值型公司；而在股民眼里，能够持续带来市值增长的、可为其带来分红的公司，这样的股票才值得长期持有。

日常生活中，我们对价值的理解主要是经济学的范畴。一个物品要成为商品，它首先必须具有使用价值。商品的使用价值就是物品的有用性，或者说是物品能够满足人们某种需要的属性，没有任何使用价值的东西，谁也不会去买它。

产品和服务都是价值的关键载体，我们每个人都身处商业社会的洪流之中，每时每刻都在参与商品交换，更容易理解商业价值。价值逻辑背后，隐藏着商业思维的底层逻辑。只有深刻认识商业思维，才能把握价值逻辑的本质。和闭环思维、融合思维一样，价值思维也是一个极其重要的思维方式，是可以进行跨领域、跨场景迁移的应用法则。接下来，我们重点剖析商业价值与商业思维。

何为商业思维？在商业已经高度发达的年代，商业文明已经渗透到社会的每一个角落，每个人都不得不面对它。商业思维是一种意识、一种能力，虽然每个人不都是企业家、创业者，但也不妨碍我们深入理解商业思维，以便更好地在职场中随机应变，把握进阶之路。比如各个垂直领域具有深厚积累的专业人士或知识分子，要学会用商业思维经营自己的专业，充分利用互联网技术优势，开启知识服务（付费）在线课程。如果没有商业思维，那么他们就只是各个角落里的知识工作者。因此，无论在工作中，还是在生活中，每个人都可以利用商业思维去理解这个世界，构建自己对这个世界的独特看法。

企业本质上是一个商业组织，它是整合资源进行价值创造、评价、传递和分配的可持续运转的系统，一家卓越的企业应是全力创造价值、正确评价价值、高效传递价值和合理分配价值的。简而言之，企业是世界上最讲究商业思维的组织之一。

管理咨询大师拉姆·查兰指出，企业业务由 3 个基本要素组成：现金净流入、资产收益率、业务增长。真正的企业家熟悉其中的每一部分和它们之间的相互关系。无论是企业家还是管理者都应具备商业智慧，这是商业运作的本质。

一切商业都是建立在人性的基础上的，同时离不开需求、供给、交易、成本。真正的高手都是洞察力极强的人，他们能够看到其他人未曾发现的市场需求缝隙。要想系统理解商业思维，就需要对商业价值链中的所有要素进行拆解，并能抓住其中的关键要素：

（1）对行业发展趋势、行业本质的深入洞察，对商业机会高度敏感；

（2）对客户 / 用户的理解，形成客户 / 用户思维，对用户需求持续跟踪；

（3）理解产品 / 服务，从"成本—收益"角度分析这项产品的商业前景；

（4）对企业经营理念、使命、价值观、战略、管理的理解，以及对风险的管理；

（5）对现金流、资金周转率、市场占有率、增长速度、利润率、毛利润等关注；

（6）对资源深入理解，整合一切可以整合的资源，如人力、技术、资本等；

（7）理解各种外部关系，比如监管者、社区、资本、媒体、环境、供应商及生态伙伴、社会责任等利益相关者。

4.4.2　价值思维在工业互联网领域中的体现

价值思维已经渗透进工业互联网领域的方方面面，以工业互联网赛道上的创业公司为例，最重要的工作就是实现从 0 到 1 构建商业模式闭环。所谓商业闭环，就是如何在供给与需求的缝隙之间，解决供需关系的业务落地问题——"为谁生产，生产什么，通过什么渠道销售，最终谁来付费"等全过程，如图 4-17 所示。

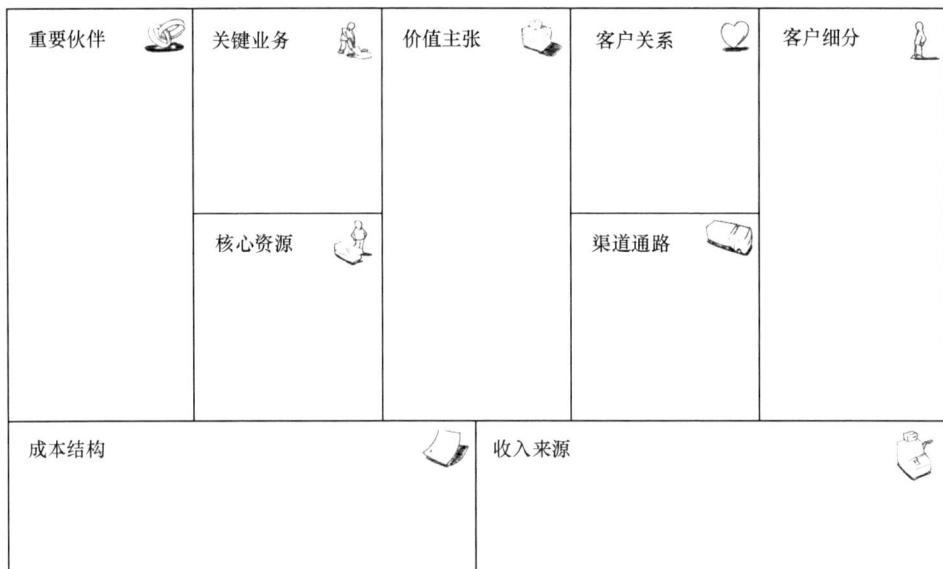

图 4-17　商业模式画布
（来源：亚历山大·奥斯特瓦德，伊夫·皮尼厄）

在《商业模式新生代》中商业模式是这样定义的：商业模式描述了企业如何创造价值、传递价值、获取价值的基本原理。这就是一个创业公司要高度关注的围绕"价值"的完整商业闭环。

随着技术要素在公司和世界的影响力越来越大，工业互联网赛道上的技术型创业者也越来越多。建立以商业思维为核心的价值思维，能够避免让技术背景的创业者陷入"技术泥潭"。

对工业互联网服务商来说，可以从"点、线、面"等不同维度考虑工业互联网为企业带来的价值，比如从点来看，可以覆盖研发设计、生产制造、交付运维等环节，提升管理效能、优化决策效率；从线方面看，可以重塑商业模式，与客户建立强链接，基于数据开展客户洞察，及时响应客户服务，提升服务质量保障水平；从面上来看，可以提高行业级产业链上下游的协同效率。

以预测性维护（Prognostics and Health Management，PHM）为例，这是在设备连接监控、故障诊断的基础上更深入地应用，对设备故障和停机"防患于未然"，具有广泛的应用价值，如图 4-18 所示。但在技术落地与商业模式的处理上，考验着创业者的智慧。

罗兰贝格的合伙人塞巴斯蒂安·费尔德曼（Sebastian Feldman）认为：预测性维护根本不是技术问题，真正的挑战在于流程和决策支持及随后创建的商业模式。对于大企业而言，依托于其自身庞大的设备连接量，即便在没有商业模式创新情况下，仅仅运营的优化即可回本；但对于数量庞大的中小企业而言，无论是设备生产商还是设备服务商，仅靠设备运营和生产优化带来的经济收益是不足以推动其实施预测性维护的决心的。需要更好的商业模式，帮助设备制造商、设备服务商、物联网企业完成商业逻辑闭环。

设备运营化是物联网时代商业模式的核心，而运营的基础在于智能化设备能够持续提供大量的数据，设备服务商根据这些数据可以提供更好的设备保养和服务；设备制造商根据这些数据可以改进机器参数，优化设备指标；创业型物联网公司也需要这些数据不断完善其预测模型，进行算法训练，提升预测性维护的准确性。初创公司在实施预测性解决方案时，可重新设计商业模式，根据数据的归属和流动性，扩大整个产业链的价值。好的商业模式，不一定体现在最终用户上，也可以体现在帮助设备服务商或者设备制造商多赚钱或者降低成本方面，如图 4-18 所示。

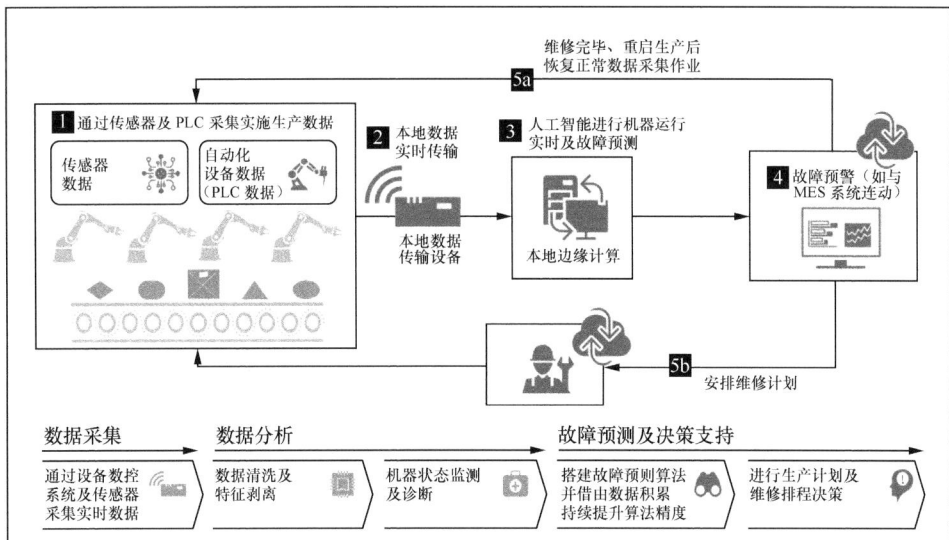

图 4-18　预测性维护运作原理
（来源：罗兰贝格）

基于此，服务商有必要制定并让客户接受灵活的商业模式，把客户所需的产品、技术和服务，整合为一揽子的让设备、工厂无忧的解决方案，帮助客户提高设备整体效率和业务产出，同时降低"总体拥有成本"，形成差异化的竞争力。

【释义】什么是"总体拥有成本（TCO）"，它的重要性是什么？

总体拥有成本是一项帮助组织来考核、管理和削减在一定时间范围内组织某项获得资产相关联的所有成本的技术。这些资产可能是：厂房建筑、交通工具、设备或软件系统。总体拥有成本是对新技术解决方案成本的估算，该解决方案考虑了获取的全部成本及在特定时间段（通常为 5 ~ 10 年）内的持续维护。因为最便宜的购买解决方案（无论是购买还是定制开发）并不总是最便宜的长期维护解决方案，因此 TCO 是一种从财务角度来比较替代解决方案的很好的方法，以确保组织做好准备，能够长期支付新解决方案的成本。

计算 TCO 的因素包括软件解决方案成本（购买或开发）、硬件（购买或租赁，以及持续维护）、系统工具和公用设施及人员成本。人员成本包括参与收购的所有人员（业务和技术），以及操作和维护系统的估计人员。如果新系统将引入新技术，那么培训技术支持人员（或获得具有该专业知识的新员工）的成本将被纳入总体拥有成本中。这些维护成本是在指定的生命周期内估算的。

所以，对工业互联网平台及各类服务商来讲，那就意味着"交付价值"——为客户真正创造可感知的、可度量的价值，实现从技术到业务场景的价值闭环。这就是运用商业思维，促进工业互联网产业的规模化与可持续发展。

4.5　生态逻辑

4.5.1　生态逻辑介绍

何为生态？生态是指生物在一定的自然环境下生存和发展的状态，后来延伸到商业领域和产业领域。生态系统（ecosystem，ECO）是指在一定的空间内生物及其非生物环境通过物质循环和能量流动相互作用、相互依存而构成的具有动态性及自我调节能力的统一整体。在这个统一整体中，生物与环境之间相互影响、相互制约，并在一定时期内处于相对稳定的动态平衡状态。目前，在各种发布会和宣传材料上，经常会看到"生态"字样。"打造生态"已经成为当前商界的流行词汇了。

在传统产业里，不同的企业之间以相对稳定固化的方式合作，称之为产业链的上下游合作。产业生态结构简单，强调的是管控。其最核心的目的是优化产业链条，减少中间环节带来的时间和成本损耗，提高产业整体运作效率。基于互联网技术的新型价值网络，是传统工业价值网络的升级与迭代，可实现在线数字化、强调敏捷性和快速流动，开放合作，以及共同面向客户的一致性。

詹姆斯·穆尔（James Moore）于 1993 年提出"商业生态系统"概念，他认为，与其视企业为某个产业的一员，不如视其为一个横跨若干产业的生态的一员。而生态战略的着眼点，不是波特强调的价值链分析、低成本和差异化，而是不断创造新的价值链。商业生态系统是一个隐喻，它来源于生态系统，延续了生态系统的复杂性和循环性，具有整体性、多样性、自组织性等特点。

4.5.2 生态思维在工业互联网领域中的体现

在新一代信息技术与产业融合纵深化趋势加速的态势下，生态战略已深入人心，成为产业共识。数字时代就是要构建以数据为关键要素的新型价值网络，工业互联网研习社提出了以下 3 种典型模式。

1. 以综合性工业互联网平台为核心的联合赋能

回看 IT 产业 60 年的发展史，从供给端的角度来看，就是一段碎片化供给的历史。当然，这与工业企业（需求侧）的个性化与碎片化需求是分不开的。企业应用类、研发类和生产类软件沿着各自的演进逻辑向前发展，分别承担着自己特定的使命，发展出一条条纵深垂直演进的路线图。以研发类软件为例，其分别经历了图纸、2D/3D、PDM、PLM、MBD、MBE 等多个阶段。这造成了企业 IT 系统垂直林立，沟壑纵横，数据孤岛严重，类似于千岛湖的一个个独立小岛，彼此之间没有连通，数据未能被有效分析和利用。

这种状况一直持续到现在，面对越来越复杂的商业系统和变化节奏，传统的、笨重的 IT 架构已经不适应了。随着云计算技术的发展，信息技术发展到现在出现了架构大迁移的"拐点"，越来越多的 IT 应用依托于云的模式供应。而工业互联网平台就是在这个背景下产生和发展的。也可以这样说，工业互联网平台就是云原生的产物。

工业互联网时代如何构建生态赋能体系呢？或许，曾鸣教授构建的基于智能商业时代提炼的"S2b2c"具有借鉴意义，S 代表拥有强大供应链的平台，b 代表各类渠道商 / 服务商，c 代表消费者 / 用户。S2b2c 模式最大的创新，是 S 和 b 共同服务 c。在互联网时代，这个"共同服务"有以下两层含义。

第一，渠道商服务顾客时，必须调用大供应商提供的某种服务：大供应商不能仅仅提供某种 SaaS 化工具，它必须基于对上游供应链的整合，提供某些增值服务，才能帮助渠道商更好地服务顾客。典型的小渠道商，例如小电商网红，由于规模和品牌的限制基本上都得不到好的供应链支持，所以如果有整合了前端供应链的大供应商，它就能对小渠道商形成很大的支持，这个支持的核心其实就是供应链管理能力的输出。另外，大部分的数据智能产品，对小渠道商很有价值，但基本上只有大供应商才能提供。

第二，对于大供应商来说，渠道商服务顾客的过程对它必须是透明的，并且会给它实时反馈，以提升大供应商对渠道商的服务。要实现这点，首先，渠道商服务顾客的过程要实现在线化；其次，大供应商和渠道商要通过在线化、软件化，实现自动协同，更好地服务顾客。

S2b2c 必须比"b2c"在效率上有更大的提升。这个超越，核心就是大供应商对渠道商的赋能。大供应商对渠道商不是管理管控的关系，而是协同的关系。大供应商对渠道商的赋能体现在 5 个层面：一是大供应商向渠道商提供 SaaS 化的工具；二是资源的集中采购；三是共同的品质保证；四是丰富的服务集成，大供应商集成和协同的服务越多，价值就越高；五是来自于数据智能，S2b2c 作为数据时代的一个新物种，肯定要充分地运用好这些数据来形成生产力，如图 4-19 所示。

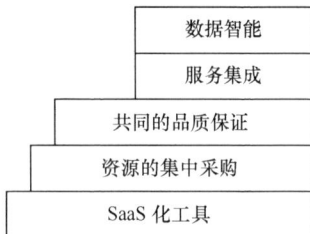

| 数据智能 |
| 服务集成 |
| 共同的品质保证 |
| 资源的集中采购 |
| SaaS 化工具 |

图 4-19　大供应商对渠道商的赋能关系

其实，在笔者看来，智能商业时代的 S2b2c 模式，在工业互联网产业生态中也可以加以借鉴，其中的"S"指工业互联网平台，广泛链接云 ERP、云 MES 厂商、设备服务商、系统集成商、垂直行业运营商等，基于平台的载体和资源优势，协同服务和覆盖各个垂直的工业企业和产业园区。

【案例】柯尼卡美能达的"B2B2P4P"全新战略模型

2003 年，柯尼卡和美能达这两家百年企业经营合并为"柯尼卡美能达控股株式会社"，企业核心业务方向包括 A3 彩色复合机、商业 & 工业印刷、光学材料、医疗保健等领域。2017 年，柯尼卡美能达提出新中期经营计划"SHINKA 2019"（进化 2019），目标是进化为"课题提案型数字企业"，即通过所拥有的核心数字化技术及广泛的客户基础，洞察企业客户潜在的社会课题，在协助客户业务转型中，实现商业价值与人类社会价值的共同提升。

为了实现向"课题提案型数字企业"的进化，柯尼卡美能达最新提出了"B2B2P4P"全新战略模型。B2B2P4P 是 Business To Business To Professional For Person 的缩写，其中的"B2B"是指企业级业务，"2P"中的 P 是指柯尼卡美能达客户企业的专业人员，"4P"中的 P 是指柯尼卡美能达客户的客户，即形成以最终用户为价值导向的新型业务模式。

从"制造生产指向型"转为"客户价值创造型"是柯尼卡美能达整体经营重组的目标，而这背后却是集团酝酿的"一个柯尼卡美能达"（"One Konica Minolta"）大计。过去的柯尼卡美能达是典型的 B to B 公司，不同的事业部难免出现沟通障碍、资源浪费的现象，为了帮助客户创造更大的价值，"B2B2P4P"的战略思想开始深入每个柯尼卡美能达人的内心，柯尼卡美能达开始更加强化产品 IT 服务能力及挖掘客户的潜在需求。

"我们贯彻 B to B to P 来创造价值，然后通过 P 与 P 的共生来实现人类社会的进化。"柯尼卡美能达（中国）投资有限公司、柯尼卡美能达办公系统（中国）有限公司董事长炭谷忠彦是这项战略计划的实施者之一。

如今，结合边缘计算和 IoT 技术，柯尼卡美能达推出了跨越式创新的成果——"One Konica Minolta 平台"。它整合了柯尼卡美能达几乎所有的业务，包括工作方式变革、护理支持、数字化生产、医疗保健 IT、状态监控、商业印刷等，其中边缘计算 IoT 平台 Workplace Hub 和应用平台 Market Place 是它的重要组成部分。"该平台未来将成为柯尼卡美能达今后所推出的一切 IoT 设备、IT 服务业务的集合平台。用户可通过平台上的应用市场（Market Place），随时随地、轻松安全地使用各种服务。"

"数字化趋势是柯尼卡美能达创新发展所必须应对的，只有帮助用户提升核心竞争力，解决其在数字化转型中遇到的实际问题，公司的产品和服务才更有价值。只有持续提供对人类社会有贡献的新价值，公司才能实现可持续发展。"炭谷忠彦强调道。

在炭谷忠彦看来，数字化时代的产业链已经被重新定义，改变了企业的商业模式，从销售产品进化为销售服务，未来人们可能不再为单一产品付费，而是为"服务"买单。

2. 以产业联盟／协会为主要纽带的协同生态体系

产业联盟／协会是推动新技术、新概念落地扩展的重要组织方式，在全球范围内的工业互联网技术、标准制定、行业发展等方面，都能看到这类行业组织的身影，比如：

（1）美国的工业互联网联盟（Industrial Internet Consortium，IIC）是全球性的、枢纽型的产业组织；

（2）中国的工业互联网产业联盟（Alliance of Industrial Internet，AII）有 1988 家成员单位（截至 2020 年 6 月 11），是国内非常活跃且具有广泛影响力的行业组织；

（3）德国成立了推进工业 4.0 的跨界专职机构——工业 4.0 平台；

（4）日本工业价值链促进会（Industrial Value Chain Initiative，IVI）。

以联盟／协会／促进会为代表的行业和社会组织，在推动新浪潮、新生态进化成长的过程中，在连接性、开放性和覆盖性等 3 个方面具有无可比拟的优势。

近几年来，上海、重庆、浙江、江苏、深圳、青岛、苏州等纷纷成立了协会／联盟／促进会等的组织体系，紧密连接地方政、产、学、研、资本、媒体等机构，繁荣本地化工业互联网生态。

目前，我国形成了国家主管部门、工业企业、工业互联网平台 / 网络 / 安全服务商、行业组织、资本、媒体等多元化主体构筑的生态化推进体系，采取政府和市场双重驱动模式、自上而下和自下而上相结合的推进方式，共同缔造了充满活力的工业互联网产业创新生态。

3. 以平台 +SaaS 服务商 / 集成商模式的共创网络

面向垂直行业开发行业级解决方案，不仅要有技术基础和平台能力，更要融合工业领域的知识、工具和方法，这是公司基因、人才及服务经验的融合。据工业互联网研习社的行业观察，目前大概有 3 种工业互联网垂直化解决方案的形成方式。

（1）连接型、轻耦合，平台商与服务商之间基于客户关系和方案衔接，犹如传统的渠道合作、产品代理关系。

（2）垂直型、中耦合，服务商基于平台开发垂直行业方案，两者互为生态伙伴，比连接型更进一步，打造一站式、易于下沉的端到端产品型解决方案。

（3）共创型、强耦合，深度绑定，股权参与，多方联合共创型重度合作模式。其创设新型载体，各自分工明确，基于垂直行业和场景形成紧密生态圈，从单打独斗到"团战"，集聚影响力，待解决方案验证效果之后，更有利于协同推广，如图 4-20 所示。

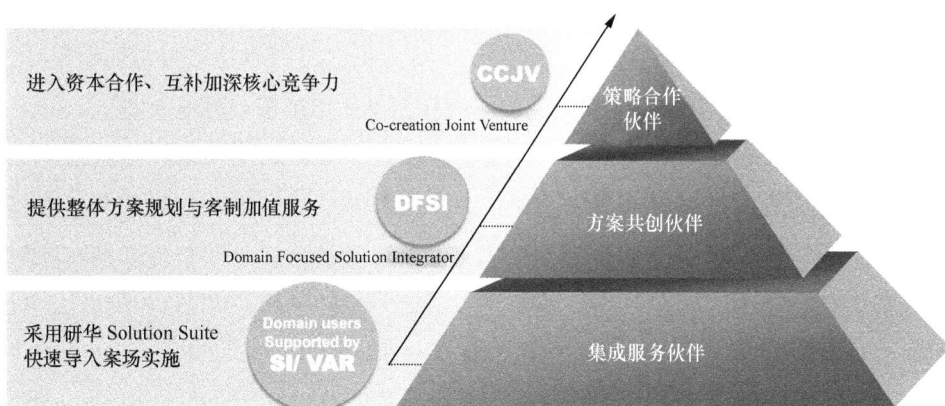

图 4-20　研华 AIoT 垂直产业之生态伙伴共创路径

在生态合作网络中，大部分的模式是强强联合，或者龙头企业引领与中小企业群体合作，很难有中小企业"抱团取暖"的模式存在。共创网络内部成员基于信任联盟进行资源共享，以覆盖更多场景，实现更快拓展。

4.6　长期主义逻辑

4.6.1　长期主义逻辑介绍

近年来，"长期主义"进入商业圈，关注度急剧攀升。"长期主义"可以最早追溯到亚马逊的杰夫·贝佐斯（Jeff Bezos）。1997 年，亚马逊在纳斯达克上市，在给股东的第一封信中，贝佐斯说：一切都围绕长期价值展开（It's all about long-term.），我们会继续面向长期做出决策，而不是短期的股票收益。

2020 年，高瓴资本创始人张磊的新书《价值》出版，其中的那句"长期主义不仅仅是一种方法论，更是一种价值观。流水不争先，争的是滔滔不绝"更是成为佳话，在公众号和视频号中广为传播。

长期主义的本质到底是什么？对投资机构来讲是持有企业股票的时间长短吗？张磊在书中谈了三层理解。

第一层理解是坚持初心。我们会考量，这个创业者做事情是为了短期目标，还是从自己的初心出发，去完成崇高的使命和夙愿？这个初心有多强大？

第二层理解是要保持进化。机会主义者往往重视一时的成功，会给由运气或偶然因素造成的机遇赋予很大的权重，结果影响了自己的认知和判断。而长期主义者能够意识到，现有的优势都是可以被颠覆的，技术创新也都是有周期的。因此，长期主义者要做的就是不断地设想"企业的核心竞争力是什么，每天所做的工作是在增加核心竞争力，还是在消耗核心竞争力"，且每天都问自己这个问题。

第三层理解是"终局游戏"（又称"无限的游戏"）的概念。商业世界的"终局游戏"不是一个终点，而是持续开始的起点，是一场"有无数终局的游戏"。

换句话说，商业史从来没有真正的终局，只有以终为始，站得更高，看得更远。

日渐勃兴的长期主义，与前些年的"风口论"形成了截然不同的腔调，因为其"高价值"而追捧者众多，其中不乏一些知名企业家。2021 年 5 月 20 日，左晖走完了他"难而正确"的一生。左晖也曾多次提"长期主义"。他表示，未来二手房租赁行业就是长期主义对短期主义的基因战，而长期主义背后就是经纪人合作网络（Agent Cooperate Network，ACN）文化的基础，坚持对客户好、对经纪人好、合作共赢和线上化。

谈到长期主义，不得不提到亚马逊创始人贝佐斯，他在 1997 年给股东的第一封信中就明确提出：一切都是关于长期价值的。同时基于长期价值，提出了一系列亚马逊的经营、决策和投资原则。贝佐斯一再重申自己想要通过投资在多个行业赢得市场领导地位，而不是优先考虑短期利润。换句话说，其用 10 年甚至更长的视角去看一家伟大企业的发展，并形成"Day One"的文化。

长期主义是一种理念，它的威力在于你不能仅仅只有理念本身，还需要理解事物、行业、产业的发展规律和波动周期，才能够在长期的价值循环中迭代进化。真正的长期主义不是无脑坚持，也不是对同一件事情的简单大量重复，毕竟重复本身（"当一天和尚撞一天钟"）是没有价值的。

对企业来讲，它能不能长期活下去，不仅仅是靠有长远的目标追求，更是取决于它能不能长期持续地为客户创造价值，能否对未来投入战略资源。商业游戏就是一场"无限的游戏"。在这场无限的商业游戏中，首要目标就是让游戏一直玩下去，只有这样，才能在无限游戏中成为赢家。也就是说，只有把时间拉长，才能得到确定的答案。

微信公众号"Liangjiangjunisme"作者梁将军认为，所谓的长期主义是一种能穿越小周期、看透大周期的能力。因为"长期"的单位不是"年份"，而是"周期曲线"。"长期"的定义是："长期"是世界上的事物发展的波动周期，而不是时间上的长短。时间上的长度，只是它看起来的样子而已，如图 4-21 所示。

一个漫长的时间周期，是由无数个上下波动的小周期组成的，这些小周期常常会让你误判，让你分不清大周期的拐点到底在哪里。

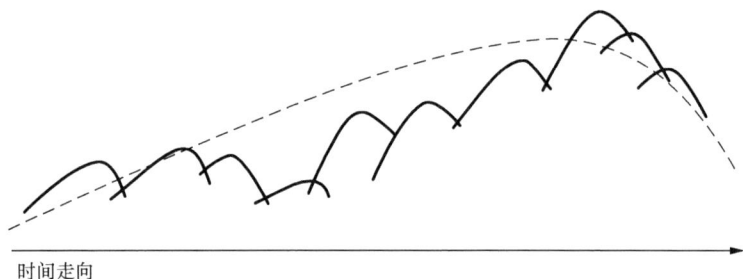

时间走向

图 4-21　长期主义与时间的关系
（来源：梁将军）

4.6.2　长期主义逻辑在工业互联网领域中的体现

要想理解工业领域的长期主义，首先有必要理解现代工业和工业逻辑，只有在行业里待久了，才会更加深刻地理解"工业是慢的"。郭朝晖曾在《理解现代化工业》一文中阐述了"现代工业"的几个关键点，可从中窥见工业逻辑的关键要素及关联关系。

（1）效率：现代化工业最基本的特征就是生产力水平高，或者说，生产效率高。

（2）安全与稳定：如果把提高"效率"比作踩上技术发展的"油门"，那么提高安全和稳定就像是给技术发展装上"刹车"。

（3）管理与技术：如果把技术比作"车子"，管理就相当于"司机"。"管理定义技术的边界"，从某种意义上说，就是管理决定了安全、稳定的边界，进而决定了技术发展的空间。

（4）质量与贯标：它们就像工业生产的"交通规则"。质量的一致性，很可能是最重要的质量指标。质量意味着合规。现代化工业的质量，不仅仅是产品本身的检验质量，而是相关的所有过程必须符合贯标的要求。只有符合生产要求的产品，质量才算是合格的。

（5）标准与流程：它们就像工业运行的"道路"，标准和流程是现代工业的基础，只有在标准化、流程化的基础上，才能实现安全、稳定和可靠。

笔者深耕制造业服务 10 多年，对制造业发展规律最大的认知就是"慢"。这是客观规律，很难说互联网、人工智能来了，同时叠加了资本的力量，为制造企业提供解决方案的服务商就能够使工业发展得飞快。这是不现实的，也是一厢情愿的。"其兴也勃焉，其亡也忽焉"，风口或热点来得快，去得也快！

所以，具有增长思维和成长思维是非常重要的。工业互联网征程上知易行难，时代呼唤产业型企业家（"产业家"）。

（1）模式上：以平台经济模式，整合资源形成产业价值创新网络。随着产业数字化和数字产业化发展，站在产业高度，整合产业大数据，以终为始，打造新型产业生态圈，平台型企业最有机会成为产业企业家，乃至行业龙头企业"带头大哥"。

（2）思维上：从企业视角跃升为产业视角和产业思维，整体看待价值创造、价值分配的关系，重塑商业模式，实现多方参与主体的共赢共生关系。

（3）理念上：一方面竞争理念发生变化，从竞争关系走向竞合，技术创新（改变生产力）+ 机制创新（改变生产关系）；另一方面坚持长期主义理念，对于一些有价值的事情，企业需要能够以长远的眼光坚持去做，不管外部的资本市场如何变化，都需要有一个很好的心态去看待变化。

（4）技术上：云、平台等协作模式，使开展大规模协作在经济性上成为可能。其涉及跨流程环节，如交易端、研发端、制造端、服务端等，使弱关系演变成强关系。

（5）社会责任上：勇于承担国家责任、社会责任、在实现我国各行业产业链的补链、固链、强链上，凸显产业链的社会价值。

总之，工业互联网是一条长长的赛道（"雪坡"），每个参与者都需要洞察产业发展阶段，把握好自身发展的节奏。**工业互联网的未来，当属于厚积薄发者。**

第 5 章

基于工业互联网的
数字化转型方法论

微软 CEO 纳德拉："我们的经济正在经历广泛的数字化，我们还处于初级阶段，科技产业仍仅占 GDP 的 5%，它将会达到 10%。但问题是，其他 90% 的 GDP 用这些技术做什么？在接下来的 10 年里，我期待着软件和数字技术像电力一样帮助每个行业。"

5.1　企业数字化转型箭在弦上

当前，数字化作为一股新浪潮，与工业互联网、"新基建"、数字化转型一起成为业界的关注焦点，甚至在产业政策和地方政府的推动下，数字化和数字化转型已然"出圈"，成为社会层面的热门话题。它们之间的关系，可以从宏观和微观两个视角展开。

从宏观视角来看，2021 年 3 月 12 日，《中华人民共和国国民经济和社会发展第十四个五年规划和 2035 年远景目标纲要》（以下简称《纲要》）正式出炉。《纲要》共分 19 篇，对未来数字经济、数字化转型和工业互联网等发展远景目标定调。

"一方面，加快推动数字产业化。培育壮大人工智能、大数据、区块链、云计算、网络安全等新兴数字产业，提升通信设备、核心电子元器件、关键软件等产业水平。构建基于 5G 的应用场景和产业生态，在智能交通、智慧物流、智慧能源、智慧医疗等重点领域开展试点示范。"

"另一方面，推进产业数字化转型。实施'上云用数赋智'行动，推动数据赋能全产业链协同转型。在重点行业和区域建设若干国际水准的工业互联网平台和数字化转型促进中心，深化研发设计、生产制造、经营管理、市场服务等环节的数字化应用，培育发展个性定制、柔性制造等新模式，加快产业园区数字化改造。深入推进服务业数字化转型，培育众包设计、智慧物流、新零售等新增长点。加快发展智慧农业，推进农业生产经营和管理服务数字化改造。"

"世界经济论坛"估计，到 2025 年，各行业的数字化转型可能为整个社会创造超过 100 万亿美元的综合价值。国家"十四五"规划纲要中指出：打造自主可控的标识解析体系、标准体系、安全管理体系，加强工业软件研发应用，要培育形成具有国际影响力的工业互联网平台，推进"工业互联网＋智能制造"产业生态建设。

从微观视角来看，企业数字化是信息化发展的新阶段。为什么企业已经有了大量的信息化 IT 系统，还要再提数字化呢？这是不是多此一举呢？其实不是的。各行各业目前有两个共性的老大难问题有待解决：一是前些年建设的 IT 系统垂直林立，沟壑纵横，数据孤岛严重，类似于千岛湖的一个个独立小岛，彼此之间没有连通，数据未能被有效分析和利用，如图 5-1 所示；二是随着自动化的加速部署，工业 2.0 迈向工业 3.0，数字化装备／智能产品、传感器、产线及物流供应链网络产生越来越多的多元异构数据，但由于工业通信协议种类繁多，标准不一，数据采集、分析困难重重，数据白白流失。这两大难题都离不开数字化，所以现在谈数字化转型是很有必要的。

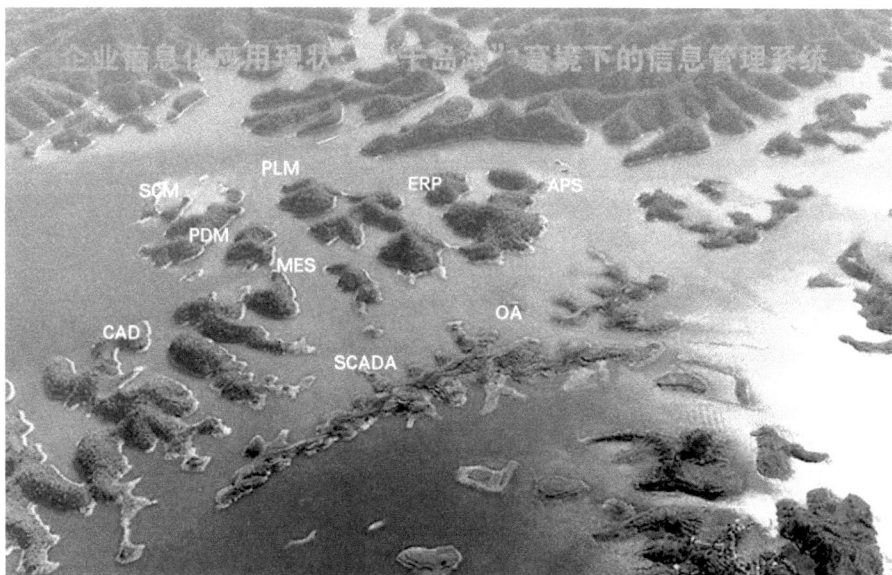

图 5-1　企业信息化应用现状

面对着越来越复杂的商业系统和变化节奏，传统的、笨重的 IT 架构已经不适应了。随着云计算技术的发展，信息技术发展到现在出现了架构大迁移的"拐点"，越来越多的 IT 应用依托于云的模式供应。而工业互联网平台就是在这个背景下产生和发展的。也可以这样说，工业互联网平台就是云原生的产物。

Hitachi Vantara 总裁兼首席运营官 Brian Householder 认为："数字化一切事物的概念正在变成现实。自动化、人工智能、物联网、机器学习及其他先进技术能够快速获取并分析大量数据，使这些数据为我们提供以往难以想象的信息数量和类型加以利用。我们面临的挑战正转向另一个阶段，即改变利用数据的思维、培训和工作方式，通过先进技术获取成果创造价值。"

数字化就是利用大数据、云计算、人工智能、边缘计算等数字技术提升企业战略、组织、流程、资产的价值产出，从而实现数字化运营、内外效率及业绩增长。企业数字化转型可以基于工业互联网和数字技术实现产品研发、生产制造、质量管理、决策模式、交付模式、客户关系、供应链体系等各环节价值体系重构，不仅能够帮助制造型企业实现降本增效，而且可以赋予企业重新思考价值定位和重构商业模式的契机。德勤的一项调研结果显示，30% 的受访企业未来商业模式以平台为核心，26% 的受访企业走规模化定制路线，24% 的受访企业以"产品 + 服务"为核心向解决方案商转型，12% 的受访企业未来商业模式以知识产权为核心。

当前，企业数字化转型与工业互联网落地正在走向融合，工业互联网促进企业进行数字化改造，推动各要素全面连接，持续挖掘工业数据资源价值，利用"数据 + 智能"推动制造企业提质降本增效。

【案例】山东能源集团数字化转型

山东能源集团的数字化转型以"向上增智，向下赋能，对内强己，对外利他"为指引，围绕煤炭、化工、煤电、新能源、高端制造、现代物流六大主业，引入物联网、云计算、大数据、5G 等新技术，进行装备、技术升级，全面推进产业数字化转型，实现全流程数字化与智能化，提升生产运营效率和协同效率。山东能源集团数字化建设转型主要目标包含以下 3 个部分。

1. 实现产业数字化发展水平行业领先。大力推进产业数字化，拓展工业互联网在能源集团煤炭、化工、装备制造、物流贸易等领域的融合创新应用，大幅提升产业数字化水平。

2. 运营数字化提升运营效率，降低运营成本。一是推动集团公司生产、研发、采购、销售、运营管理等业务模式的数字化重构，改变工作方式，提升运营效率，降低运营成本。二是推进管理、市场、区域、人力资源、产业、资源的数字化、智能化协同，提升集团公司整体协同效率，降低运营成本。

3. 决策数字化实现数据驱动的智能决策。将数字资源转化为管理资源、决策资源，实现全域数据融合，为生产、经营管理提供科学决策和精准执行依据，提升智慧能力。

宏观层面，构建集团总部全价值链数字化转型的能力支撑与资源服务体系。微观层面，结合板块自身业务特点，系统化寻找高价值"创新业务场景"及场景组合，并有所"聚焦"。

5.2　基于工业互联网的数字化转型框架

工业互联网作为连接物理世界和虚拟数字世界的桥梁，是实现工业数字化转型的有效途径。

1. 进行顶层规划，梳理核心业务价值和诉求，确定转型方向

在数字化转型开端，企业主要领导要有一套整体思考框架。这个阶段一定是自上而下思考的，是必不可少的环节，领导层是要最终拍板决策的。对不同规模的工业企业来说，会有不同的选择项。对于内部战略能力和解码能力比较强的企业来说，可以先行内部梳理，从战略目标、年度目标、关键绩效指标（KPI）分解展开；自身能力不能完成整个目标分解的企业，可邀请第三方咨询公司或数字化服务商入场，借力外部团队分析框架和补齐专业能力。

首先，聚焦价值驱动而非技术进步。围绕业务逻辑优先原则，系统评估自身所处的发展阶段和业务痛点，围绕公司业务架构开展覆盖全价值链环节的梳理，包括研发、采购、生产、质量、物流及交付环节；从应用场景来看，从单个资产到生产线，从工厂到工厂网络，不仅要关注工厂本身，还要扩展到供应链之中，便于后续价值场景拓展，找出相应的业务痛点，制定项目库，如图 5-2 所示。

其次，在进行业务分析之后，接下来从战略重点、迫切程度、所需资源（资金投入、数字化人才支撑等）、期望收益等方面综合考量，界定核心业务痛点的边界，确定合适的价值场景和试点领域，预先设定与业务价值创建相关的 KPI，

确定所选项目的优先级，确保"做正确的事"。

最后，确定核心小组成员和参与者，以业务部门、数据分析专家、系统架构师及外部专家组成专项推进团队，并建立相应的沟通机制和绩效评价机制，不能使用原来部门的 KPI。领导层要高度重视试点在资源协调上的支持力度，在项目里程碑节点上，要亲临参与并给予指导。从小处着手，实施起来更加可控，试点成功后再展开推广，可达到更理想的效果。

和利时集团总工程师朱毅明认为：智能工厂的落地实施还要看企业的痛点，有的企业要提升产品质量，有的企业要实现产品设计生产和管理的数字化，由于企业往往难以承受"全家桶"解决方案，因此可以先解决眼前问题，但一定要有长远规划，以免后期无法实现互联互通。

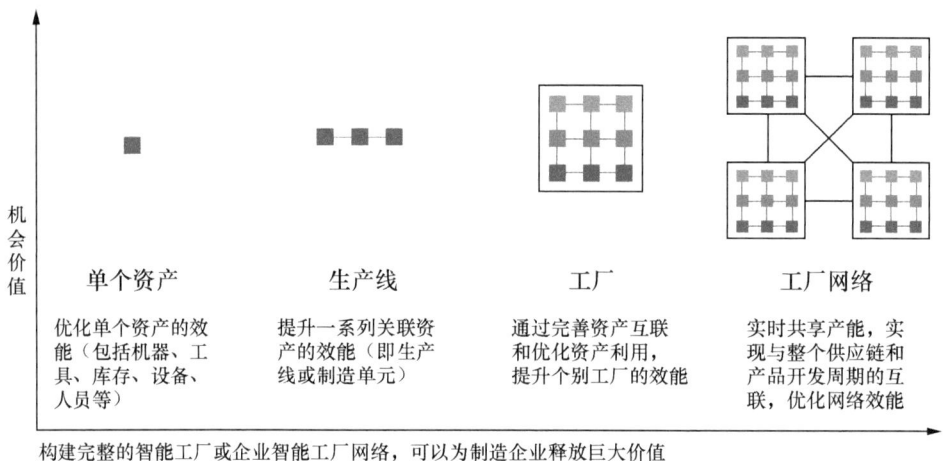

单个资产	生产线	工厂	工厂网络
优化单个资产的效能（包括机器、工具、库存、设备、人员等）	提升一系列关联资产的效能（即生产线或制造单元）	通过完善资产互联和优化资产利用，提升个别工厂的效能	实时共享产能，实现与整个供应链和产品开发周期的互联，优化网络效能

构建完整的智能工厂或企业智能工厂网络，可以为制造企业释放巨大价值

图 5-2 从小处着手并迅速释放价值
（来源：德勤分析）

2. 建立可扩展的 IIoT 架构，挖掘和释放数据价值

构建面向未来的工业互联网基础设施（又称 IIoT 平台、数据中台），确保数字分析、业务模型等部署的连续性和可扩展性，可避免再次陷入"数据孤岛"。互联互通是某一个工厂内部的生产设备和信息化设备间的物理网络连接（厂内互联），也可以是多个工厂生产设备、信息化设施之间的物理网络连接（厂外互联）。企业内外部的互联互通互操作是基于工业互联网平台实现的，其融合本地数据中

心资源、私有云和公有云资源，借力开源、云平台、容器、敏捷开发、软硬件解耦等技术，这将有助于企业开展扩展性强的试点项目，从而加速实现规模效益。

对于大型集团企业来说，当前的数字化转型不仅仅是再次采购 IT 系统这么简单了，而是要着手考虑构建内部统一数据平台，着力实施数据战略。数据资产的建立和管理是以工业互联网平台（IIoT 平台、数据中台）等基础设施为依托，在数据源头到应用的全生命周期中，将 IT 与 OT 等多源异构、杂乱无章的原始数据，变为整合的结构化数据、信息和知识，最终形成可以被业务部门直接使用并创造价值的数据资产。这考验着首席执行官（CEO）甄选供应商的能力，尤其是在当下工业互联网平台承载能力薄弱、价值应用（工业 App、SaaS）缺少的情况下。目前，工业互联网平台主要有通用级 / 综合性平台（跨行业跨领域）和垂直行业平台两种，前者是各行各业通用功能居多的平台，使用范围更广；后者是深度聚焦具有垂直行业属性的应用平台，在垂直行业纵向深耕。企业在引入工业互联网平台时要选择与所选平台商共创的模式，企业提供业务场景和资源支撑，叠加外部服务商的技术能力和专业能力，共同推动融合创新。

【调研报告】IBM 商业价值研究院针对 2131 位首席执行官（CEO）进行调研，并形成报告《数据优势，不同错过》，发现 4 种截然不同的企业数据战略阶段，分别代表处于数据领导力之旅的不同阶段，如图 5-3 所示。

（1）"渴望者"（占比 34%）：企业才刚刚开启整合业务战略与数据战略。

（2）"构建者"（占比 39%）：企业在使用业务战略和数据战略的一致性上，以及营造数据文化方面取得较大进展。但是，它们仍然无法恰当地利用数据实现价值。

（3）"探索者"（19%）：企业还在半路上，它们要么实现了数据战略与业务战略的一致性，要么从收集的数据中创造了显著价值，但尚未在这两个方面同时取得成功。

（4）"火炬手"（8%）：企业取得了理想的成果，它们将数据战略与业务战略很好地融合，在数据丰富的文化氛围中开展运营，对于数据可以实现的价值设定了较高的期望值，而且往往超越了企业目标。

运用数据创造价值

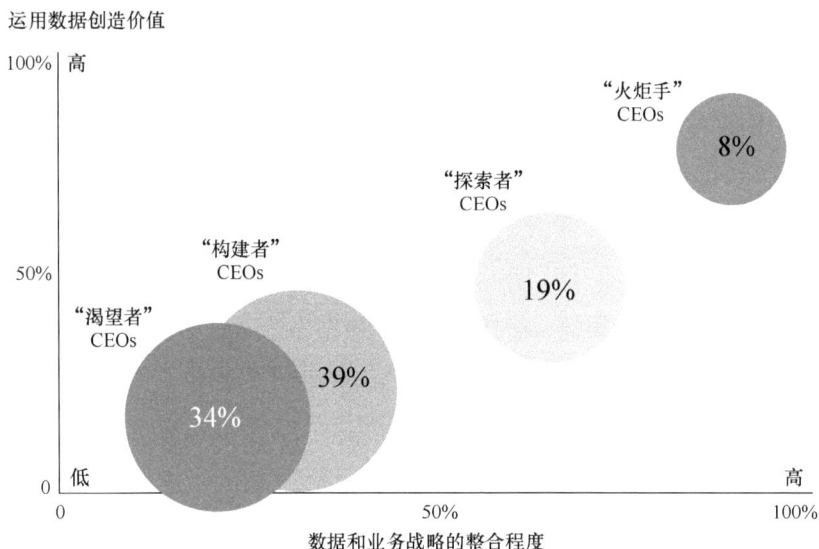

图 5-3　4 种截然不同的企业数据战略阶段
（来源：IBM 商业价值研究院）

3. 坚持自上而下与自下而上相结合的实施策略

在所有成功的试点项目中获得的共性经验有两点，一是自上而下的顶层设计，以及一把手的高度关注和资源推动；二是自下而上的全员参与，这种积极参与改善的行动和氛围比技术本身更加重要。

自上而下的方式更能切中业务价值痛点——做正确的事，其在达成变革共识和营造紧迫感方面，发挥着独一无二的作用。自下而上更多关注执行策略的有效性，所有成功变革都离不开中基层的参与行动——正确地做事。任正非所言"让听到炮声的人呼唤炮火"就是这种策略，这也宣示着企业领导重视中基层的力量。实际案例分析结果表明，数字化变革实施效果很大程度上取决于一线员工如何使用新数字工具。所以，只有采用自上而下与自下而上相结合的混合模式，上下一心，企业才能行稳致远，如图 5-4 所示。

4. 持续改进，实现运营闭环与迭代升级

工业互联网 / 数字化的试点改善项目的成功，只是"万里长征走完了一小步"，距离真正的数字化企业还有很长的距离。接下来的重点工作是，一方面依据试点经验编制案例，提炼实施方法论，形成完整的运营闭环，并纳入企业知识库管理，

沉淀到内部平台上；另一方面，通过组织变革，将数字化转型模式在不同场景进行复制扩展，嵌入各个业务单元，最终形成独立的数字化业务单元。

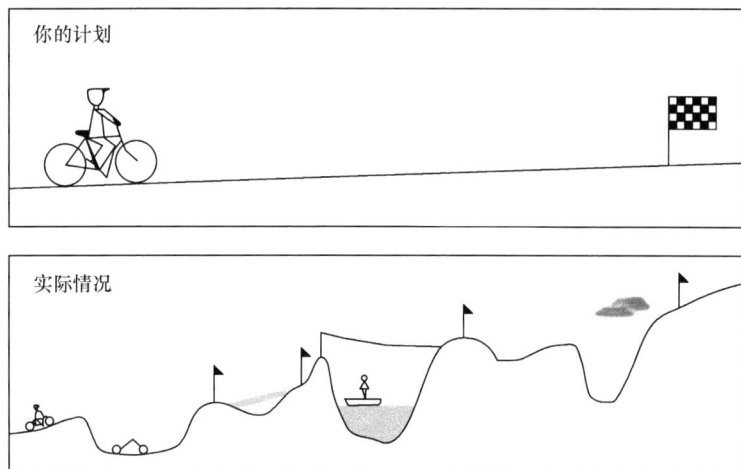

图 5-4　数字化转型变革的实际过程

值得注意的是，由于受自身数字化转型及外部不确定的环境影响，企业很难在进行各种转变前完全看清该转变会对自身产生怎样的影响。可以将整个数字化切分成几个具体清晰的阶段性目标，根据具体实施情况进行不断调整纠错，互联网"小步快跑"打法也能确保实施过程的灵活性。

在此强调的是，新技术、新方案的关键在于落实和应用，并通过持续改进拓展至更多场景和全局，实现工业互联网和数字技术的真正落地，如表 5-1 所示。

表 5-1　智能工厂内部流程与数字化应用

流程	部分数字化应用
生产运营	● 增材制造可快速生产产品原型或小批量零配件 ● 基于实时生产和库存数据的先进计划和排产，尽可能减少浪费，缩短周期 ● 认知机器人和自主机器人能够有效开展常规工作，尽可能节省成本，提高精确性 ● 数字孪生可实现运营数字化，并超越自动化和集成，开展预测性分析
仓储运营	● 增强现实可协助工作人员挑选和安置任务 ● 自主机器人可开展仓库管理工作

续表

流程	部分数字化应用
库存跟踪	● 传感器可追踪原材料、半成品、成品及高价值模具的实时动向和位置 ● 分析可优化现有库存，并自动提醒补充库存
质量	● 采用光学分析方法开展中期质量检测 ● 实时设备监控，预测潜在质量问题
维护	● 增强现实可协助维修人员开展设备维修工作 ● 设备上的传感器有助于预测性和认知性维护分析
环境、健康与安全	● 传感器可在危险设备靠近工作人员时发出警告 ● 工作人员身上的传感器可监测环境状况，确认是否正常运作或是否存在其他潜在威胁

（来源：德勤分析）

5.3 工业企业数字化转型的难点和误区

1. 难点

如今，加速数字化转型已经成为众多企业的选择。但不同规模和发展阶段的企业，在数字化变革过程中具有不同的诉求。生产是小企业关注的核心话题，它们更多面临"不会转、不敢转、不想转"的困惑，在快速接单、成本降低、及时交付、设备故障解决等方面缺乏能力。而更多的大中型企业则处在工业2.0迈向工业3.0，以及数据集成推动业务价值实现方面存在瓶颈，主要难点如下。

（1）**认知与思维方式滞后**。很少有企业愿意拥抱新事物，即便它们已经清楚地看到核心业务正在失去发展势头。尤其是"创一代"们把持的公司，所谓转型很大程度上意味着启动"二次创业"或发展第二条业务曲线。变革充满了风险，对企业决策来讲是一项重大考验，即便路径看起来清晰，其在面向未来的转型过程中，依然障碍重重。加上资金投入、短时间内很难清晰评价效果、内部动力机制不够强劲等因素，很容易造成项目停滞，落入"试点陷阱"。

（2）**技术能力不足，缺乏 IT 与 OT 融合**。由于缺乏便捷、好用、可信的 IIoT 平台（也有些企业主张建设工业大数据平台），因此现在我们所采用的数字技术和第三次工业革命形成的 PLC、DCS 管控系统，在硬件、软件上缺乏深度融合。中国工程院院士柴天佑在一次演讲中提到：针对工业互联网实际落地，缺乏系统体系架构、功能体系、自主可控的核心关键技术与实施路径的深入研究，特别是缺乏智能制造系统的新一代硬件、软件和系统及关键核心技术。

（3）**组织与人才、资金支撑能力不足**。在传统的工业企业里，团队成员老化、组织机制僵化、数据科学家等人才储备不足、没有足够的资金支撑升级等问题较为普遍。在核心产业处于上升周期时，如果没有前瞻眼光部署新技术应用，创造新的增长引擎，那么等到产业处于下降周期，组织和人才等都很容易散掉，企业就无法把握新时期的机遇。

"对现有企业来讲，困难的并不是掌握新技术，而是摒弃旧有的计划、流程和系统，它们适用于相对静态下的竞争，适用于行业缓慢转型期，适用于渐进式的技术改进时期，却不适用于颠覆性时期。"——埃森哲《明智转向》

（4）**数据断点多，缺乏数据洞察**。企业基础差，自动化尚未覆盖，信息化系统处于孤岛状态；企业数据资源管理水平不足，内外部各类数据"燃料"储备不足，比如设备读写不开放、物联数据获取难、数据失真失准现象严重、一致性差，数据壁垒难打破、无法直接利用等。俗话说，"基础不牢，地动山摇"，大部分数字化转型项目尚处于"补课阶段"，正在填补历史欠账，真正促进产品和业务创新的案例只是少数。

（5）**难以甄选到合适的供应商**。企业自身的需求是个性化的、碎片化的，想从正在孕育的市场中找到合适的服务商，确实挺困难的。虽然工业互联网平台不断完善，解决方案所能覆盖的场景越来越多，但从各家的组织能力和商业模式来看，它们各自走在不同的道路上。可以依据企业个性化特点为其量身定制方案的工业互联网平台或服务商提供不了开箱即用的产品，扩展性不强；能提供相对成熟产品的 SaaS 服务商难以做到基于企业特点的个性化定制，两种情况很难兼顾。

2. 误区

推动数据驱动的业务创造过程是一件长期的工作，充满很大的不确定性，企业需要避开一些误区。

（1）未找到价值缝隙，完全由技术团队主导，容易进入"拿着锤子找钉子"

的误区。企业应专注于能够实际创造价值，而不是一味地追求最前沿的技术。

（2）依然秉持上 IT 系统的思维，采用项目制模式，平台化、开放性思维不够，容易形成新的信息孤岛。

（3）幸存者偏差，以为只要引进尽可能多的数字化系统 / 工具就能确保数字化转型成功。仅仅堆砌大量数字化工具和应用本身，并不能"包治百病"。

（4）重建设、轻运营。只有用起来才能创造价值，实现正向循环。

5.4　国内外主流智能制造与工业互联网参考模型

对于智能制造、工业互联网及企业数字化转型的发展，标准体系和参考架构至关重要，美国、德国、日本等主要工业国家纷纷推出相应的标准和参考架构模型。我国在这方面紧跟国际形势发展的同时，也植根于国内产业界土壤，适时提出不同侧重的参考架构体系，如表 5-2 所示。另外，参考架构具有更新机制，扎实满足产业发展需求的同时，与时俱进，保持一定的先进性。

表 5-2　不同国家发布的工业互联网参考架构模型

序号	模型名称	制定组织
1	工业4.0参考架构模型（RAMI4.0）	德国工业4.0平台
2	智能制造生态系统（SMS）	美国国家标准与技术研究院（NIST）
3	工业互联网参考架构（IIRA）	美国工业互联网联盟（IIC）
4	工业价值链参考架构（IVRA-Next）	日本工业价值链促进会（IVI）
5	智能制造系统架构（IMSA）	中国工业和信息化部、国家标准化管理委员会
6	信息化和工业化融合生态系统参考架构	国家市场监督管理总局、国家标准化管理委员会
7	工业互联网体系架构2.0	工业互联网产业联盟（AII）
8	物联网概念模型	ISO/IEC JTC1/WG10物联网工作组
9	IEEE物联网参考模型	IEEE P2413物联网工作组
10	ITU物联网参考模型	ITU-T SG20物联网及其应用
11	物联网架构参考模型	oneM2M物联网协议联盟
12	全局三维图	ISO/TC184自动化系统与集成

续表

序号	模型名称	制定组织
13	信息物理系统架构	信息物理系统公共工作组
14	智能制造标准路线图框架	法国国家制造创新网络（AIF）
15	边缘计算参考架构	边缘计算产业联盟（ECC）
16	雾计算参考架构	开放雾计算联盟（OpenFog）
17	制造业数字化转型方法论参考架构	中国电子信息产业发展研究院（赛迪智库）

5.4.1 部分国内主流机构的参考架构 / 成熟度模型

1. 智能制造参考架构

为加快推进智能制造发展，指导智能制造标准化工作的开展，依据《智能制造发展规划（2016—2020 年）》，2018 年 8 月 14 日，工业和信息化部、国家标准化管理委员会共同组织制定并发布了《国家智能制造标准体系建设指南（2018 年版）》。

智能制造是基于新一代信息技术与先进制造技术深度融合、贯穿于设计、生产、管理、服务等制造活动各个环节，具有自感知、自决策、自执行、自适应、自学习等特征，旨在提高制造业质量、效益和核心竞争力的先进生产方式。智能制造是我国推进制造强国的主攻方向。

智能制造系统架构从生命周期、系统层级和智能特征 3 个维度对智能制造所涉及的活动、装备、特征等内容进行描述，主要用于明确智能制造的标准化需求、对象和范围，指导国家智能制造标准体系建设。智能制造系统架构如图 5-5 所示。

（1）生命周期

生命周期是指从产品原型研发开始到产品回收再制造的各个阶段，包括设计、生产、物流、销售、服务等一系列相互联系的价值创造活动。生命周期的各项活动可进行迭代优化，具有可持续性发展等特点，不同行业的生命周期构成不尽相同。

① 设计是指根据企业的所有约束条件及所选择的技术来对需求进行构造、仿

真、验证、优化等研发活动过程。

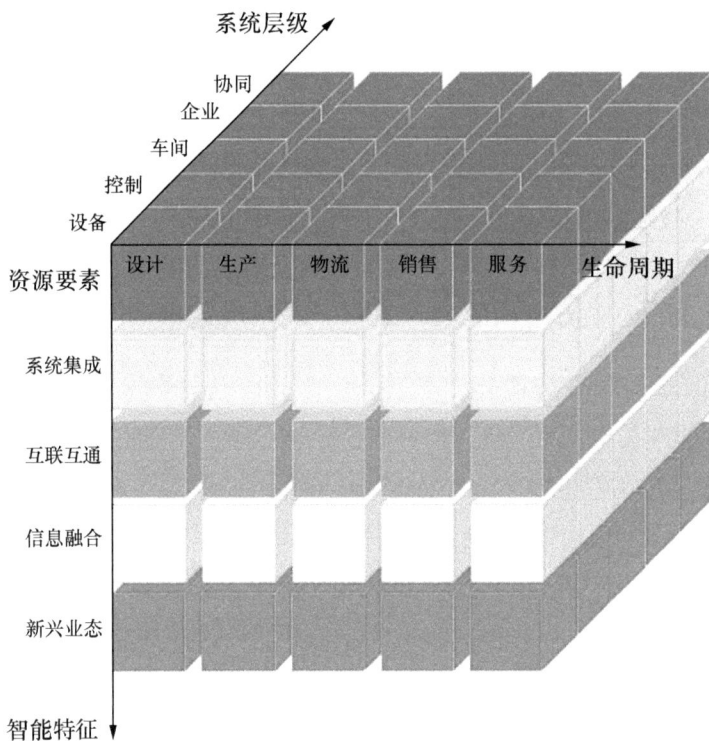

图 5-5　智能制造系统架构 （IMSA）

② 生产是指通过劳动创造所需要的物质资料的过程。

③ 物流是指物品从供应地向接收地的实体流动过程。

④ 销售是指产品或商品等从企业转移到客户手中的经营活动。

⑤ 服务是指提供者与客户接触过程中所产生的一系列活动的过程及其结果，包括回收等。

（2）系统层级

系统层级是指与企业生产活动相关的组织结构的层级划分，包括设备层、控制层、车间层、企业层和协同层。

① 设备层是指企业利用传感器、仪器仪表、机器、装置等，实现实际物理流程并感知和操控物理流程的层级。

② 控制层是指用于工厂内处理信息、实现监测和控制物理流程的层级。

③ 车间层是实现面向工厂或车间的生产管理的层级。

④ 企业层是实现面向企业经营管理的层级。

⑤ 协同层是企业实现其内部和外部信息互联和共享过程的层级。

（3）智能特征

智能特征是指基于新一代信息通信技术使制造活动具有自感知、自学习、自决策、自执行、自适应等一个或多个功能的层级划分，包括资源要素、互联互通、融合共享、系统集成和新兴业态等 5 层智能化要求。

① 资源要素是指企业对生产时所需要使用的资源或工具及其数字化模型所在的层级。

② 互联互通是指通过有线、无线等通信技术，实现装备之间、装备与控制系统之间，企业之间相互连接及信息交换功能的层级。

③ 融合共享是指在互联互通的基础上，利用云计算、大数据等新一代信息通信技术，在保障信息安全的前提下，实现信息协同共享的层级。

④ 系统集成是指企业实现智能装备到智能生产单元、智能生产线、数字化车间、智能工厂，乃至智能制造系统集成过程的层级。

⑤ 新兴业态是企业为形成新型产业形态进行企业间价值链整合的层级。

智能制造的关键是实现贯穿企业设备层、控制层、车间层、企业层、协同层不同层面的纵向集成，跨资源要素、互联互通、融合共享、系统集成和新兴业态不同级别的横向集成，以及覆盖设计、生产、物流、销售、服务的端到端集成，如图 5-6 所示。

2. 智能制造能力成熟度模型 GB/T 39116—2020

2020 年 10 月 11 日，国家市场监督管理总局和国家标准化委员会联合发布了 GB/T39116—2020《智能制造能力成熟度模型》和 GB/T39117—2020《智能制造能力成熟度评估方法》（2021 年 5 月 1 日正式施行）。这两份标准的发布，无疑对我国的智能制造系统的成熟度提升起到了积极的作用。

GB/T 39116—2020 模型由成熟度等级、能力要素和成熟度要求构成。其中，能力要素由能力域构成，能力域由能力子域构成，如图 5-7 所示。

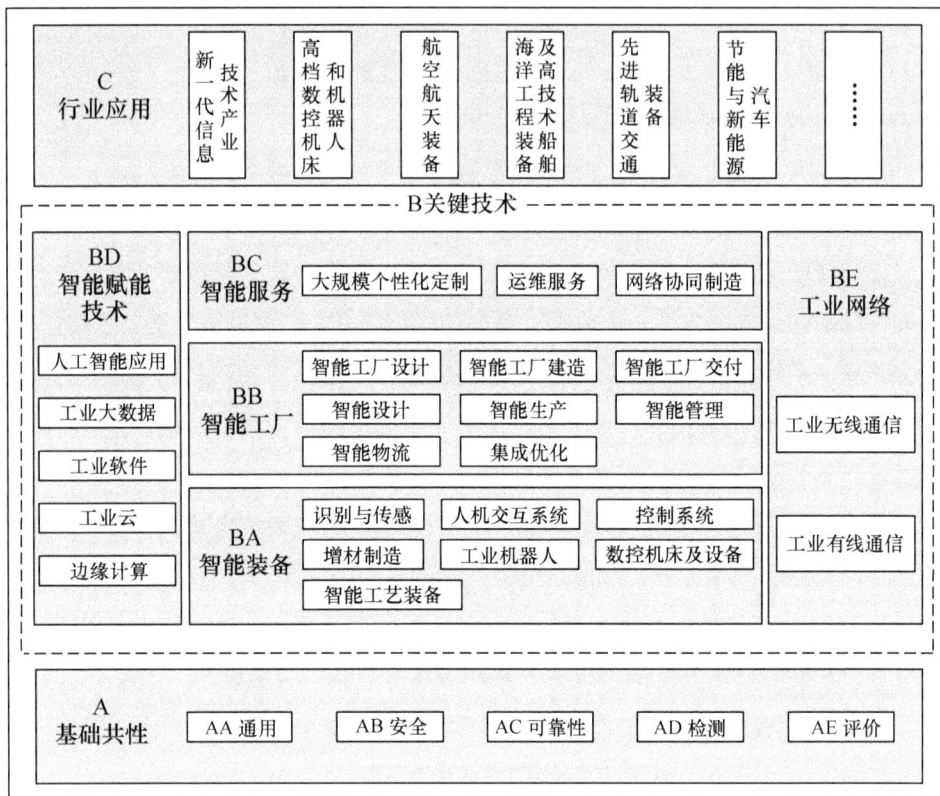

图 5-6　智能制造标准体系结构

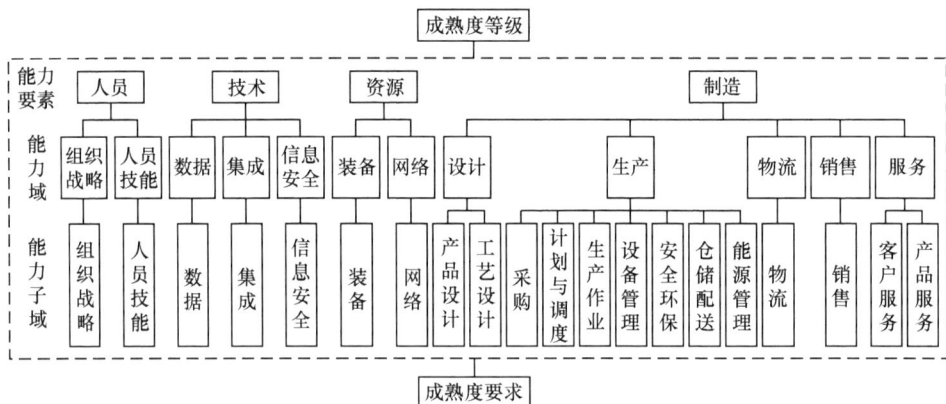

图 5-7　智能制造成熟度模型构成

（1）成熟度等级

成熟度等级规定了智能制造在不同阶段应达到的水平。成熟度等级分为 5 个等级，自低向高分别为一级（规划级）、二级（规范级）、三级（集成级）、四级（优化级）和五级（引领级），较高的成熟度等级要求涵盖了低成熟度等级的要求，如图 5-8 所示。

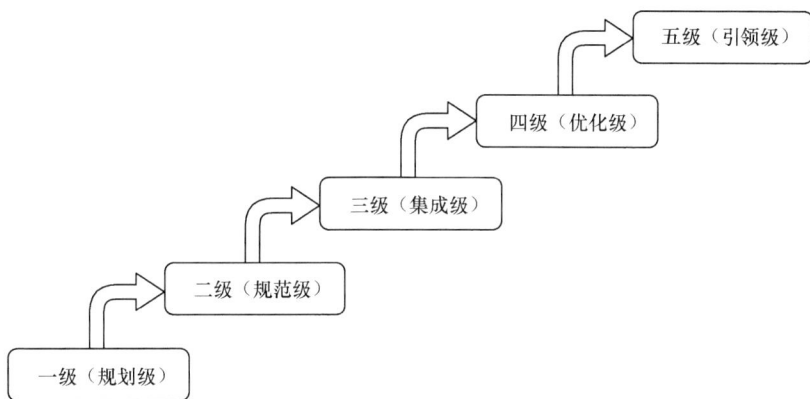

图 5-8　智能制造成熟度等级

① 一级（规划级）：企业应开始对实施智能制造的基础和条件进行规划，能够对核心业务活动（设计、生产、物流、销售、服务）进行流程化管理。

② 二级（规范级）：企业应采用自动化技术、信息技术手段对核心装备和核心业务活动等进行改造和规范、实现单一业务活动的数据共享。

③ 三级（集成级）：企业应对装备、系统等开展集成，实现跨业务活动间的数据共享。

④ 四级（优化级）：企业应对人员、资源、制造等进行数据挖掘，形成知识、模型等，实现对核心业务活动的精准预测和优化。

⑤ 五级（引领级）：企业应基于模型持续驱动业务活动的优化和创新，实现产业链协同并衍生新的制造模式和商业模式。

（2）能力要素

能力要素给出了智能制造能力提升的关键方面，包括人员、技术、资源和制造。人员包括组织战略、人员技能 2 个能力域。技术包括数据、集成和信息安全 3 个能力域。资源包括装备、网络 2 个能力域。制造包括设计、生产、物流、销售和服务 5 个能力域。

设计包括产品设计和工艺设计 2 个能力子域，生产包括采购、计划与调度、生产作业、设备管理、安全环保、仓储配送、能源管理 7 个能力子域，物流包括 1 个能力子域，销售包括 1 个能力子域，服务包括客户服务和产品服务 2 个能力子域。企业可根据自身业务活动特点对能力域进行裁剪。

（3）成熟度要求

具体内容详见 GB/T39116—2020《智能制造能力成熟度模型》。

3. 信息化和工业化融合生态系统参考架构

2020 年 9 月 29 日，国家市场监督管理总局和国家标准化管理委员会联合发布《信息化和工业化融合生态系统参考架构》，并于 2021 年 4 月 1 日正式实施。两化融合生态系统参考架构由 3 个视角、4 个要素、3 个历程构成，如图 5-9 所示。

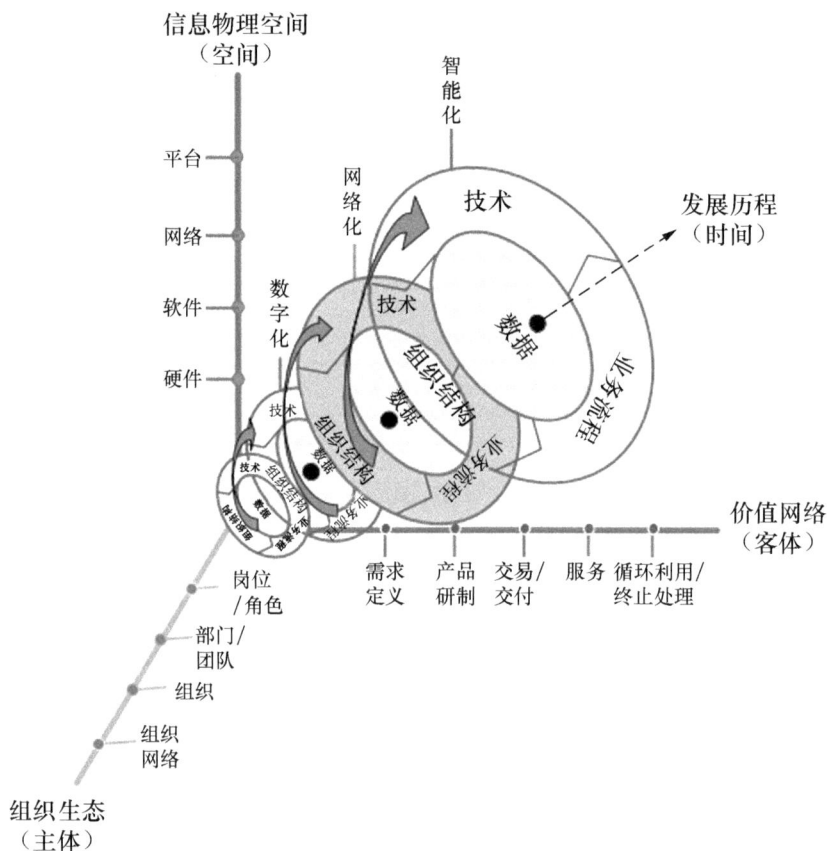

图 5-9　两化融合生态系统参考架构

（1）3 个视角包括组织生态（主体）、价值网络（客体）和信息物理空间（空间），给出了两化融合的作用主体、作用对象和作用空间。组织需通过推动 3 个视角的协调互动和融合创新，系统推进组织管理变革、价值体系变革和技术变革，如图 5-10 所示。

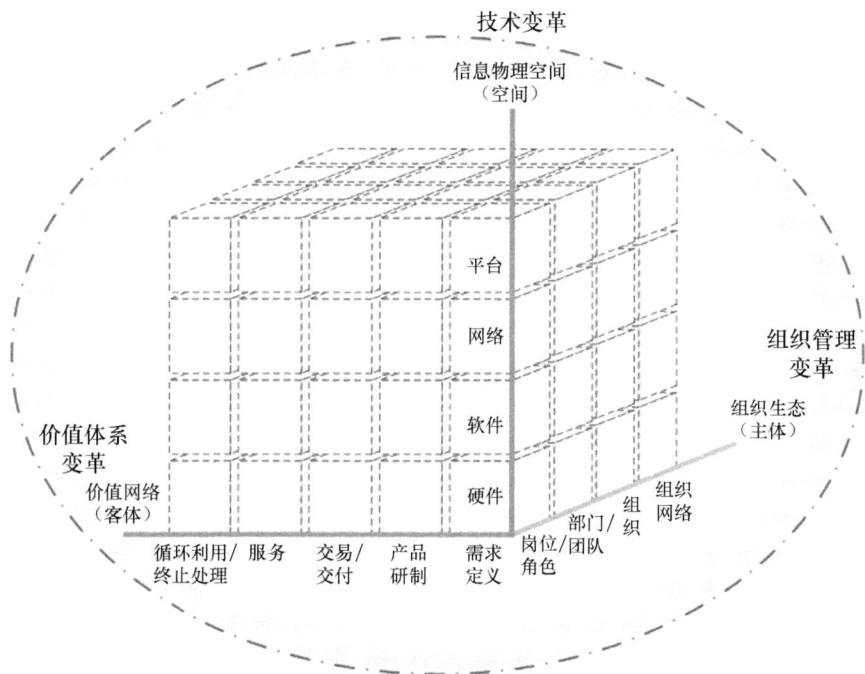

图 5-10　系统参考架构的 3 个视角

（2）4 个要素包括数据、技术、业务流程和组织结构，给出了两化融合的构成要素及其相互作用关系。组织以数据为驱动，推动技术、业务流程和组织结构的互动创新和持续优化，实现作用主体的管理变革、作用对象的价值创造和作用空间的技术创新。

（3）3 个历程包括数字化、网络化和智能化，从时间维度明确两化融合是一个循序渐进、螺旋式发展的历程，组织推进两化融合的目标理念、重点任务和机制模式应与时俱进。

4. 工业互联网体系架构（版本 2.0）

2020 年 4 月，工业互联网产业联盟（AII）发布了《工业互联网体系架构（版本 2.0）》，在继承版本 1.0 核心理念、要素和功能体系的基础上，从业务、功能、实施等 3 个视图重新定义了工业互联网的参考体系架构并提出版本 2.0，这是一套更全面、更系统、更具体的总体指导性框架。一是提供一套可供企业开展实践的方法论，重点是构建一套由"业务需求—功能定义—实施部署"构成的方法论。二是从战略层面为企业开展工业互联网实践指明方向。三是结合规模化应用需求对功能架构进行升级和完善。四是提出更易于企业应用部署的实施框架。

工业互联网体系架构 2.0 包括业务视图、功能架构、实施框架三大板块，形成以商业目标和业务需求为牵引，进而明确系统功能定义与实施部署方式的设计思路，自上向下层层细化和深入，如图 5-11 所示。

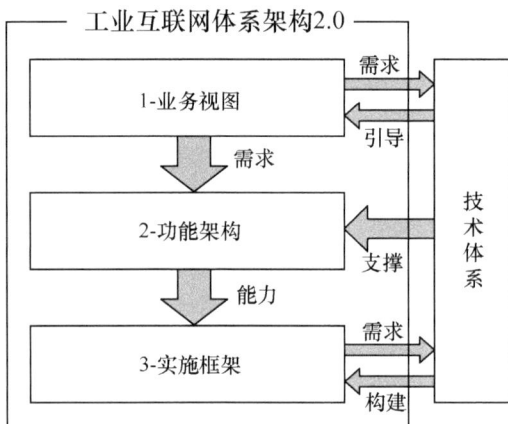

图 5-11　工业互联网体系架构 2.0

（1）业务视图

业务视图明确了企业应用工业互联网实现数字化转型的目标、方向、业务场景及相应的数字化能力。业务视图首先提出了工业互联网驱动的产业数字化转型的总体目标和方向，以及这一趋势下企业应用工业互联网构建数字化竞争力的愿景、路径和举措。这在企业内部将会进一步细化为若干具体业务的数字化转型策略，以及企业实现数字化转型所需的一系列关键能力。业务视图主要用于指导企业在商业层面明确工业互联网的定位和作用，提出的业务需求和数字化能力需求对于后续功能架构设计起重要指引作用。

如图 5-12 所示，工业互联网业务视图包括产业层、商业层、应用层、能力层
4 个层次，其中产业层主要定位于产业整体数字化转型的宏观视角，商业层、应
用层和能力层则定位于企业数字化转型的微观视角。4 个层次自上而下来看，实
质是产业数字化转型大趋势下，企业如何把握发展机遇，实现自身业务的数字化
发展并构建起关键数字化能力；自下而上来看，实际也反映了企业不断构建和强
化的数字化能力将持续驱动其业务乃至整个企业的转型发展，并最终带来整个产
业的数字化转型。

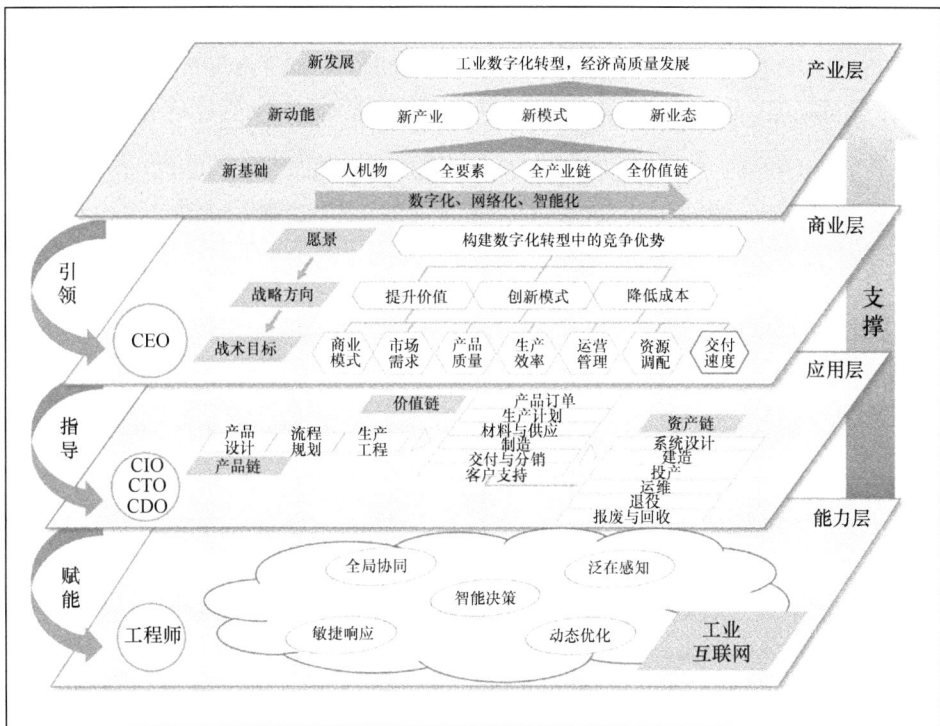

图 5-12　工业互联网业务视图

（2）功能架构

功能架构明确企业支撑业务实现所需的核心功能、基本原理和关键要素。功
能架构首先提出了以数据驱动的工业互联网功能原理总体视图，形成物理实体与
数字空间的全面联接、精准映射与协同优化，并明确这一机理作用于从设备到产
业等各层级，覆盖制造、医疗等多行业领域的智能分析与决策优化。进而细化分

解为网络、平台、安全三大体系的子功能视图，描述构建三大体系所需的功能要素与关系。功能架构主要用于指导企业构建工业互联网的支撑能力与核心功能，并为后续工业互联网实施框架的制定提供参考。

如图 5-13 所示，功能架构包含网络、平台、安全三大功能体系及数据功能体系和一个由自下而上信息流和一个自上而下决策流构成的工业数字化应用优化闭环。

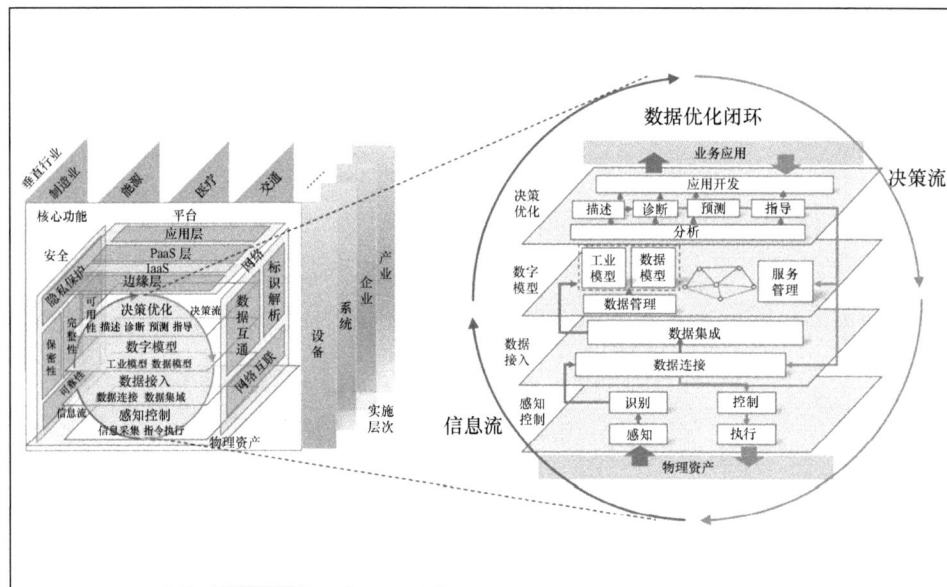

图 5-13 工业互联网功能架构

（3）实施框架

实施框架描述各项功能在企业落地实施的层级结构、软硬件系统和部署方式。实施框架结合当前制造系统与未来发展趋势，提出了由设备层、边缘层、企业层、产业层 4 层组成的实施框架层级划分，明确了各层级的网络、标识、平台、安全的系统架构、部署方式及不同系统之间的关系。实施框架主要为企业提供工业互联网具体落地的统筹规划与建设方案，可进一步用于指导企业技术选型与系统搭建。

如图 5-14 所示，工业互联网实施框架是整个体系架构中的具体操作方案，解决"在哪做""做什么""怎么做"的问题，主要围绕网络、标识、平台、安全四大系统展开。

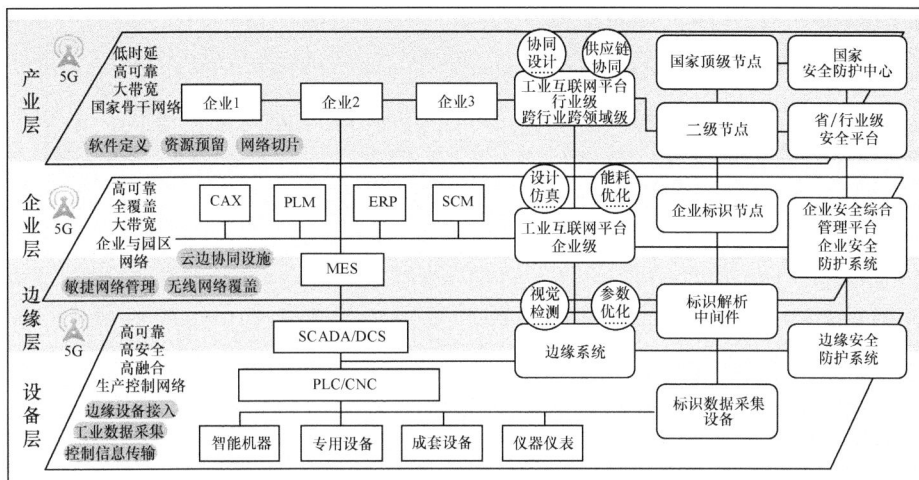

图 5-14　工业互联网实施框架

5. 赛迪智库制造业数字化转型方法论参考架构

2020 年 4 月，中国电子信息产业发展研究院信息化与软件产业研究所发布《工业互联网平台赋能重点行业数字化转型方法论白皮书》，基于工业互联网平台的制造业数字化转型方法论参考架构包括价值视角、技术视角和业务视角三大视角，如图 5-15 所示。制造业数字化转型必须从价值、技术、业务 3 个视角统

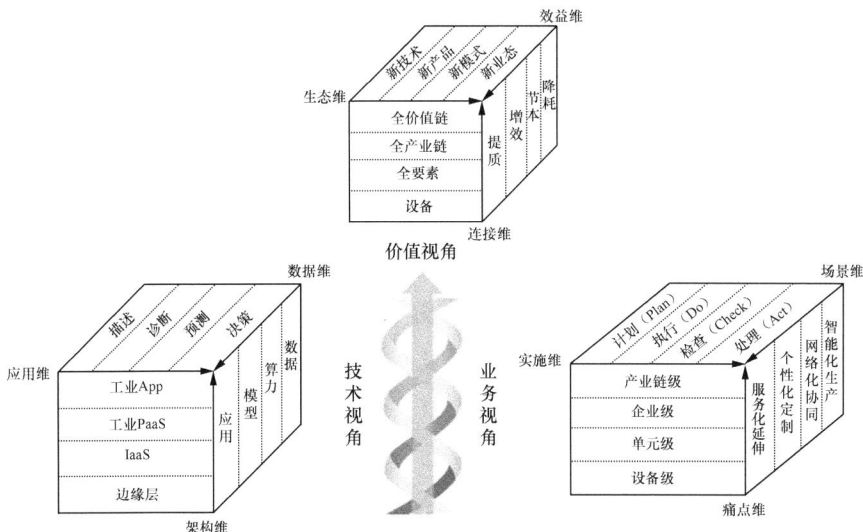

图 5-15　制造业数字化转型方法论参考架构

筹考虑，其中，价值重构是逻辑起点，技术支撑是工具，业务落地是内核，要以价值重构为主线，坚持技术支撑和业务落地双轮驱动，实现技术和业务双向迭代。

（1）价值视角

如图 5-16 所示，价值视角是工业互联网平台建设的逻辑起点，基于工业互联网平台开展企业数字化转型，首先需要我们回答工业互联网平台的价值究竟是什么。从价值视角看，工业互联网平台的本质是通过工业设备、全要素、全价值链和全产业链的连接、解耦和重构，实现对企业成本、质量、效益、能耗的优化和新技术、新产品、新模式、新业态的培育。

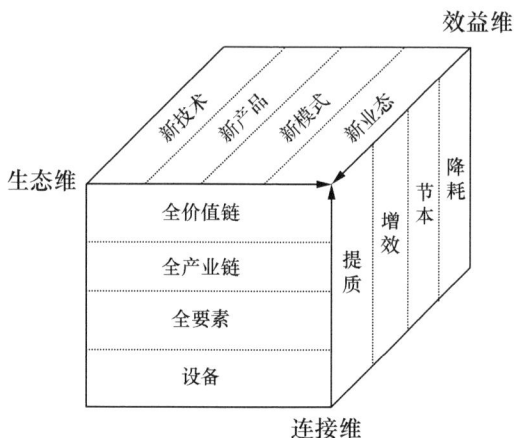

图 5-16　制造业数字化转型方法论参考架构：价值视角

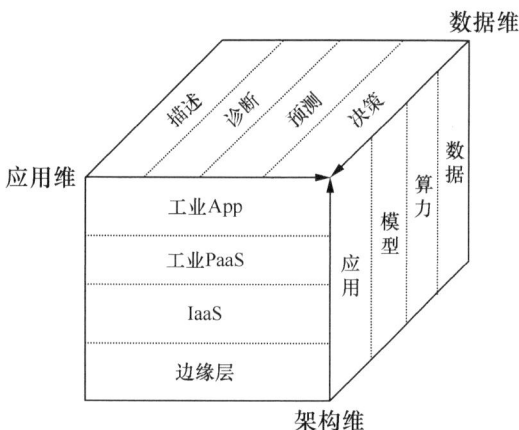

图 5-17　制造业数字化转型方法论参考架构：技术视角

（2）技术视角

如图 5-17 所示，技术视角是工业互联网平台建设的重要内容，基于工业互联网平台开展企业数字化转型，需要我们回答究竟建设什么样的工业互联网平台。从技术视角看，工业互联网平台包括边缘层、IaaS、工业 PaaS 和工业 App，本质上是构建"数据 + 算力 + 模型 + 应用"的整体解决方案，提供描述、诊断、预测、决策不同应用深度的服务。

（3）业务视角

如图 5-18 所示，业务视角是工业互联网平台建设的核心要义，基于工业互联网平台开展企业数字化转型，需要我们回答怎样去运用和落地工业互联网平台，

切实解决企业的痛点问题。从业
务视角看，工业互联网平台的落
地要坚持分业施策、需求牵引、
场景驱动，围绕行业数字化转型
趋势，从传统行业自身痛点出发，
找到传统产业上线上云的牛鼻
子，基于"计划（P）—执行（D）—
检查（C）—处理（A）"实施过程，
对智能化生产、网络化协同、个

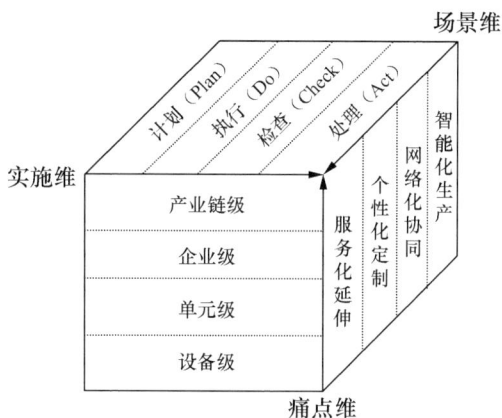

图 5-18　制造业数字化转型方法论参考架构：业务视角

性化定制和服务化延伸等应用场景解决方案进行迭代优化。

6. 灯塔工厂设计框架 / 模型

2020 年 6 月，由工业富联、亿欧及腾讯云联合发布的《智能制造里程碑——灯塔工厂引领中国制造转型升级》白皮书提出：中国制造型企业转型升级将依赖数字化能力、组织能力两大基础和卓越制造体系、全场景客户价值、创新业务模式三大抓手。卓越制造体系包括了精细化管理和决策、动态需求和资源规划管理、柔性生产及全价值链的可追溯性；全场景客户价值主要是站在客户的角度，通过个性化用户体验、数字化产品追溯和客户触达渠道创造新价值；创新业务模式是指上下游协同创新、服务型制造、C2B 用户驱动制造、产业链平台等。

数字化能力、组织能力为两大转型基础：数字化能力包括统一的数据治理体系、多级协同的工业互联网架构、云化服务化的系统平台及智能制造技术平台；组织能力包括专门的数字化项目实施团队、领导力与敏捷化组织、数字化人才培养计划等，如图 5-19 所示。

在实际落地中，根据自身所处的产业链位置和产品特点，企业需要量身定制灯塔工厂蓝图和实施路径。

（1）卓越制造导向型灯塔工厂设计框架

面向企业客户，产品同质化程度高，价格竞争激烈。通过沿精益化、自动化、数字化、智能化主线优化制造系统，实现极致的降本增效，如图 5-20 所示。

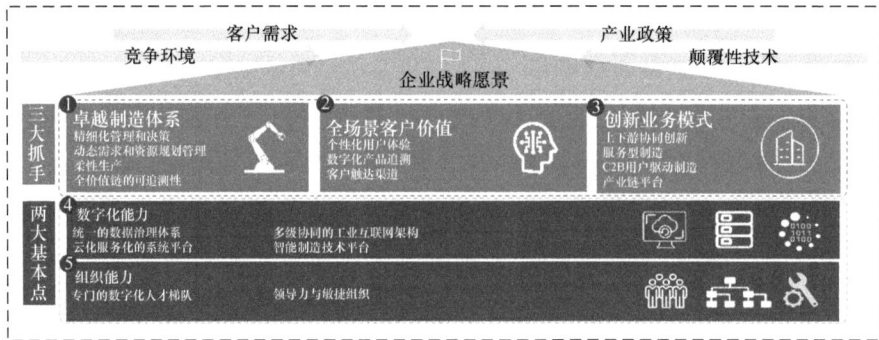

图 5-19　灯塔工厂总体框架
（来源：工业富联）

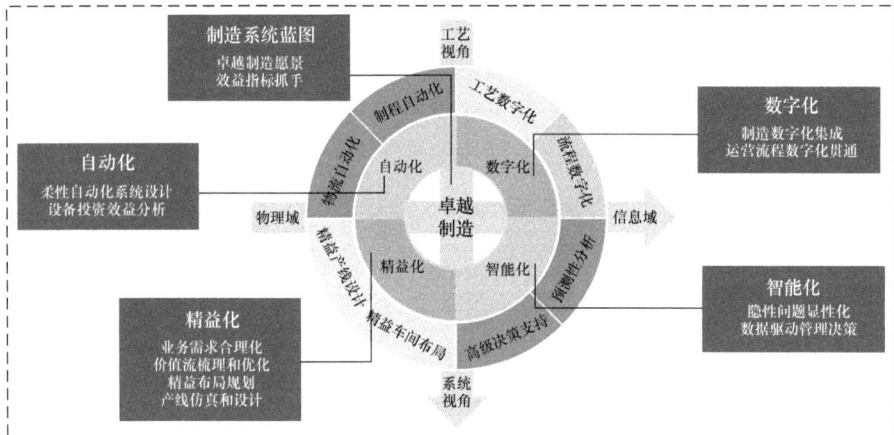

图 5-20　卓越制造导向型灯塔工厂设计框架
（来源：工业富联、麦肯锡）

（2）全场景客户价值导向型灯塔工厂设计框架

① 订单主线：面向终端消费者，在电商经济的影响下面临短交付压力。通过以订单全生命周期为主线的动态优化实现精准计划、柔性生产、快速配送。

② 产品主线：面向企业客户，产品定制化程度高，并且客户在产品质量和售后服务方面要求较高。通过产品全生命周期管理实现敏捷研发、产品质量保证和持续性的后市场服务，如图 5-21 所示。

（3）创新业务模式导向型灯塔工厂设计框架

创新业务模式下企业本身需要形成以 C 端消费者为出发点的生态协作模式，这对企业的敏捷度、柔性度、开放度、智能决策度都提出了更高的要求。具体来说，需要柔性生产进一步升级、生态数据融合能力升级、信息及物料周转能力升级、消费者参与能力升级、企业开放及扩展能力升级，如图 5-22 所示。

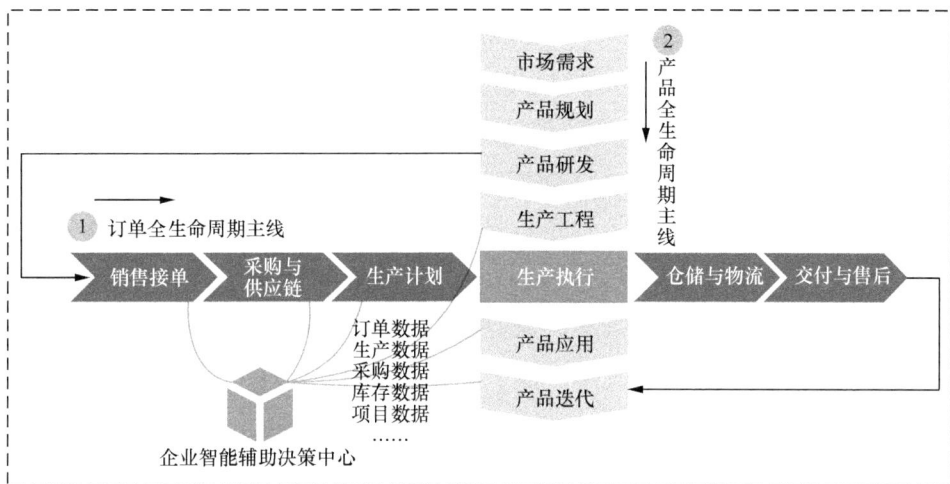

图 5-21　全场景客户价值导向型灯塔工厂设计框架
（来源：工业富联）

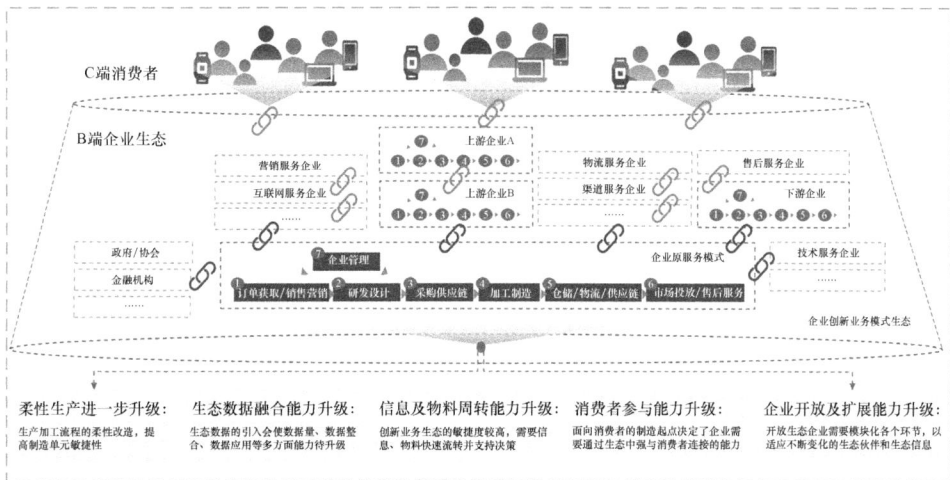

图 5-22　创新业务模式导向型灯塔工厂设计框架
（来源：工业富联、亿欧智库）

5.4.2 部分国外主流机构的参考架构 / 成熟度模型

1. 美国工业互联网参考架构

2017 年 1 月 31 日，美国工业互联网联盟（IIC）宣布发布 1.8 版的工业互联网参考架构（IIRA）。IIC 是促进工业物联网（IIoT）加速增长的全球成员驱动型组织，此次发布的 1.8 版 IIRA 是基于 2015 年 6 月 17 日发布的 1.7 版本，其中融入了快速出现的新型 IIoT 技术、概念和应用程序。

在 IIRA V1.8 中涉及的 IIoT 核心概念和技术适用于制造、采矿、运输、能源、农业、医疗保健、公共基础设施和几乎所有其他行业中的每个小型、中型和大型企业的深度和广度。除了 IIoT 系统架构师，IIRA V1.8 的简明语言及其对于价值定位的强调和实现运营技术（OT）与信息技术（IT）的融合，使业务决策者、工厂经理和 IT 经理能够更好地了解如何从商业角度驱动 IIoT 系统开发。IIRA 从商业角度提供了一个驱动 IIoT 项目的框架，这对于企业构建能够提供预期业务价值的 IIoT 系统很有价值。

技术供应商可以使用 IIRA 概念和方法来构建可互操作的系统组件，以解决尽可能广泛的市场。系统实施者可以使用 IIRA 作为起点，通过部署可重用的、商业化的或开源的系统构建块来缩短系统开发，以降低项目风险、相关成本和上市时间。最终，IIRA 将帮助 IIoT 社区实现开放、创新的 IIoT 生态系统，从而降低设计和运营成本。

通过分析 IIC 等处开发的 IIoT 使用案例、确认 IIoT 系统相关的利益相关者和确定适当的关注点框架来定义 IIRA 视图。4 个视图分别为：业务视图、使用视图、功能视图、实施视图，如图 5-23 所示，这 4 个视图构成了对 IIoT 系统中每个视图的关注点分析的基础。使用工业互联网视图作为架构基础的架构师可以通过定义额外的视图对其进行扩展，根据其特定的系统要求来组织系统关注点。

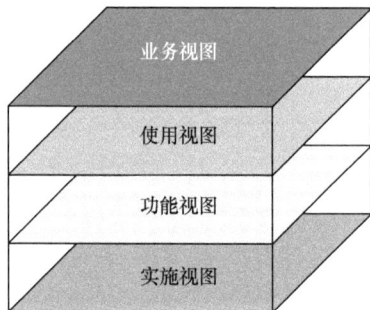

图 5-23　工业互联网架构视图

（1）IIRA 视图

① 业务视图关注的是利益相关者的身份关注点，以及他们在其业务和监管环境下建立 IIoT 系统的业务愿景、价值和目标。它将进一步确认 IIoT 系统如何通过与基本系统的效能匹配来实现既定目标。

② 使用视图解决系统使用中遇到的关注点。它通常描述一系列涉及人或逻辑用户（如系统或系统组件）的活动，这些逻辑用户以其功能实现基本系统效能。

③ 功能视图侧重于 IIoT 系统中的功能性部分、结构和相互关系、界面及其相互作用，以及系统和外部环境要素之间的关系和相互作用，进而支持整个系统的使用和活动。

④ 实施视图涉及实施功能性组件（功能视图）、通信规划和生命周期过程的技术。可通过活动（使用视图）和系统功能支持（业务视图）协调上述要素。

（2）IIRA 与系统生命周期流程的关系

本参考架构提出的架构关注点不仅仅局限于系统设计阶段，而是需要在整个生命周期予以考虑和关注。参考架构通过不同的视图为系统生命周期流程提供指导，从 IIoT 系统概念到设计和实施。不同视图为系统设计师提供了一个框架使他们能够对 IIoT 系统创建过程中的重要架构关注点进行反复思考。它还提供了一些常用方法（概念和模型）来帮助确认和解决重要的架构关注点。它不是关于系统生命周期流程的描述，不同产业部门的生命周期流程描述各不相同，没有范围。如图 5-24 所示，参考架构是一个系统概念化工具，同时也是强调影响生命周期流程的重要系统关注点的架构。IIoT 系统生命周期流程和参考架构在这些生命周期流程中的使用将在不同的 IIC 技术报告中介绍。IIRA 为每个产业部门定制生命周期流程。

2. 智能制造生态系统（Smart Manufacturing System，SMS）

2016 年 2 月，美国国家标准与技术研究院（NIST）工程实验室系统集成部门发表《智能制造系统现行标准全景图》，其规定的智能制造生态系统，如图 5-25 所示。

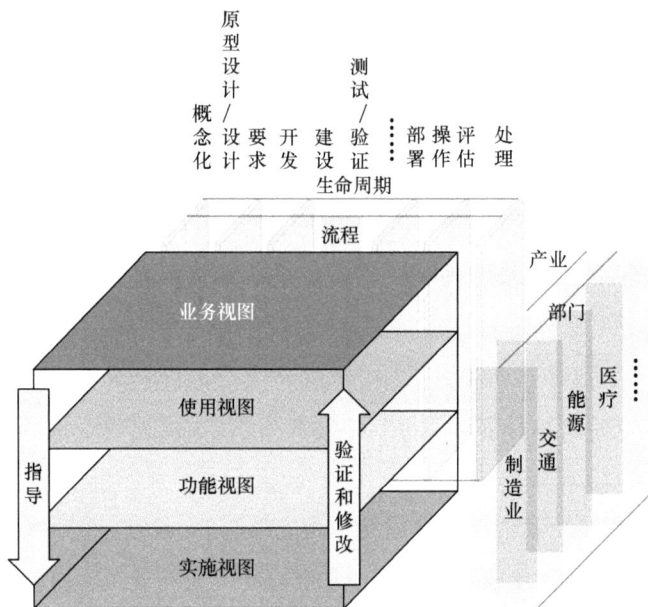

图 5-24　IIRA 视图、应用范围和系统生命周期流程之间的关系

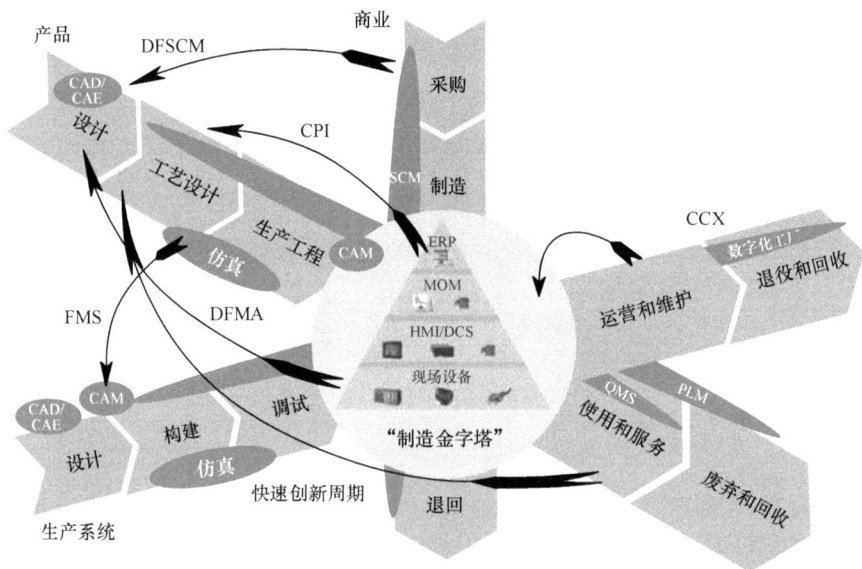

图 5-25　智能制造生态系统 SMS

　　智能制造生态系统 SMS 模型涵盖制造系统的广泛范围，抽象出 3 个维度——产品、生产系统和商业，每个维度代表独立的全生命周期。"制造金字塔"是其

核心，三个生命周期在这里汇聚和交互。

① 第一维度：产品维度，涉及信息流和控制，包括 6 个阶段，分别是设计、工艺设计、生产工程、制造、使用和服务、废弃和回收。

② 第二维度：生产维度，关注整个生产设施及其系统的设计、构建、调试、运营和维护、退役和回收。"生产系统"在这里指的是从各种集合的机器、设备和辅助系统组织和资源创建商品和服务。

③ 第三维度：商业维度，关注制造商、供应商、客户和合作伙伴的交互功能，包括通用业务建模标准、特定建模标准和相应的消息协议，这些标准是提高供应链效率和制造敏捷性的关键。

"制造金字塔"是智能制造生态系统的核心，产品生命周期、生产系统周期和商业周期都在这里聚集和交互，每个维度的信息必须能够在这里流动。

3. 德国工业 4.0 参考架构（RAMI 4.0）。

德国电工电子与信息技术标准化委员会于 2015 年 4 月发布了《工业 4.0 参考架构模型（RAMI 4.0）》研究报告，德国电气与电子工业协会（ZVEI）于 2015 年 10 月 4 日发布了《参考架构模型 RAMI 4.0 和工业 4.0 组件》研究报告，ZVEI 将其称为是他们与合作伙伴共同在工业 4.0 标准化方面取得的重要成果，是"第一个精确描述符合工业 4.0 标准的开发生产设备的工业 4.0 组件的版本"。RAMI 4.0 模型从 3 个维度系统地展现出实施工业 4.0 涉及的关键要素，如图 5-26 所示。

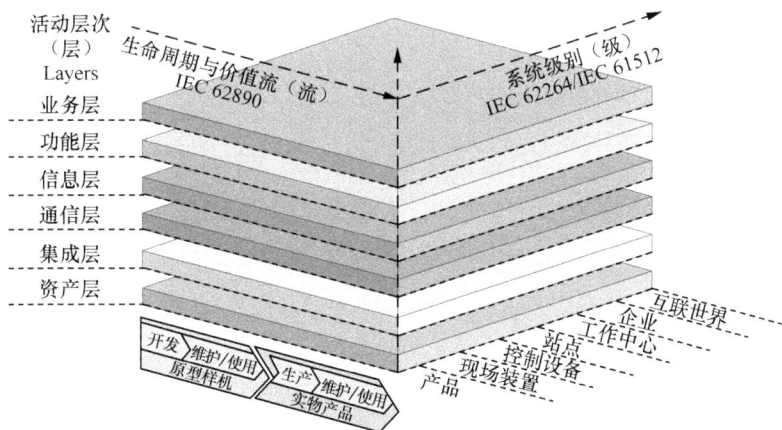

图 5-26　工业 4.0 参考架构模型（RAMI4.0）

维度一：应用层次

自底层向上为：资产层、集成层、通信层、信息层、功能层及业务（销售）层。各层的功能相对独立，下层为上层提供接口，上层使用下层提供的服务。

维度二：全生命周期及价值流

RAMI4.0 模型将产品生命周期划分为样机设计和产品生产（实例）两个阶段，以强调不同阶段考虑的重点。样机设计阶段包括产品构思、设计过程中的检测和产品定型；产品生产阶段是进行产品的规模化、工业化生产。样机设计阶段与产品生产阶段形成闭环。例如，在销售阶段将产品的改进信息反馈给制造商并改正原型样机，然后发布新的型号和生产新的产品，这为产品的升级改进带来巨大的好处。

维度三：系统层级

该维度描述了工业 4.0 不同生产环境下的分类，由于工业 4.0 注重产品本身以及企业之间的互联互通，因此，自下而上分为产品、现场设备、控制设备、工作站、工作中心、企业、互联互通。

RAMI4.0 的第一个维度是在 IEC 62264 企业系统层级架构的标准基础之上（该标准是基于普渡大学的 ISA-95 模型，界定了企业控制系统、管理系统等各层级的集成化标准），补充了产品或工件的内容，并由个体工厂拓展至"连接世界"，从而体现工业 4.0 针对产品服务和企业协同的要求。

第二个维度是信息物理系统的核心功能，以各层级的功能来进行体现。具体来看，资产层是指机器、设备、零部件及人等生产环节的每个单元；集成层是指一些传感器和控制实体等；通信层是指专业的网络架构等；信息层是指对数据的处理与分析过程；功能层是企业运营管理的集成化平台；商业业务层是指各类商业模式、业务流程、任务下发等，体现的是制造企业的各类业务活动。

第三个维度是价值链，即以产品全生命周期视角出发，描述了以零部件、机器和工厂为典型代表的工业要素从虚拟原型到实物的全过程。具体体现为 3 个方面：一是基于 IEC 62890 标准，将其划分为模拟原型和实物制造两个阶段。二是突出零部件、机器和工厂等各类工业生产部分都要有虚拟和现实两个过程，体现了全要素"数字孪生"特征。三是在价值链构建过程中，工业生产要素之间依托数字系统紧密联系，实现工业生产环节的末端链接。比如以机器设备为例，虚拟阶段就是一个数字模型的建立，包含了建模与仿真；在实物阶段主要就是实现最终的末端制造。

4.日本工业价值链参考架构

2018 年 6 月，日本经济产业省发布《日本制造业白皮书（2018）》，明确将互联工业作为制造业的发展目标。此前，工业价值链促进会（IVI）发布了《日本互联工业价值链的战略实施框架》，提出的新一代工业价值链参考架构（IVRA-Next），成为日本产业界发展互联工业的行动指南。

互联工业强调"通过连接人、设备、系统、技术等创造新的附加值"，其实质是智能制造，IVRA-Next 相当于日本的智能制造参考架构，是指能实现智能制造的制造业结构，包括 3 个相互独立、相互依赖的层级。

（1）IVRA-Next 的 3 个层级

① 业务层关注企业的基础结构、组织方式及相关的哲学观和价值观。如企业的产品和服务、战略定位、企业间交易，以及产品、服务和知识产权的价值等。

② 活动层关注人、机器、人类活动、机器加工过程，以及人和机器所处理的信息等。

③ 规范层关注人类活动和机器加工过程中的具体操作、物品、信息、数据等。

（2）IVRA-Next 的 3 个维度

IVRA-Next 的 3 个维度即产品、服务和知识。

① 产品维，包括供应链上从原材料到最终产品的物料流、需求流，以及蕴含在产品、零部件、原材料中的技术和工程信息。

② 服务维，包括企业生产活动，相关人员、设备和工艺，以及提供生产系统的活动等。

③ 知识维，将上面两个维度中的物体、事件及相关信息抽象为知识。

（3）IVRA-Next 的 4 个周期

企业在产品维和服务维上开展活动，形成 4 个周期，如图 5-27 所示。

① 产品供应周期，指从企业收到原材料，到加工成产品，并最终交付给客户的过程。

② 生产服务周期，指在生产期间，定期或不定期地更换耗材、重设参数、故

障维修、更新配件等设备维护流程。

③ 产品生命周期，指开发新产品或升级现有产品的过程，包括计划、产品研发、产品设计、生产工程（试生产和批量生产）和模型停用等环节。

④ 生产工艺生命周期，当引入新产品时，需要重新开发和应用新的生产工艺，新建或大幅改造生产线。

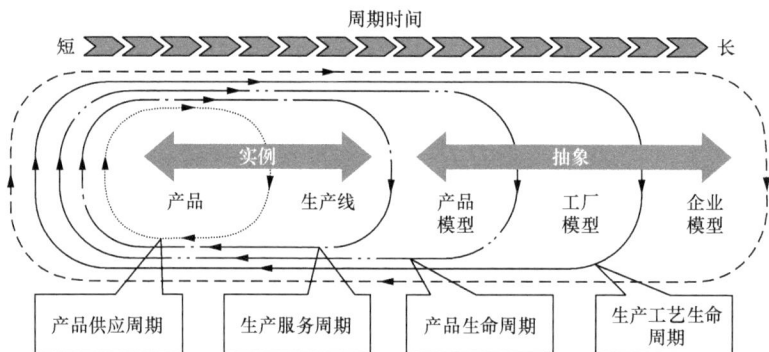

图 5-27　IVRA-Next 的 4 个周期

（来源：《日本互联工业价值链的战略实施框架》）

（4）IVRA-Next 的基本单元（SMU）

IVRA-Next 将执行制造的基本单元称为智能制造单元（SMU），指企业或更小的单元，必须有人管理、具备自主决策能力。

① SMU 模型的 3 个维度，SMU 模型包括资产、管理和活动 3 个维度，如图 5-28 所示。

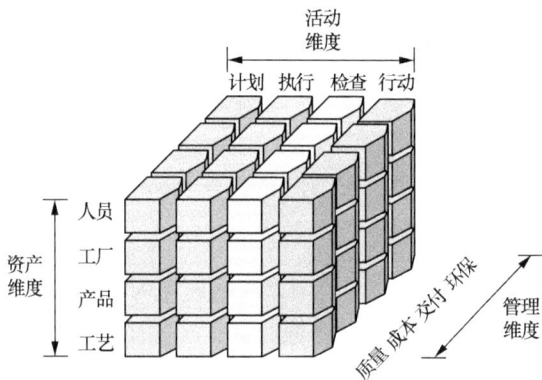

图 5-28　智能制造单元（SMU）

（来源：《日本互联工业价值链的战略实施框架》）

- 资产维度：有人员、工厂、产品和工艺（知识），描述企业资产。

- 管理维度：有质量、成本、交付和环保，体现企业管理的目标。

- 活动维度：包括计划（Plan）、执行（Do）、检查（Check）和行动（Act），通过 PDCA 动态循环实现企业活动的改进和优化。

② SMU 的自主进化（EROR 循环），具体包括 4 个步骤。

- 发现问题，采用头脑风暴、亲和图、民族志等方法，确定问题所在及具体内容。

- 共享问题，将问题转化为活动场景，让相关人员能正确理解问题。

- 确立课题，将生产系统的现有状态与理想状态进行对比，确定解决问题的目标和方法。

- 解决问题，通过将传统活动数字化、发挥平台的作用等，实现工作流程和方式的变革。

③ SMU 之间的连接单元（PLU）。

在生产过程中，物理世界的行为主体、物品等要素需要在不同智能制造单元（SMU）之间流动，同时，数字世界的数据等要素也将随之流动。为了管理这些要素的流动，IVRA-Next 构建了专门的管理单元——便携载入单元 PLU，实现主体、物品、信息、数据等要素在不同 SMU 间的准确、安全传递，提升智能制造效率。

5.VeriSM ™模型

VeriSM ™是由国际数字化能力基金会（International Foundation of Digital Competence，IFDC）发布的数字化转型与创新管理的核心知识体系。VeriSM ™在拉丁文中的含义是"真理"。其中：

V — Value Driven 价值驱动；

E — Evolving 持续演进；

R — Responsive 及时响应；

I — Integrated 集成整合；

S — Service 服务（包含产品本身）；

M — Management 管理。

VeriSM ™知识体系不但定义了什么是数字化转型，同时为组织数字化转型提供了理论框架、指导原则、管理模型和实践案例。

VeriSM ™对数字化转型的定义是："数字化转型是指数字化技术应用为全组织各个层面带来的变革，其中包括了从销售到市场、产品、服务乃至全新商业模式。"因此，数字化转型并不只是单纯的新技术的应用，而是全组织各个层面自上而下的变革、商业模式的创新、不断实现自我颠覆的过程。

VeriSM ™的核心模型 Management Mesh 即管理网格，如图 5-29 所示，该模型将数字化转型分为四大维度：两个商业维度，即资源和环境维度；两个技术维度，即新兴技术和 IT 管理实践维度。其中资源维度包括人员、资产、预算、时间、知识等企业内部资源。外部环境维度包括政治、经济、文化、法律法规等方面。管理网格中的两个技术维度包括新兴技术和 IT 管理实践维度。其中新兴技术维度包括云计算、大数据、物联网、区块链、人工智能、5G 等技术为代表的新兴技术。IT 管理实践维度则包括了敏捷、DevOps、精益、服务集成外包管理 SIAM、数据管理等国际通用的 IT 管理实践。

管理网格中 4 个维度中的每一个元素在每个独立的组织中都将有所不同，因此，组织的管理网格是可自定义的且是唯一的。在当今的数字环境中，组织还需要意识到新技术和实践将继续发展，并且必须能够根据组织自身业务需求加以利用。管理网格为响应这些新的发展具备高度灵活性，随着新需求的出现，可以轻松地对网格进行调整和灵活裁剪。

6. 西门子状态机领航数字化转型模型

西门子状态机领航数字化转型手册——《拨云见日 克服数字化转型挑战》，分享了西门子对于应用"状态机"指导数字化转型的经验与思考。状态机是适合数字化思维方法的量化工具，是现实事物运行规则抽象而成的一个数学模型，由现态、条件、动作、次态 4 个部分组成。状态机符合企业在数字化转型时应当具有的小步快跑、量化状态、以动制动、微调纠错的数字化思维方法。

（1）状态机的组成部分

① 现态

要确定企业现状。西门子认为不同类型的企业需要进行有针对性的数字化转型。企业应当通过对数字化水平和管理运营表现两方面的分析定位自身现态，以便更好地理解自身所面临的挑战、容易走入的误区，以及应该努力的方向。数字化水平代表了企业获取数据并将数据转化为洞见和行动的能力，主要分为以下两个细分维度。

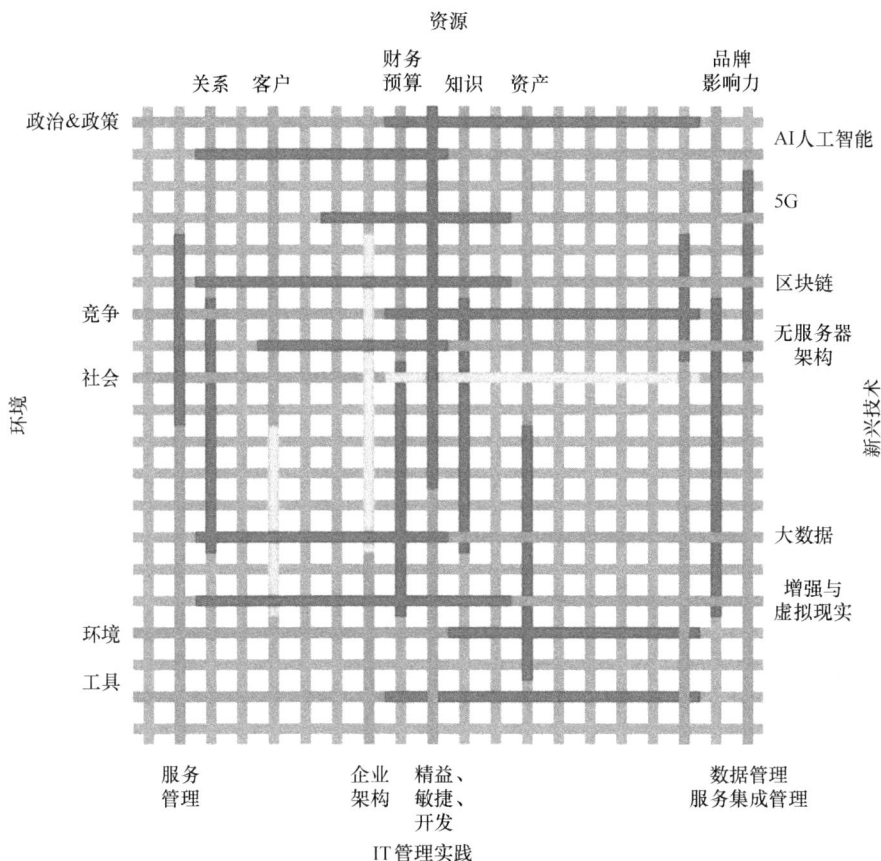

图 5-29 Management Mesh 管理网格

- 数字化能力基础。考察企业采集、整合、处理与分析数据的能力，包括硬件基础设施健全程度（如核心设备关键数据上云）及软件架构完善程度（如数字化系统、管理执行体系、数据平台等）。

- 数字化应用情况：考察企业依据数据形成洞见和行为，为企业创造价值的能力。例如通过预测性维护提升设备使用效率与产能利用率，通过销售预测模型实现产供销联动以降低仓储成本等。

② 条件

要识别现有资源，明确转型方向。在制定数字化转型的最终目标与战略之前，企业还需要对现有资源进行盘点。现有资源包括有形资源与无形资源，前者指与数字化相关的人、财、物等经营资产，后者包括企业积累的专业知识与行业洞见、核心技术、文化与领导力等软性资源。

③ 动作

就是要订立阶段性目标，确定所需工具与风控机制。企业应当根据数字化转型的方向和工具箱制定阶段性的目标，应以能快速实现投资收益作为指导原则。对需要长期投入的举措，也需要尽可能地拆解为多个小目标。数字化转型工具箱由基于企业三条价值链的数字化解决方案和企业数字化思维方式两方面组成。考虑到数字化转型的不确定性，企业还应具有容错机制以控制风险，同时保证其具有探索数字化转型的自由度。

④ 次态

要进行次态的纠偏与转型方向的规划调整。针对转型中可能发生的偏差与暴露出的问题，状态机可以帮助企业进行灵活的纠偏。以抓手为基础的传统转型指导工具在进行规划调整时需要对现有抓手进行大幅度调整，并新增或删除特定的抓手，会造成转型推进的连贯性不强，容易产生负面影响。而使用状态机时，企业仅需要针对发展方向进行相应的调整。这样可以保证企业在规划调整中快速凝聚合力，向新的发展方向推进。

（2）企业数字化转型工具箱之企业三条价值链

根据数字化解决方案作用的范围不同，可以将其分为单环节、单链与跨链三个层级。单环节聚焦企业核心流程中的问题环节，通过数字化手段进行改善。单链关注企业的某一核心流程或价值链，帮助企业实现整条价值链上的数据流通与流程精简，为企业创造价值，如图 5-30 所示。

① 产品生命周期价值链的数字化转型从客户与市场需求出发定义产品或服务的核心价值，并通过数字化双胞胎实现产品全生命周期的追踪与优化。常用的工具包括：创成式产品研发平台、产品知识图谱等。

② 资产运营价值链的数字化转型关注工厂内产线和设备的全面协同。常用的

工具包括：融合模型和数据的设备预测性维护、产线数字化规划升级、能耗数据管理及预测分析优化等。

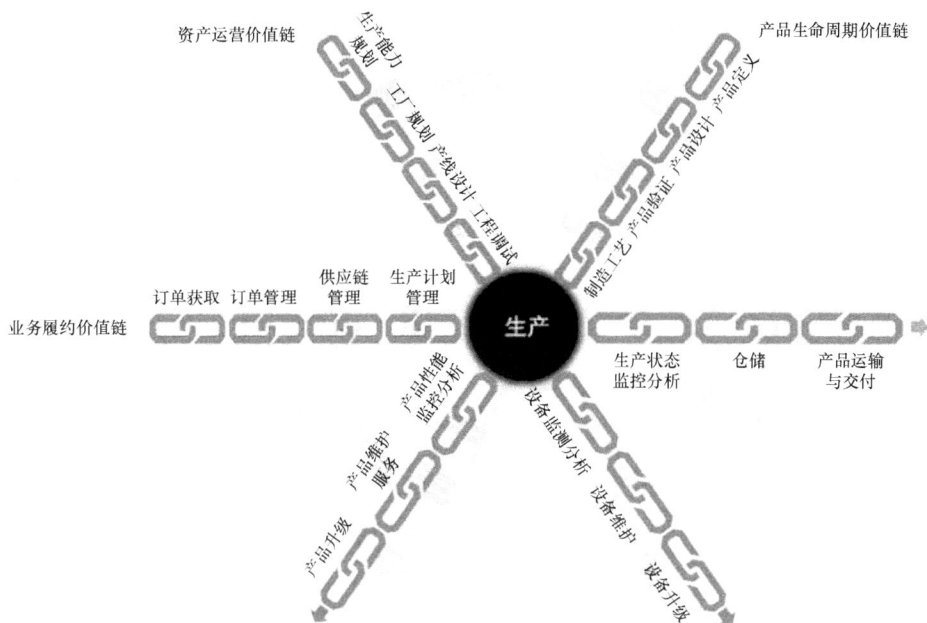

图 5-30　企业三条价值链
（来源：《拨云见日 克服数字化转型挑战》）

③ 业务履约价值链的数字化转型关注产供销协同，致力于更快、更便捷地为客户提供产品与服务。常用的工具包括：根据需求预测模型自动调整采购生产物流、优化库存模型等。

7. 埃森哲咨询：制造核心环节中的"新四化"成熟度模型

随着人工智能、物联网、大数据分析和云平台等数字化技术与制造核心环节的融合应用，为深入了解智能制造发展进程，埃森哲于 2020 年 11 月第三届中国国际进口博览会期间发布了《高质发展，智能制造——新蓝图，新四化》的白皮书。埃森哲针对包括中国在内的全球 1550 位制造和工业企业高管进行的一项调研显示，三分之二的企业完全没有看到数字化投资在促进收入增长方面的作用。究其原因，调研发现很多制造企业陷入关注技术单点优化、轻视整体价值提升的误区，造成数据孤岛严重、设备和系统连通性差等问题，并且在智能制造转型方面，市场上大部分供应商不具备一站式的集成解决方案能力，这些都造成企业投资不小、但见效甚微的情况。

《新四化》报告聚焦制造的核心环节，即生产计划与执行、供应链（包括采购和仓储）、质量管理和设备管理环节的智能制造转型，并根据企业数字化技术与制造核心环节的融合深度，划分出自动化、信息化、网络化、智能化 4 个核心能力，称之为智能制造"新四化"，并进行了成熟度分析，如图 5-31 所示。

由此，埃森哲提出六大举措帮助企业螺旋式推进、持续进行智能制造提升。即通过确定价值场景、制定信息技术（IT）和生产流程中的运营技术（OT）融合的顶层设计和规划、夯实数字化基础并引入核心应用、实现信息系统互联互通和数据集成，同时从人才等方面建立持续创新的数字化组织和能力，从而最终实现智能制造价值目标。

"新四化"的最终目标是通过企业内外部价值链的互联互通，实现动态的、需求驱动的智能制造。在实现这一最终目标的过程中，根据企业数字化技术与制造核心环节的融合深度而将其分为不同的成熟阶段。

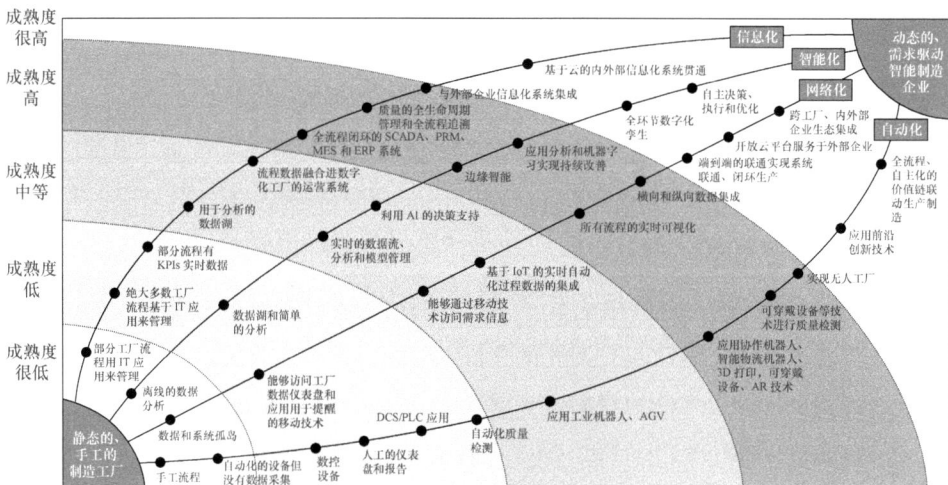

图 5-31　智能制造成熟度分析
（来源：埃森哲研究）

埃森哲基于智能制造领域的发现及整合行业专家的观点，分析了不同制造行业"新四化"的特点和领先企业经验。他发现中国智能制造"新四化"总体处于夯实基础、探索高阶应用的阶段：自动化、信息化的成熟度快速提升，而网络化和智能化仍处在探索和试点阶段。

与此同时，拥有全球竞争力的行业和大企业成熟度相对领先。汽车、电子制造、化工等行业在自动化、信息化领域的成熟度已经很高，而汽车和家电行业在网络化、智能化方面进行了更多实践与部署，成熟度较其他行业更高，如图 5-32 所示。

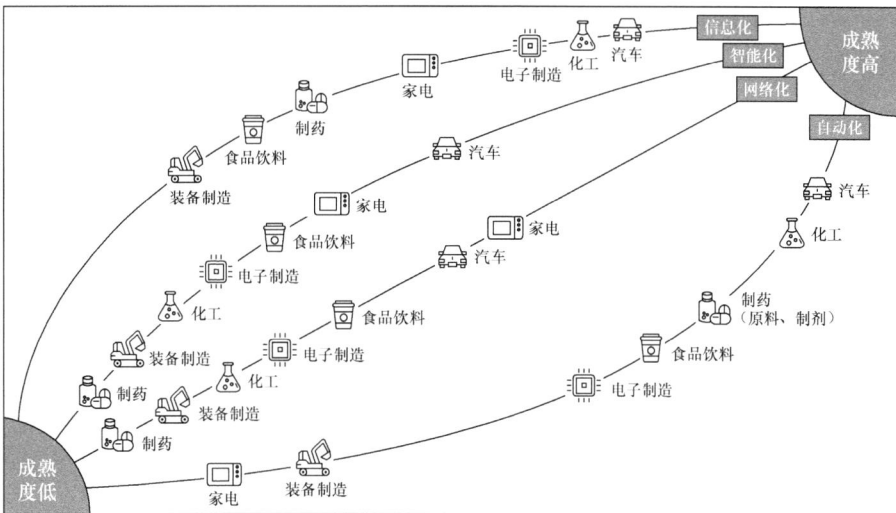

图 5-32　典型行业在"新四化"中的成熟度

第 6 章

工业互联网垂直行业和
典型场景应用案例

工业互联网不仅在于知，更在于行。从一开始 GE 等企业开展工业互联网实践时，就主要侧重于高价值设备运维环节，这仍然是当前非常核心的应用场景。很多制造企业将工业互联网应用于生产过程的管控优化，围绕工艺、质量、排产、设备、能耗等开展大数据建模分析，推动生产智能化。另外，已有企业在运营管理、供应链优化、库存与物料管理等领域开展探索，一些拥有广泛产业资源的企业，开展了诸如个性化定制、协同设计、协同制造、产融协同等模式的创新。伴随着工业互联网探索的不断深入，点、线、面等应用将覆盖工业的全产业链、全价值链，覆盖更多应用场景，推动形成数据驱动的产品研发、生产制造、商业服务和产业形态，并进一步拓展至交通、医疗、城市等其他领域。

本章从家电、电气、医药、能源及港口等不同场景出发，力图揭示工业互联网在工厂端、用户端、装备端等不同方面的应用价值，帮助更多企业将工业互联网从碎片化的应用场景，拓展到更多应用领域。

6.1 美的集团顺德工厂：全球灯塔工厂的数字化重塑之路

在工业互联网实践中，灯塔工厂在制造业整体生态体系中扮演着领头羊的角色，引领全球工业转型升级。美的已有两座工厂成功入选"全球灯塔工厂"，它是如何从众多制造企业中脱颖而出的呢？本节以美的集团顺德工厂为例，介绍美的灯塔工厂建设的过程、成效，总结灯塔工厂建设的成功经验与方法。

成立于 1968 年的美的集团，秉承着"科技尽善，生活尽美"的理念，产品及服务惠及全球 200 多个国家和地区，2020 年营业总收入 2857 亿元，全球员工数量超过 15 万人，位列《财富》世界 500 强第 307 位，在全球拥有 34 个生产基地。

为适应快速变化的用户需求与市场变革，2012 年，美的集团启动了代号为"632 项目"的信息化升级工程，即在集团层面打造六大运营系统、三大管理平台、两大门户网站和集成技术平台。通过打造"632 项目"，构建集团级的业务流程、集团级的主数据管理和集团级的 IT 系统，其目标可以用"三个一"来概括：一个美的，一个体系，一个标准。

具体来说，"632 项目"中的六大运营系统指的是：产品生产周期管理系统（PLM）、企业资源计划管理系统（ERP）、高级计划排程系统（APS）、制造执行系统（MES）、供应商关系管理系统（SRM）、客户关系管理系统（CRM）；三大管理平台指：企业决策系统（BI）、财务管理系统（FMS）、人力资源管理系统（HRMS）；两大技术平台指：统一门户平台（MIP）、集成开发平台（MDP）。美的希望在此架构下，建立集团端到端的流程框架及统一的主数据管理体系。

美的微波炉顺德工厂是目前全球最大的微波炉制造基地，拥有行业最完整的微波炉产业链，产品出口全球 160 余个国家，足迹遍布六大洲，为全球用户提供全面的烹饪解决方案。

作为美的集团内部精益标杆工厂，美的微波炉顺德工厂连续 3 年获得集团精益成熟度评价前三，但依旧面临外部激烈的市场竞争和内部持续的效率提升压力。一方面，市场多样化、需求变化加快，要快速响应市场交付需求才能生存，继续依赖传统压货式生产将带来灾难性后果；另一方面人工成本逐年提升，同步提升效率才能保持竞争优势，同时对产品质量、节能环保的要求也越来越高。

在进行数字化转型变革之前，美的微波炉顺德工厂在业务运营中遇到了以下痛点。

（1）生产不透明：生产现场的状况与信息不可视，无法及时响应与处理异常。

（2）自动化改造不彻底：自动化检测在准确性和检测效率上难以突破，如产品的质量保证依靠人工作业，产品质量依赖线上质检人员进行检验，检验内容多，效率低；人工抽检存在错漏的风险，一旦漏检流出就可能造成批量返工，甚至被客户投诉。

（3）物流效率低：使用传统自动导航运载车（Automated Guided Vehicle，AGV）作为搬运工具，仅解决了局部的配送问题；库存大、呆滞、数据不透明等核心问题依然存在。

（4）园区人员安防管理难度大，隐患多：马龙园区车流量大，人员流动大，施工范围广，依靠专员现场监督，费时费力；采用传统打卡考勤，排队浪费时间，传统设备和技术监管投入成本大。

（5）研发、计划、生产、采购、品质、物流、设备、销售等系统互不关联，全价值链的数字化运营难以开展。

美的微波炉顺德工厂通过引入外脑 + 学习标杆 + 自主研发，同时广泛应用 5G 云平台、AI、工业互联网等先进技术实现了贯穿研发、制造、采购、营销等方面的全价值链数字化运营。2020 年对比 2019 年内部综合人效提高 28%，产品品质指标提升 15%，订单交付周期缩短 53%，端到端渠道库存占比下降了 40%，成功入选由世界经济论坛携手麦肯锡公司共同遴选的"全球灯塔工厂"。

其在建设过程中的具体举措及成效如下。

（1）生产透明化：依托美的集团旗下数字化创新平台美云智数，建立工业互联网大数据中心，实时监控工厂整体生产进度信息、物料配送情况、成品入库信息、生产异常损失等指标，结合每日的数据管理系统五级会议管理及时处理生产前、中、后的异常事务，实现生产经营透明化，工厂损失降低 40%。

（2）自动化检测与监控：在"部装无人化、总装少人化"整体思路的牵引下，重点打造钣金高冲无人区。通过高冲区域自动化改造和 AI 数字化结合，解决车间员工作业强度大，作业环境差的痛点，实现无人化作业的同时也做到了生产数据实时监控（如生产不良数据、模具异常数据、换模时间等），一旦生产数据有异常情况，就会触发系统报警，管理人员能及时处理问题，实现钣金高冲区 UPPH 提升 65%，不良检出率提升到 95%。

应用 5G+AI+ 云技术，实现机器视觉质检与深度学习 AI 质检，系统拍摄照片后，2 秒就能分析输出结果；对面板、标签、螺钉等关键质量要素进行智能识别及启停控制。

（3）智能物流：注塑工厂应用 AGV+ 智能算法，实现物流配送、库存管理无人化，并应用滚动盘点消除过程差异，实现库存数据透明，出入库效率提升 300%，仓储面积节俭 25%，呆滞物料占比降低 8%。

（4）安防及人员管理数字化：通过 5G+ 超清摄像头 +AI 算法对园区交通、消防和施工作业实施全方位的智能监控，并规划利用 5G 技术实现员工实时管理，有效管理更多风险点和增加区域管理的范围，EHS 使人员管理效率翻倍。

（5）数字化运营决策：同时推动研、产、供、销各领域的数字化。数字化研发，通过构建行业领先的平台模块化开发模式，提升产品通用性及可靠性，实现产品的模块化生产和柔性智能制造；数字化采购，通过网络化智能寻源挖掘优质供方，根据工艺、材质、规格等参数，定义 5 万多种物料的核价模型，结合历史数据与行情进行动态定价与采购；数字化营销，通过美云销平台对代理商、分销商及渠道商客户实现统销统配，多层级库存透明化、数据中台集成、协同管理，平台根据优化的算法自动分析并推送跨区域的库存调配方案，提高周转率。

通过 T+3 流程下 22 个大节点的数据采集与可视化，以及六大领域数据应用改善，实现了自上而下的经营指标分解、结果排名、数据决策。

"（数字化转型）这不是某一个部门的事，也不是某一个人的事，也不是管理层的事，它牵一发而动全身，企业的每一个业务单元、每一个人都要参与到系统当中去，这样美的未来才会真正意义上完全靠数据来驱动。"

——摘自美的集团董事长兼总裁方洪波在 2021 年 3 月 17 日世界经济论坛（WEF）灯塔网络现场会议上的分享

是什么原因让美的微波炉顺德工厂成功入选"全球灯塔工厂"？从建设历程来看，有四个成功的关键要素。

第一，离不开长期的战略牵引。从"双智战略"（即智慧家居＋智能制造）到"两个全面"战略（即全面数字化、全面智能化），美的目标始终如一，拉通研、产、供、销各环节形成互联互通、管理透明，通过数据驱动全价值链业务卓越运营，如图 6-1 所示。

第二，具有创新精神与变革勇气。美的人从上到下具有变革创新的精神，敢于第一个吃螃蟹。

第三，采取系统的规划与科学的方法。美的通过智能制造顶层规划明晰愿景、抓手、路径、工具，逐步沉淀了一套适合自身的方法论；过程中大量引入仿真工具在工厂、工艺、产品的全新拓展和现有优化中进行数字验证，提前发现问题，降低建设成本，如图 6-2 所示。

第四，构建 MBS 卓越运营体系。其让美的从决策层—管理层—执行层能够统一思想，为中基层管理者提供规范务实的改善工具和方法，同时在经营过程中培育员工队伍建立了良性的造血机制。

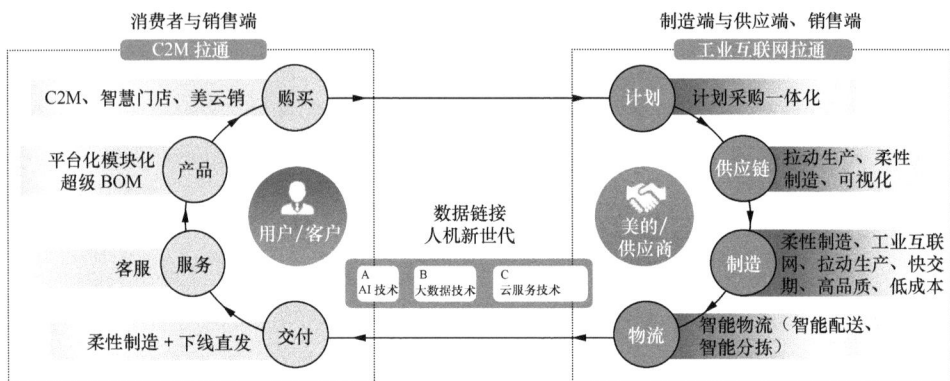

图 6-1　打通消费端与制造端、供应端

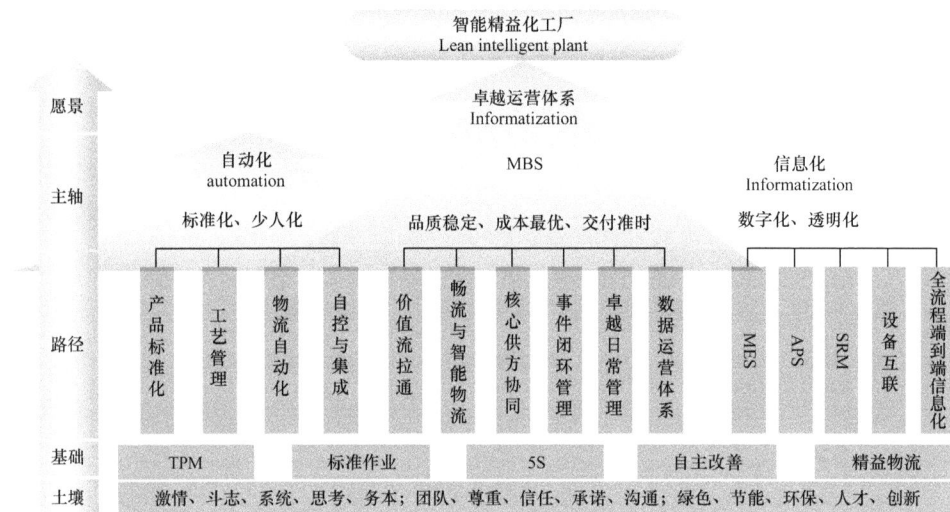

图 6-2　美的智能精益化工厂

在推进美的数字化转型和智能制造过程中，也造就了美的工业互联网平台，2020 年 11 月 17 日，美的工业互联网 2.0——"美擎"在北京正式发布，端到端的工业互联网赋能能力通过美云智数对外输出，其涵盖规划、研发、制造、营销、大数据、移动与身份认证等方面的咨询、产品及实施落地服务，如图 6-3 所示。

图 6-3　美的工业互联网 2.0

　　未来，美的制造仍将持续探索中国制造产业新道路，在美的空调广州工厂、微波炉顺德工厂两家已经成功入选世界"灯塔工厂"的基础上，在集团旗下几十家工厂持续推动数字化转型。

6.2　上海电气集团：构筑行业平台，赋能高端装备产业发展

　　当前，机械、能源等行业是工业互联网应用案例最丰富的行业。设备健康管理、远程运维服务等是装备制造企业最大的痛点，也是工业互联网最集中的应用场景。

　　上海电气集团涵盖能源装备、工业装备和集成服务等产业领域，2018 年集团在三菱电梯物联网系统、风电集团"风云"系统、电站集团"Ellumix"平台基础上，进行统一规划，整合优势资源，打造集团统一的星云智汇工业互联网平台。此案例兼具装备制造业和集团型企业推进工业互联网的特点，值得产业界学习借鉴。

　　上海电气是国内大型综合性装备制造企业集团，近年来，上海电气产业正经历从传统能源向清洁能源转型、技术从传统制造向智能制造转变、商业模式由产品制造向制造服务转型的过程。在新形势下，上海电气大力推动智能制造和工业

互联网，立足装备制造业的优势和特点，实施"数字赋能"，推动产业形态、经营形态和价值形态的升级和再造。

1. 上海电气的工业互联网建设历程

上海电气的工业互联网建设历程，伴随着集团各产业的发展及业务需求逐步展开，如图 6-4 所示。

（1）集团下属三菱电梯 2007 年率先组建电梯物联网系统，已实时连接 8 万台电梯，实现电梯运行状态动态监测和远程诊断。

（2）2014 年，上海电气风电集团开始研发"风云"系统，截至目前已接入140 个风场，监控 3000 余台风机，提供风资源评估、远程监测、预测性维护等服务，大幅降低运维成本，提升了设备利用率。

（3）2017 年，上海电气电站集团推出"Ellumix"平台，建设了火电、燃机设备的远程诊断系统，实现了电站设备的运行监控和健康管理。

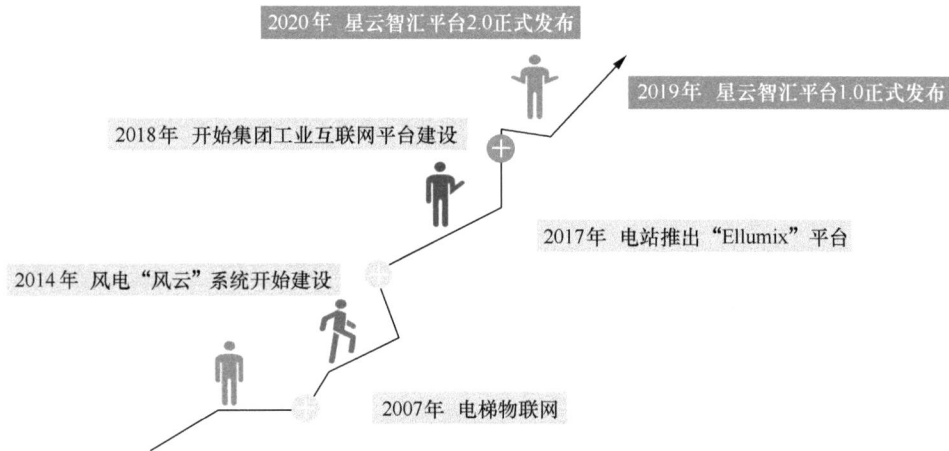

2020年 星云智汇平台2.0正式发布

2019年 星云智汇平台1.0正式发布

2018年 开始集团工业互联网平台建设

2017年 电站推出"Ellumix"平台

2014年 风电"风云"系统开始建设

2007年 电梯物联网

图 6-4　上海电气工业互联网发展历程

（4）2018 年开始，集团进行统一规划，整合优势资源，立足装备制造业的优势和特点，打造集团统一的星云智汇工业互联网平台，平台 1.0 版和 2.0 版先后于 2019 年和 2020 年正式发布。集团建共性平台，企业开发行业应用，在支撑业务的同时实现数据统一、平台统一、标准统一。2021 年开始，平台逐步对外推广，赋能区域制造企业高质量发展。

2.面向多行业场景，打造跨行业工业互联网平台

结合集团多行业的业务特性，上海电气在平台建设过程中充分考虑通用性和专业性，构建多行业兼容、跨行业应用的工业互联网平台，为集团内火电、燃机、风电、机床、电机、轨交、环保、分布式能源、康复医疗等产业提供服务。

（1）火电燃机行业应用

针对火电和燃机设备特殊性，分别开发了 Ellumix 和 SIMPLE 智能化运维系统，基于大数据分析和人工智能的设备状态预警和性能监测，管理设备运行状态和健康状态；基于专家系统和专业诊断模块，自动实现设备故障诊断，有效减少机组非计划停机；基于深度学习的智能控制，实现设备控制优化，提高设备稳定性和运行效率；基于大数据分析的设备健康管理，实现设备全生命周期管理，如图 6-5 所示。

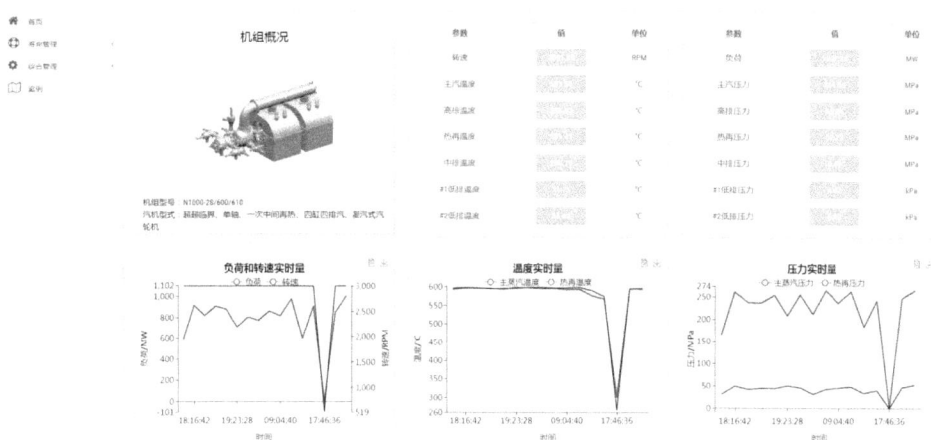

图 6-5　火电燃机应用案例

（2）风电行业应用

基于物理引擎，对接风机实时数据，实现风场数字化运维，降低运维成本；基于发电指标预测的大数据分析，对风机可能发生的故障进行预测分析，实现预测性维护；利用监测数据的统计分析，对风机进行可靠性分析，为机型设计优化提供参考；利用机器视觉技术，将中尺度历史大数据分析、微观选址等技术完美融合，实现虚拟测风塔创建、区域风资源评估、保护区自动识别等规划功能，实

现风场智能选址。

（3）分布式能源行业应用

分布式能源解决方案集分布式能源开发规划、发电优化调度、用电监测及节能分析、在线能源交易等功能为一体，形成分布式的源—网—荷—储的数字化解决方案，实现能源利用效率最大化。目前已在上海电气内部的上海机床厂和上海电机厂进行了试点应用。

在发电层，采用风能、光能等可再生能源发电，实现风光互补，自发自用，余电上网；在配电层，合理使用储能电池，有效减少对电网的冲击，保证平稳上网，提高对新能源的消纳能力；同时优化电网末端电能质量，降低不平衡度，满足高可靠性供电需求；在用电层，嵌入新能源汽车充电桩、LED 路灯、照明草坪灯等公共用电设施，实现新能源的普及，如图 6-6 所示。

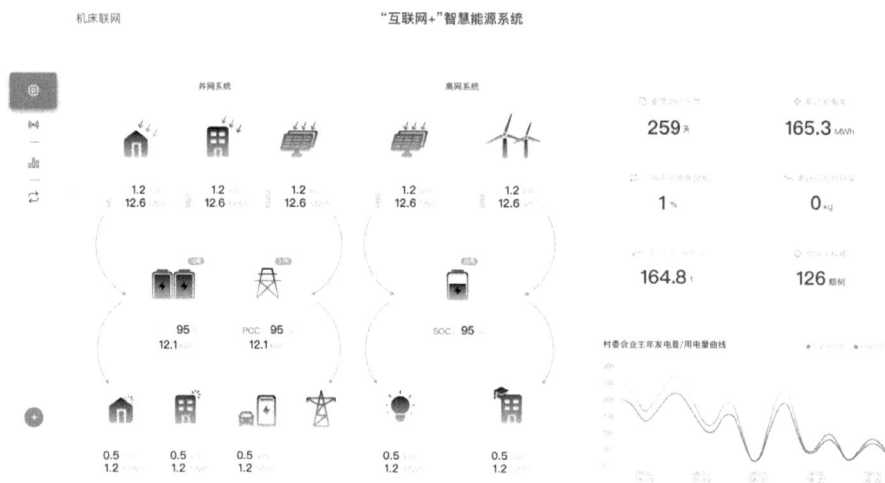

图 6-6　分布式能源应用案例

（4）电机行业应用

在电机状态监控及故障诊断应用中，进行电机状态监控（包括电流、电压、频率、振动、噪声、温度等），以及电机启停时间、故障报警、运行时间、电机利用率等监控。基于状态监测数据，提供详细的故障发生瞬间的机组信息，再现故障场景，为发电机维修提供科学的依据；基于大数据 AI 进行预测性维护提示，提前部署检修任务，减少非正常停机；建立基于 AI 技术的知识图谱，为维修人员提供极大的便利，如图 6-7 所示。

图 6-7　电机行业应用案例

3. 星云智汇平台赋能产业发展"三步走"

上海电气星云智汇工业互联网平台，短期立足于上海及长三角区域企业，长期面向全国，具有不断扩展地域范围的市场前景。

（1）服务集团内部企业

平台建设初期，以接入集团内部企业为主。各企业借助平台提供的机理模型及微服务组件，快速实现业务创新应用，提升工作效率，降低生产运营成本，实现制造企业向制造服务业务转型。

（2）面向中小制造企业推广

平台在集团内部解决方案打造成熟后再逐步对外推广，首先向具备市场化条件的行业进行推广，如设备数量多且相对分散的行业、中小制造企业等。

（3）面向高端装备行业推广

在平台建设后期，平台将面向高端装备企业进一步推广，通过封装、模块化的模型及微服务组件，将上海电气深耕于行业多年所得经验进行有效沉淀和汇聚，通过平台被更多企业共享，助力高端装备行业提质、降本、增效。

4.星云智汇工业互联网平台总体架构

（1）解决方案总体架构和主要内容

上海电气星云智汇工业互联网平台主要分为接入层、平台层、应用层 3 层架构体系，如图 6-8 所示。

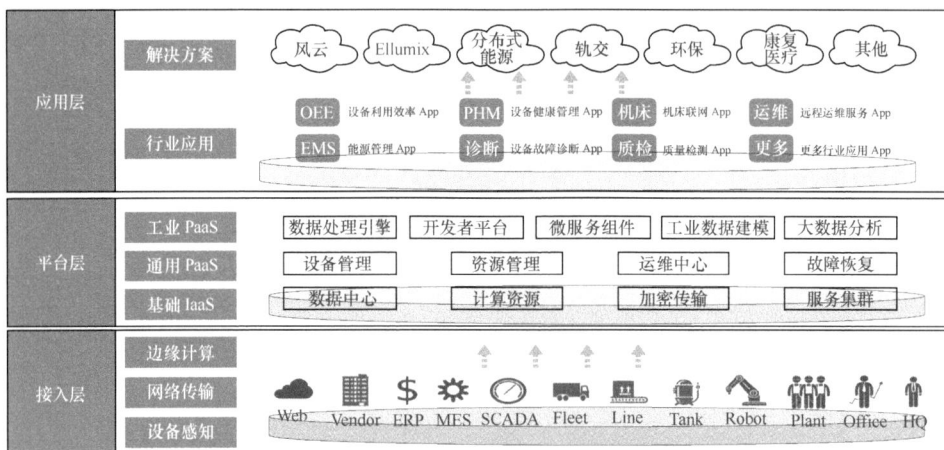

图 6-8　上海电气工业互联网平台总体架构

① 接入层。通过大范围、深层次的数据采集，以及异构数据的协议转换与边缘处理，构建工业互联网平台的数据基础。一是通过各类通信手段接入不同设备、系统和产品，采集生产现场所产生的海量数据；二是依托协议转换技术实现多源异构数据的归一化和边缘集成；三是利用边缘计算设备实现底层数据的汇聚处理，并实现数据向云端平台的集成。

② 平台层。基于虚拟化、分布式存储、并行计算、负载调度等技术，实现网络、计算、存储等计算机资源的池化管理，根据需求进行弹性分配。基于通用 PaaS 叠加大数据处理、工业数据分析、工业微服务等创新功能，构建可扩展的开放式云操作系统。一是提供工业数据管理能力，帮助制造企业构建工业数据分析能力，实现数据价值挖掘；二是把技术、知识、经验等资源固化为可移植、可复用的工业微服务组件库，供开发者调用；三是构建应用开发环境，借助微服务组件和工业应用开发工具，帮助用户快速构建定制化的工业 App。

③ 应用层。形成满足不同行业、不同场景的工业 SaaS 和工业 App，创造工

业互联网平台的最终价值。一是提供生产过程管理及增值服务等一系列创新性业务应用。二是构建良好的工业 App 开发环境，使开发者基于平台数据及微服务功能实现应用创新。

（2）安全及可靠性

上海电气通过建立从风险管理到 BCP 完整的信息安全体系构架及安全运维管理平台，保障信息系统与项目运行的安全性与可靠性。平台基于系统化的风险管理方法，在应用安全、系统安全、网络安全和物理安全方面采用相关的技术手段和工具建立有效的防御体系，通过建立高效的组织保障体系、加强人员的认知能力、提升资产保护能力、建立有效的审核与评价体系，以及高效的响应和恢复机制，不断提升安全管理能力，支撑平台运行。

5. 聚焦降本增效，平台赋能效果显著

（1）理论上可实现的效果

① 节省企业大量软硬件及重复开发投资。各企业将会借助平台提供的可快速调用的模型机理及微服务组件，快速实现业务创新应用，逐步实现其在内部生产管理及对外产品远程运维服务的各项功能，从而节省大量的软硬件及重复开发投资。

② 助力行业企业降本增效。基于平台打造集成应用解决方案，面向高端装备企业进一步推广，通过平台功能的开放和调用被更多企业共享，提升高端装备行业企业数字化、智能化水平。

（2）在企业 / 行业实际落地的效果

星云智汇平台能力正逐步从设备运维向生产管控、研发设计、服务增值全链条延伸，目前已服务于各类能源装备、工业装备等超过 10 万台高价值设备，管理资产价值超 1400 亿元。

在生产过程管理方面，实现生产过程的工艺控制、质量控制，提高产品质量、优化工艺参数；通过设备状态监测、故障诊断、预测预警等，减少由于设备非计划停工而带来的经济损失，提升生产效率，缩短产品的制造周期 10%。

在产品远程运维服务方面，基于采集的已售卖产品运行数据，向客户提供远程监测、异常识别、预测性维护维修等服务，提升运维服务质量和水平，提升售

出产品的全生命周期的服务能力，运维成本降低 15%。

6. 打造上海市标杆，赋能装备制造业高质量发展

上海电气星云智汇工业互联网平台的建设将为高端装备行业工业互联网平台建设与推广应用产生示范带动效应，成为产业发展的新引擎，打造成为上海市标杆，助力上海制造，并向长三角地区及全国推广。

（1）从应用场景看，工业互联网的主要应用和价值创造体现在设备运维服务管理、工厂内部生产管理、产业链供应链协同三大方面。设备健康管理、远程运维服务等是制造业目前最大的痛点，也是工业互联网应用最丰富的场景，上海电气工业互联网建设以设备运维为切入点，已经实现风电、电梯、火电等场景的运维服务，正在打造机床运维、储能电池监控、康复医疗机器人、环保分布式水处理等一批解决方案。

（2）从应用行业看，机械、能源等行业是目前工业互联网应用案例最丰富的行业。上海电气以高端装备制造为主，工业互联网的应用方向也正是集中在机械、能源两大行业。结合自身不同产品的技术积累和产业特点，基于工业互联网为机械、能源行业提供研发设计、生产制造、远程运维等覆盖高端装备全生命周期的服务具有重要意义。

未来，上海电气将不断把"星云智汇"平台建设成为数据资产承载和配置的枢纽，发挥应用场景优势和工业数据优势，为平台用户提供智能化生产、网络化协同、个性化定制、服务化延伸的智能应用解决方案，加快线上线下融合发展，推动产业链、价值链、创新链联动发展，并以更开放的姿态，用更开放的平台去拥抱更多元的业态和创新应用。

6.3 国药集团环球制药：基于云智控实现动力车间数字化管控

在所有工业互联网的应用中，围绕设备开展设备连接监控、故障预警、预测性维护、备品备件管理等是最为典型的场景，其不仅解决了设备日常管理、设备

运行故障等痛点，还为企业的无忧生产、降低成本、能源管理等方面创造了可见的经济效益。

在工厂及实验室环境里，空气压缩机是典型的通用型设备，其应用和普及程度仅次于电能，广泛应用于汽车、制药、食品、家电、化工、电子、机械、塑料、纺织、发电等行业，用途主要集中在气动动力、气体分离等领域。本节以广东环球制药有限公司动力车间为例，探索工业互联网连接管控方案是如何解决空压站的现实痛点的。

国药集团广东环球制药有限公司（以下称"环球制药"）成立于1991年12月，是香港上市公司中国中药控股有限公司的全资子公司，是中国医药集团成员企业，是一家现代化大型综合医药企业。

环球制药拥有现代化的固体制剂车间（一、二、三区），冻干粉针车间及中国合格评定国家认可委员会（CNAS）认可检测中心，生产装备先进，质量管理严格，更拥有一支技术过硬的专业生产质量管理队伍。其主要生产片剂、胶囊剂、颗粒剂等剂型，产品覆盖中成药与化学药制剂。

在药品生产过程中，空压机生产的压缩空气扮演着重要角色，其既要作为设备的驱动动力源，为设备的气动元件包括气缸、气动阀、气动马达等提供动力，又要作为药品物料的转移动力源。在生产过程中，压缩空气与药品会直接接触，因此对压缩空气的质量要求非常高，要求无尘、无菌、无水分，否则生产的药品就不合格。在动力车间（空压站），环球制药面临以下三大业务痛点。

第一，空压机运行数据和压缩空气质量数据的采集存在困难。由于建厂较早，企业空压机的购入时间也较早，受当时技术所限，旧设备无法利用数据管理软件进行便捷的数据管理。对于露点、压力值等压缩空气关键质量数据和空压机运行数据，只能依靠工作人员的定时现场巡查，数据的采集、记录存在质量和效率问题，并进一步导致设备运行故障的滞后处理。

例如，环球制药动力车间的两台小型空压机，专门为实验室高端精密仪器设备提供24小时所需的压缩空气，若在夜间无人监管时，空压机出现故障，则工作人员无法第一时间了解情况并及时到现场处理问题，滞后处理会导致实验室设备损坏。

第二，压缩空气的质量难以监测。制药企业对压缩空气的质量有着严格的指标要求：无尘、无菌、无水分。为保障压缩空气设备的安全、维持压缩空气质量的稳定，环球制药设备工程部安排工作人员定时定点（设备点）对运行中的空压机、后处理设备等整个车间进行巡检，检查内容包括空压机是否存在异常报警、干燥机是否正常运转、过滤器是否自动排水等，并抄录相关数据，包括压力值、流量、露点等，如图 6-9 所示。

图 6-9　人工方式检测空压机的运转情况

依靠人工进行间歇性巡检和检测，既无法做到连续数据记录和实时数据查询，也无法对数据进行翻查和追溯。此外，由于空压站设备数量较多、车间较分散，因此巡检工作量极大，发现问题和解决问题都有滞后性。例如，当压缩空气压力过低时，一些需要压缩空气提供动力的高端精密仪器会出现液体倒灌现象，从而导致高端精密仪器设备损坏，损失巨大。

第三，空压站能耗浪费严重，抬高药品生产成本。人工控制空压机，碰到压缩空气用气量增大的情况，只能一台一台地增开设备以满足用气需求，容易造成设备空载率过高、无效做工多，能耗浪费较大。同时，设备空载率高的问题容易被人工发现，却不容易被人工解决，哪怕是设定空压机顺序启停，也无法完全解决问题，因此，空压站的高能耗抬高了药品批次生产成本。

鉴于以上痛点需求，环球制药在市场上寻求相应的解决方案，蘑菇物联的"云智控"工业互联网节能管理系统，恰好可以满足对厂内动力车间（空压站）进行数字化精细管理的需求。云智控相比于传统的联控方案，具有快部署、易运维、强安全、可集成、可节能五大核心优势。云智控系统旨在将"空压站"升级为"智慧压缩空气系统",以数字化为驱动力,实现智能化决策和控制,根据企业生产需求智能完成供需匹配,具有实时分析、判断、调整的能力,可实现数字化车间,智能化控制,提升精细化管理效率,降低能耗浪费。经过两周的项目施工,云智控解决方案上线后,帮助环球制药解决了空压站车间的业务痛点,实现了对空压站车间的智能管理,效果如下。

第一,通过对空压站车间数据的实时采集和监测,降低车间数据采集工作量。云智控上线后,车间所有设备运行状态和压缩空气质量数据(如压缩空气中的含水量、含油量、粉尘颗粒度等关键数据)都可通过手机、计算机进行 24 小时实时监测和查看,如图 6-10 和图 6-11 所示,一旦空气质量达不到设定的标准,就会触发系统报警,工作人员能及时处理问题,现在到车间现场的检查次数从每两小时一次降低到一天一次。

图 6-10　云智控对现场设备运行状态进行在线监测

图 6-11　手机可查看现场设备运行情况

如果空压机在夜间出现故障,则云智控能自动开启备用机,保证压力稳定,工作人员也可以根据手机预警及时到现场进行处理，避免了设备运行故障的滞后处理。数据的量级缩短了设备故障诊断的时间，同时满足了制药企业对于数据可追溯的需求。

第二，维持压缩空气的稳定性，避免其他设备故障。云智控通过嵌入 AI 算法对空压机进行反向实时控制，将压缩空气压力值波动幅度从 50kPa 降低到了 20kPa 以内，并能够根据实时用气需求，自动匹配开启相应排气量的空压机，以最短的时间实现供需平衡，做到实时稳压供气，避免了因压缩空气压力不足而导致的其他设备故障。

第三，降低能耗比，大幅节省电费支出。在云智控解决方案的助力下，环球制药空压站气体能耗比从 $0.16\ \text{kW} \cdot \text{h/m}^3$ 降低到约 $0.13\ \text{kW} \cdot \text{h/m}^3$，整体节能率达 18%，大幅度节省电费，降低了药品的批次生产成本，如图 6-12 所示。

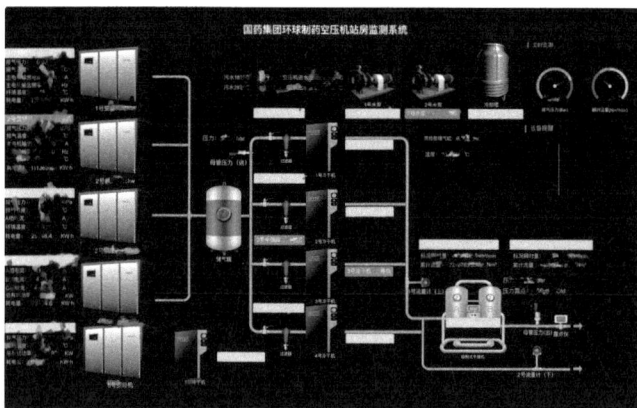

图 6-12　环球制药空压机站房监测系统

除空压站外，环球制药公辅车间最大能耗来源于制冷车间空调系统。因此，环球制药将在制冷车间上线云智控解决方案，实时监测空调系统运行状况，及时处理故障并实现空调系统的节能降耗。

"国药集团对子公司有'提质增效、节能减排'的要求，云智控的上线，让要求快速落地成为现实。将来不只空压机，污水站、中央空调等自动化程度相当高的生产设备，都要进行数字化改造，24 小时实时监测设备状态，对设备的维护、管理，会提升到新的高度。"

——国药集团广东环球制药公司副总经理 陈云鹄

从环球制药与蘑菇物联的合作中可以看出，工业互联网围绕设备场景的落地展开非常顺利。这一切得益于双方合作的切入点非常明确，需求和目标比较清晰，实施周期短，通过产品解决方案作用于动力车间空压站，实现了清晰、可测量的商业回报，这为后期在更多车间进行设备连接与数字化改造打下了良好的基础。

6.4 火力发电：工业数据操作系统助力流程工业节能降耗

工业企业数字化转型、推进更高质量发展、实现碳达峰碳中和，是我国工业体系系统性变革的重要战略。各行业中工业的 GDP 占比约 40%，终端用能中工业能耗占比约 65%，同时高耗能工业中能源成本占比 20% ～ 70%。随着碳排放的限制，未来工业企业的能源成本极可能进一步上升。

因此，能源系统的结构调整与生产、管理优化，对于工业企业，尤其是高耗能流程企业意义重大。如何通过以工业互联网技术为核心的新一代数字化技术，赋能工业企业的转型升级，是当前行业探索与实践的方向。本节以两个典型流程工业的场景为例，重点讨论如何通过智慧能源管理系统的落地实现能效提升，达成节能减碳、降本增效的目的。

随着"3060"双碳目标的提出，《碳排放交易管理办法（试行）》开始实施，其对流程行业尤其是高耗能、高排放的行业，如发电、石化、化工、钢铁、有色、造纸等行业提出了新的时代要求。对于工业企业而言，以工艺硬件配套改进与运营生产信息化、智能化方式实现节能降耗是控制温室气体排放的核心。此外，清洁能源的引入与材料结构的转型也势在必行。图 6-13 展示了典型的工业企业在不同层面实现碳减排的主要方式。

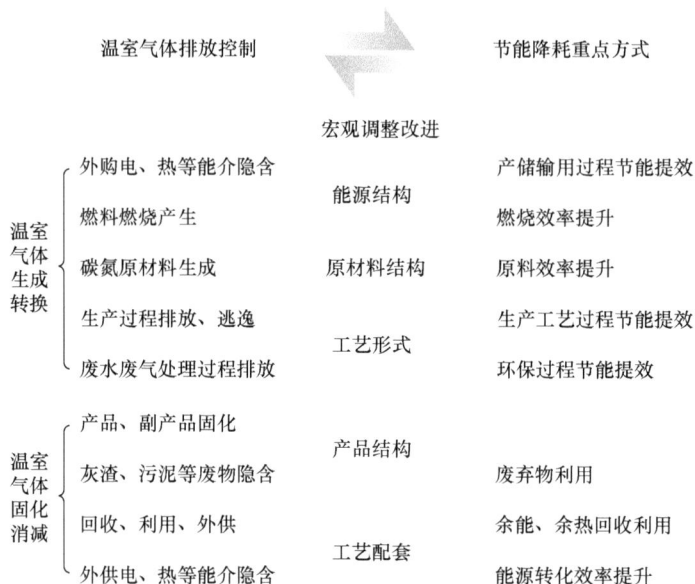

图 6-13　工业企业实现碳减排主要方式

利用先进的 Thingswise iDOS 工业数据操作系统所提供的数字孪生体和工业应用开发运维一体化等技术，可较为容易地整合工厂尤其是大型工厂中现有的跨空间、跨系统、多设备的工艺及管理数据，实现深度融合的实时底层数据打通。基于数字孪生框架的分层开发模式，可以高效分工解耦，沉淀设备厂家、科研院所、运维队伍、管理专家等不同行业人员的知识，实现工业知识由模型到应用的高效转化。整体系统设计从企业生产经营实际需求、痛点和当前的数据、模型条件出发，以行业知识为核心，以数字孪生技术、先进模型算法为关键，满足不同的行业场景需求。通过管理数字化、运行标准化、端到端的计算分析，实现能源与产品的协同优化，达到环保、利润的综合提升，如图 6-14 所示。

以火力发电行业为例，当前全国已有 2225 家发电企业纳入碳排放配额分配，同时风电、光伏与储能技术的协同发展与"平价"上网，也推动了电力市场化进一步深化。这不仅对于源、网、荷、储的综合协同灵活性提出了更高的要求，也给电力企业精细化核算与经济性运行能力带来了挑战。而对于众多工业企业来说，热电厂是其更为熟悉的。例如，钢铁、化工、有色、造纸和纺织等行业以电力和蒸汽作为主要能源介质，企业通常建有自备热电厂为生产供应电力和蒸汽。热电厂生产运行管理中存在两大痛点，如图 6-15 所示。

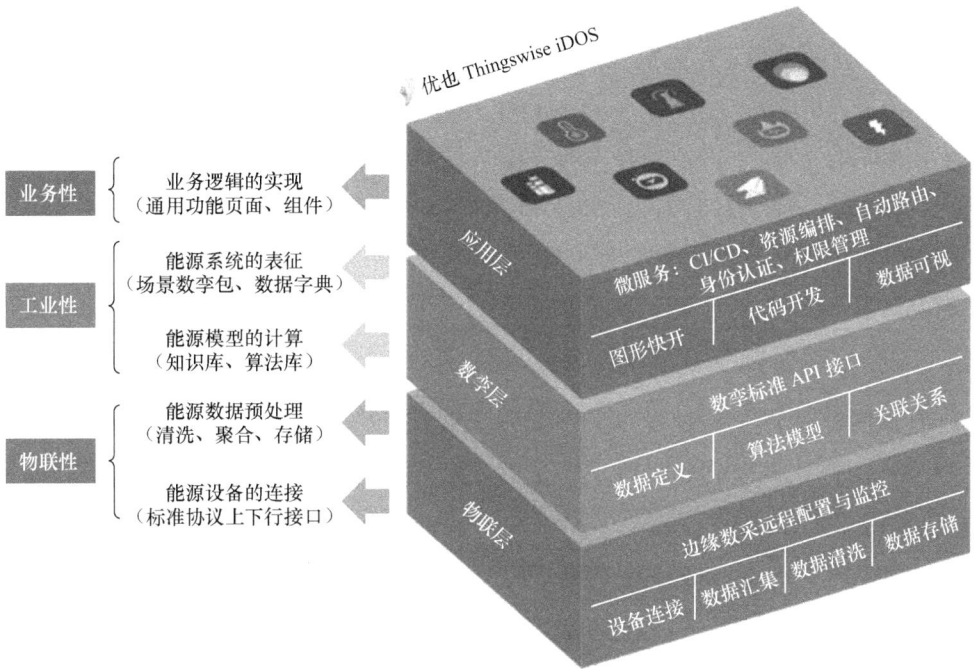

图 6-14　Thingswise iDOS 工业数据操作系统分层结构

燃煤管理

入炉煤热值常常低于采购合同热值，难以定位问题并及时改善，造成燃煤成本增加

生产调度

汽机、锅炉调节依赖经验，未综合考虑需求变化、峰谷平电价及机组实时效率进行动态分配

运行管理

难以实时了解跨系统的关键运行及经营指标，统计分析困难，难以动态跟踪，造成调整滞后

设备运维

现有设备故障监测系统多为事后报警，缺少对辅机健康度和劣化趋势的实时诊断

环保指标

烟气脱硫脱硝处理单元的药剂添加缺乏科学指导，操作凭经验；碳排放难以准确掌握

绩效管理

运行操作水平难以评价，缺乏令人信服的对照或者标杆，触发运行人员的改善

图 6-15　热电行业管理的典型挑战与机会

第一，由于热电调度的运行效率与经济性受跨系统因素的综合影响，如燃料供给、电网供电价格和计价方式、下游汽电需求、锅炉、汽机设备状况、环保消耗等，传统的信息系统很难全面考虑诸多因素，因此，只能依靠运行人员的经验去更多地满足下游生产电力和蒸汽需求、分配不同机炉的负荷与抽汽比例。

例如，很多热电企业通常会在满足下游蒸汽供给的前提下，提升在运行锅炉的负荷以尽可能多地发电，而小部分企业则会根据设备的历史发电成本与阶梯购电电价制定相应的运行规范，但运行人员很难根据实时的下游用汽、用电负荷与发电成本，动态调整发电、购电策略。

第二，蒸汽生产、使用过程中还存在燃料多变且质量难以监督、设备效率采用事后统计的管理方式、运行波动较大、负荷调度往往被动且滞后等问题，因而造成运行管理人员无法有效监管原料品质，无法保障综合能源供应的经济性与机组运行的高效性，使得能源采购成本居高不下。

例如，部分热电企业燃煤采购热值与实际入炉热值存在较大差距，导致采购成本损失；蒸汽用量需求动态变化较大，锅炉负荷调整滞后，造成管网压力变化较大且频繁，压力恢复时间较长；机组整体的发电与供汽效率变化不能及时了解与调整等。

以广东某纺织企业热电厂为试点，针对以上场景痛点与试点实际需求，优也公司开发了对应的智慧热电管理系统，全面整合散落在企业各系统的数据，通过建立以蒸汽和电力的需求预测模型为核心的用汽、用电设备的数字孪生体，同时建立以能源转化效率与综合效率优化模型为核心的锅炉和发电机组的数字孪生体，及时跟踪和响应能源需求变化和价格变化，自动生成锅炉、发电机组的生产负荷及外购电量的最优决策，并快速发现用能异常，智能辅助全厂的生产调度优化。在不投资改造的基础上，实现跨空间、跨系统的调度优化与生产稳定运行，降低了综合能源成本，如图6-16所示。

整个系统采用模块化设计与现场私有化部署的模式，用户可根据现场的实际需求调整模块组合，部署简便，数据安全可控。对于不同热电厂，仅需3步即可完成系统的调整部署。

（1）现场数据进行采集；

（2）现场锅炉、汽机设备边界条件调整；

（3）设备特性模型依据历史数据的初始化调整，如图 6-17 所示。

图 6-16　智慧能源管理系统在某企业热电厂的应用

图 6-17　智慧热电管理系统的可选模块

以试点企业为例，通过精准预测下游用能、智能调节机组负荷、动态调整购电策略，试点企业实现购电、购煤每年的综合成本节约超过 500 万元。主要效果如下。

（1）运行管理实时化：基于工业互联网平台和数字孪生体技术，实时监测机组各项关键参数和经济指标，及时推送异常数据，并给出运行建议，降低操作人员监盘压力；同时通过成本看板实时化，拉动现场管理的持续提升，实现运行管理一张屏。

（2）用能提前预测：利用大数据与机理模型，结合生产计划，对用汽、用电需求进行分析和预测。为机组运行提供决策意见，提前预测下游用能及蒸汽管网压力变化，提前 2 ～ 3 分钟实现蒸汽管网平衡。

（3）运行调度优化：建立锅炉、汽轮机调度算法，实现基于主机设备的历史数据和数学模型的成本最优调度策略；同时，实时计算并显示锅炉热效率及各项损失，为锅炉运行提供策略支持，最终提升多设备综合效率 0.5%。

（4）经济效益最优：通过实时分析燃煤热值和消耗，有效监管燃料采购，降低燃料成本；基于峰谷平电价及蒸汽需求波动，自动推荐最佳机组运行方案，实现能源的低成本供应，年均综合电价每度电降低 0.02 ～ 0.03 元。

"随着项目的深入，一方面电厂近 10 年来积累的经验、技术和知识将逐步沉淀，转化为标准化、流程化的智能系统应用，另一方面应用中所体现的精益生产等先进的管理思想也将融入电厂的生产、经营活动当中，这些都将构成我厂发电数字化转型的大胆探索，同时也是电厂响应国家实现双碳目标的真诚实践。"

——某电厂用户总经理

优也公司针对典型的发电、钢铁、有色、造纸行业的研究与实践表明，围绕不同行业用户的实际能源管理需求，通过以数字孪生为核心的大数据、云计算、人工智能等关键技术，结合先进科学管理方法与专家行业知识的软件化，不仅可以帮助企业有效提升能源系统利用效率与管理水平，降低能源成本与碳排放，提升安全、环保、利润水平，还能帮助工业企业沉淀工业知识，为企业未来数据价值的深度挖掘与生产运营方式、业务服务模式的全价值链提升及转变奠定基础。

6.5 自动化码头：基于云边端架构实现起重机预测性维护

当前，全球港口 98% 以上的集装箱码头都是传统人工操作码头，"5G+ 自动化"

的升级改造，将是未来港口重要的发展方向。然而，当前大多数码头企业仍采用比较传统的计划维修保养方式，对轨道吊、岸桥等起重机设备及部件进行定期检查和保养，这种方法具有一定的人为主观性和时效性，不但容易造成人力和物力的浪费，更增加了检修人员高空作业的潜在风险。码头方迫切需要对这些关键设备进行实时在线监测与故障诊断，以便及时掌握设备健康状态，做到防患于未然。这正是 5G+ 工业互联网覆盖的典型应用场景。

1. 自动化码头高效运行背后的隐忧

大型港口自动化集装箱码头，由众多自动化设备与智能系统构成。最核心的主要是轨道吊、岸桥、自动导航运载车等。轨道吊又称为门式起重机，是港口重要的起重设备，可以实现集装箱从装运车与集装箱堆场之间的起重堆叠运输作业。岸边集装箱起重机即"岸桥"，如图 6-18 所示，又称为集装箱岸边起重机、桥吊，它主要用于实现集装箱码头对集装箱船进行装卸作业。自动导航运载车不仅在工业领域广泛应用，而且在码头作业区也是高度自动化和柔性化生产线的一部分。

图 6-18　岸桥

这些高价值设备都是自动化码头的核心资产，它们极大地提升了现代港口的作业效率。以装卸集装箱的主要机械设备——岸桥为例，其单台价格可达数百万美元，一旦发生故障，不仅会影响码头生产，耽误船期，更会直接影响码头的经济效益。

2. 工业互联网的典型场景：岸桥在线监测与故障诊断

作为自动化码头最主要的作业机械之一，自动化岸桥融合了数字技术，控制技术，通信技术的机、电、液一体化设备，其复杂程度高，工作环境恶劣，在长期使用过程中若不加以合理的维护和保养，一旦发生故障，将影响作业效率和设备寿命。如果没有提前备件，维修时间会不可控，维修难度也会随之增大。当前

大多数码头企业仍采用传统的计划维修保养方式，对起重机设备及部件进行定期检查和保养。这种方法只能短期了解和掌握岸桥机构的健康状态，具有一定的人为主观性，缺乏长远的科学性，不但容易造成人力和物力的浪费，更增加了检修人员高空作业的风险，如图 6-19 所示。

图 6-19　检修人员高空作业

因此，码头企业迫切需要对岸桥设备进行实时在线监测与智能诊断，便于企业掌握设备健康状态，最大限度地降低非计划停机风险，做到防患于未然，对预测性维修保养方案的需求更加迫切。

这是工业互联网典型的应用场景，通过物联网技术对生产设备进行实时监测及响应，可以提前预知故障，根据设备状态，合理安排检修计划；实现 24 小时远程实时在线监控，减少现场人员工作量；实时了解设备状态，减少非计划停机带来的经济损失。由此可实现高价值设备维护方式的升级：从巡检式维护过渡到状态性维护，然后进一步实现预测性维护。

3. 边缘计算与 AI 加持，搭建在线监测及健康管理系统

针对以上的痛点和难点，朋禾智能公司提供了基于边缘计算及人工智能的分布式实时在线智能监测及健康管理系统，实现对离散分布的多台起重机设备进行统一管理及实时在线监测，可及时感知设备关键部件的异常情况并通知设备管理人员。同时，该系统能通过云端数据分析，对机构设备的健康状态进行评估及预测，协助设备管理人员更加精确地掌握设备的健康情况，如图 6-20 所示。

起重机云端物联状态监测与故障诊断系统采用基于物联网架构的实现方式，涵盖了岸桥设备感知、码头监控中心、云端业务应用等三大功能模块。从网络架构组成要素角度，系统包括了数据库服务器、Web 服务器、管理员工作站、PC 客户端、远程用户及企业智能监控云平台等部分，如图 6-21 所示。

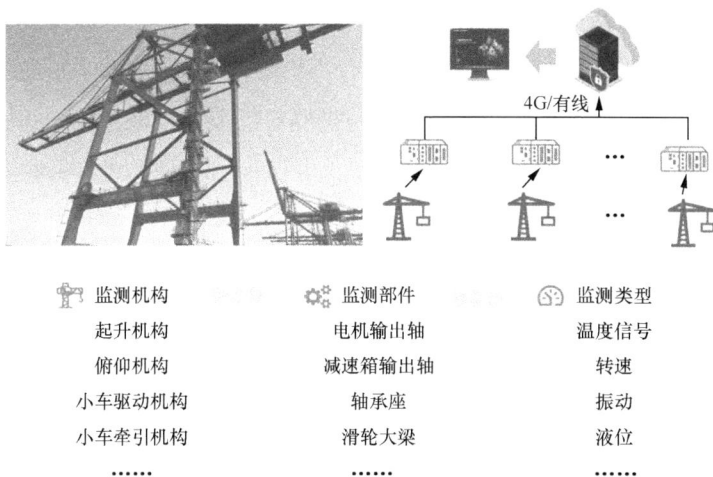

🏗 监测机构	⚙ 监测部件	🕐 监测类型
起升机构	电机输出轴	温度信号
俯仰机构	减速箱输出轴	转速
小车驱动机构	轴承座	振动
小车牵引机构	滑轮大梁	液位
······	······	······

图 6-20　在线监测及健康管理系统

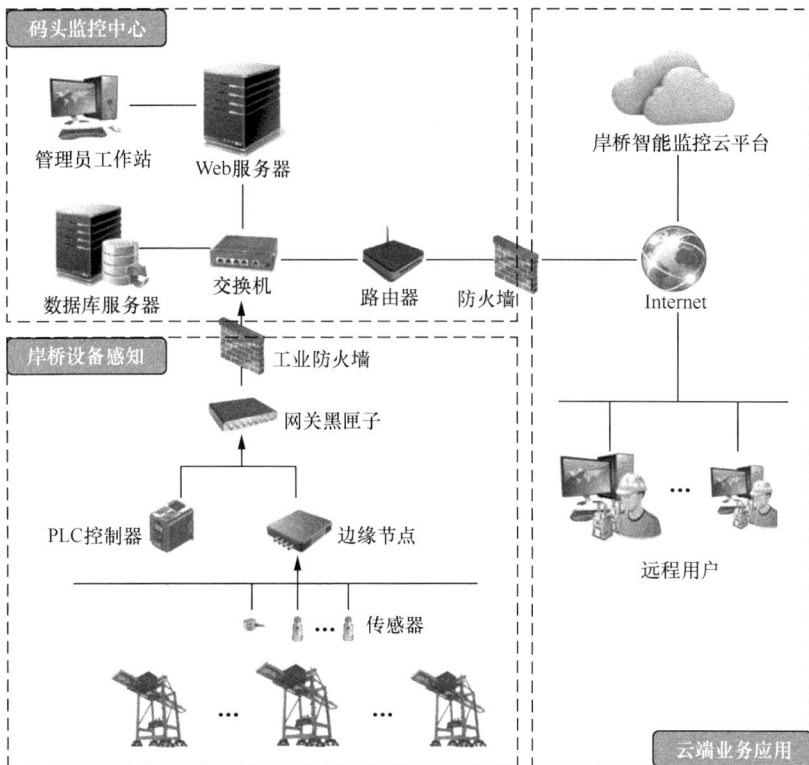

图 6-21　云端物联状态监测与故障诊断系统架构

225

（1）岸桥设备感知。这包括传感器、PLC 控制器、边缘节点及网关黑匣子等关键设备。边缘节点负责采集各类外置传感器信号，并完成数据预处理及特征提取。由于起重机机械结构复杂，因此首先需要对起重机设备进行关键机构部件的解构，定位监测机构及其关键部件及相应的监测信号类型。最终方案监测的主要机构对象包括起重机上的起升机构、俯仰机构、小车牵引机构及大车机构等。进一步对这些关键机构进行抽象提取，确定各机构的核心监测部件，包括电机输出轴、减速箱输出轴及轴承座等。方案通过在上述关键的监测部件处安装相应的传感器获取监测的物理量信号，包括温度、转速、振动、噪声、压力等参量。网关黑匣子负责将边缘节点及 PLC 控制器等现场设备的数据进行汇聚分析，并通过光纤/4G 等方式上传至本地服务器及云平台。

（2）码头监控中心。这包括数据库服务器、Web 服务器等关键设备。数据库服务器负责各种数据的存储，包括关系型数据和非关系型数据。数据内容涵盖：①设备感知数据，如原始传感器物理信号、特征值、故障数据等；②起重机设备相关数据，如设备运行统计数据、起重机关键部件参数、维修数据等。数据服务器是整个系统的数据中心。Web 服务器则负责数据分析及数据可视化，满足起重机机构监测、智能诊断与预测、远程运维等业务需要。

（3）云端业务应用。这主要包括岸桥起重机远程监测与诊断系统。该系统采用 B/S 架构，用户可通过网页和移动端 App 登录访问，功能包括起重机健康云评估、起重机远程技术支持等。同时该平台还可提供附加增值服务选项，包括备品商城、智能诊断及预测模型优化更新，以及远程运维更新等。其中，起重机故障智能诊断与预测模块为业务的核心功能模块，主要包括故障识别、故障预测及寿命预估等智能分析模块。其主要针对重要的起重机部件，比如起重机各机构、电气系统及重要电气部件等进行诊断和预测，可覆盖的常见故障包括齿轮箱的齿轮磨损、偏心、断齿等，轴承的滚子故障、内外圈故障，电机的转子故障、机械不平衡故障等。项目初期需要通过岸桥实际运行数据进行不断地测试积累，建立样本库及诊断标准，以不断优化诊断模型。同时，在对较长时间历史数据的分析基础上，可基于信号特征提取，结合支持向量机、模糊逻辑、相似性匹配、灰色预测、深度学习等模型实现故障预测。

4. 实施效果

通过朋禾智能开发的云端物联状态监测与故障诊断系统，实现了对国内知名港口岸桥设备进行分布式实时在线监测及数据服务管理，最终达到了以下建设目标。

（1）全面感知岸桥设备的关键机构及核心部件的健康状态，利用综合信号分析手段实现了对整个自动化岸桥起重机设备的健康状态监测和诊断。

（2）为企业码头监控中心及远程智能监控平台提供了可视化的设备远程运维、状态实时监测、数据质量实时监控、故障诊断预警、数据分发服务等功能，极大地提升了企业相关运维人员的工作效率，同时也方便了企业数据分析工程师随时获取设备相关数据和特征进行二次研究和应用，从而达到降本增效的目的。

除了港口高价值设备的在线监测与故障诊断，朋禾智能还为电力、能源、港口和交通等领域的企业提供预测性维护和智能化运维，为工业智能应用提供开放式、模块化、高性能的平台级软硬一体化解决方案，从而实现降本增效，提高产品品质和服务质量。在服务工业企业的同时，其还积极参与了国际标准《工业自动化设备和系统 预测性维护》与国家标准《智能服务 预测性维护 通用要求》的制定。

结语

工业互联网的未来，当属于厚积薄发者

作为行业观察者，在与行业人士交流时，一些平台商、投资人大都会问我："看过那么多平台公司，你觉得哪些平台会成功？"我一般都会微微一笑，并没有给出他们期待的直接答案。

当你看得越多、思考得越多时，就会发现"水"有多深，也就不会有直接的结论。工业互联网牵涉面广，技术的、团队的、商业的、政策的、资本的……不一而足。在商业世界里，卓越的技术并不是实现领先的充分条件，没有商业嗅觉的技术创业者不是个好老板，跟着政策亦步亦趋的也并不能确保成功，融资过亿的创业公司如果没有盈利能力也可能不会成功……

犹如2021年的电动汽车市场，随着"小米造车"的宣示，各路玩家弯道进入，老的少的，有产业背景的无产业背景的，甚至已经上市的……那你说哪一家会成功？

还是"先让子弹飞一会儿"吧。

这事儿不能急着下结论。

笔者从事过数十年的制造业 To B 服务，最大的感受之一就是"慢和稳"。工业有工业的演进逻辑，IT 有 IT 的演进规律，制造企业有兴衰成败，中国制造有跌宕起伏。想要长期在工业领域扎根，就要忘掉挣快钱的思想，将耐心和专心放在能真正创造价值的事情上。

在数字化浪潮下，这是一个平台崛起的时代！这是一个大有作为的时代！新冠肺炎疫情加速重构了传统工业价值链，促使我们加速迈向数字工业融合的新阶段。我们需要坚持长期主义理念，顺势而为、迭代进化、与时代共生。

工业互联网赛道上，只有厚积薄发者，才能真正拥有未来。

参考文献

[1] 中国信息化百人会课题组 . 数字经济——迈向从量变到质变的新阶段 [M]. 北京：电子工业出版社，2018.

[2] 卡萝塔·佩蕾丝 . 技术革命与金融资本 [M]. 田方萌，译 . 北京：中国人民大学出版社，2007.

[3] 安筱鹏 . 数字基建：通向数字孪生世界的"铁公基"[J]. 信息通信技术与政策，2020（7）：5.

[4] 任志宽，韩莉娜，李妍 . 美国近年来推进"新基建"发展的布局及启示 [J]. 广东科技，2020，29（9）：4.

[5] 德勤 . 中国人工智能产业白皮书 [R]，2018.

[6] 中国工程院战略咨询中心机械科学研究总院集团有限公司，国家工业信息安全发展研究中心，等 .2020 中国制造强国发展指数报告 [R]，2020.

[7] 余晓晖 . 工业互联网驱动数字化转型 [R]，2020.

[8] 国家工业信息安全发展研究中心 . 工业互联网行业应用密度图，2020.

[9] 工业互联网研习社 . 近年来部分单轮融资过亿元的平台和安全公司 [R]，2021.

[10] 通用电气公司 . 工业互联网：打破智慧与机器的边界 [J]. 中国经济报告，2015（8）：4.

[11]Peter C.Evans，Marco Annunziata.Industrial Internet：Pushing the boundaries of minds and machines[R]，2012.

[12] 工业互联网产业联盟（AII）. 工业互联网体系架构 2.0[R]，2020.

[13] 中国电子技术标准化研究院 . 信息物理系统建设指南 2020[R]，2020.